AF569834

Naturallianz

Ludwig Fischer

# Naturallianz

*Perspektiven für ein veraendertes Naturverhältnis*

Matthes & Seitz Berlin

# Inhalt

## Vorbemerkung

Dieses Buch bietet keine systematisch angelegte Abhandlung, stellt kein analytisches Programm vor, schon gar nicht ein geschlossenes Gedankengebäude. Es ist, wie der Begriff *Essay* angibt, ein Versuch, eine erkundende Betrachtung, die mit den Bewegungen des Nachdenkens und Argumentierens einer naturphilosophischen Spur nachgeht. Einer Spur, die mit vielen Texten, Zeugnissen, Erkundungen gelegt ist, von denen einige im Folgenden zu Wort kommen. Es ist eine vielfach verdeckte, verwischte, entkräftete Spur, die in unseren Zeiten der heillosen Verschwendung, Vernutzung, Deformation, Überlastung, Zerstörung der natürlichen Lebensgrundlagen ein zukunftsfähiges Verständnis vom unabdingbaren Zusammenwirken menschlicher Daseinsvollzüge mit den nicht-menschlichen Kräften und Strebungen eröffnen könnte. Es geht weder um Naturmystizismus noch um neuen Animismus noch um Verschmelzungsfantasien oder um Adaptionen fremdkultureller Denkweisen. Wir müssen gewissermaßen durch unser abendländisch-neuzeitliches Weltverständnis hindurch diejenigen Ansätze suchen, aufnehmen, bedenken, kritisch erwägen, die einen Ausweg aus dem gewaltförmigen Denk- und Handlungskonstrukt aufscheinen lassen, das, ausgehend von den westlichen, sogenannten Industrienationen, inzwischen global fast überall durchgesetzt ist.

Einen Beitrag zu dieser Suche hat vor über 75 Jahren der Philosoph Ernst Bloch mit Partien seines Hauptwerks *Das Prinzip Hoffnung* vorgelegt. Auch Blochs Entwurf ist, wie könnte es anders sein, von den politischen, sozialen, wirtschaftlichen

Geschehnissen, von den Lebensmilieus und den Diskursen seiner Zeit geprägt. Man kann das von ihm Formulierte nicht einfach fortschreiben. Aber ich erkenne in seinen zum Teil immer noch provokativen Thesen weiterweisende Fragestellungen, die anregen und herausfordern. Sie zentrieren sich im naturphilosophischen Teil des Werks um den Begriff der ›Naturallianz‹. Ich entferne mich im Nachdenken von Blochs Denkfigur, behalte sie aber im Sinn und suche ihren entscheidenden Anstoß fortzuführen.

Das Nachdenken erfordert selbstverständlich, dass ich mich mit älteren und neueren Beiträgen auseinandersetze, die im weitesten Sinn die mit Blochs Begriff aufgerufenen Grundkonstellationen eines veränderten Naturverständnisses bzw. Naturverhältnisses berühren. Das führt zumindest ansatzweise in schwierige naturphilosophische, sozialanalytische, biologietheoretische Debatten, die in diesem Essay zwar nur verkürzt und summarisch behandelt werden können, aber stellenweise unvermeidlich in fachwissenschaftliche Gefilde ausschweifen. Einige solche Abschnitte habe ich ausgegliedert und als ›Philosophischen Rückblick‹, ›Gesellschaftheoretischen Seitenblick‹ oder ›Evolutionstheoretische Überlegungen‹ kenntlich gemacht. Man kann diese Unterkapitel überspringen. Das Buch als Ganzes stellt sich bewusst *neben* die fachlichen Diskurse verschiedener Disziplinen, nicht in ihre Zentren – zu denen es jedoch Wege weisen möchte.

Der Essay verschränkt die großen Kapitel der Theoriearbeit mit berichtenden und erzählenden Einschüben. Diese eigenständigen Textteile stellen – in notwendiger Verknappung – beispielhaft vor Augen, was ›Allianzdenken‹ in der Lebenswirklichkeit bedeuten kann, mit allen Ambivalenzen, Widersprüchen, Unwägbarkeiten. Diese erzählenden Stücke nenne ich ›Unterbrechungen‹, weil sie sich zwischen Etappen der gedanklichen Arbeit schieben. Die Abfolge von theoretischen und erzählenden Passagen aber entspricht der Entstehung des Textes. Der nämlich ist nicht ohne die ›Unterbrechungen‹ zu machen, in denen der Leib zu seinem Recht kommt, ob mit Schlaf oder lockernder Bewegung, ob mit Essen und Trinken oder Entleerung, ob mit dem Anblick der Bäume und Wolken oder den vertraulichen Gesprächen. Alle diese Einschübe haben mit meinen leibhaftigen Erfahrungen zu tun, seien sie auch angestoßen von Lektüren oder medialen Angeboten.

Denn wenn eine grundlegende Überzeugung diesen Essay durchzieht, dann ist es die, dass wir nicht nur mit unserem Bewusstsein, unseren Vermögen zu reflektieren, zu planen, zu urteilen, zu analysieren und zu erklären ›denken‹. An solchem Denken, an diesen vorgeblich die menschliche Spezies auszeichnenden Fähigkeiten, ist immer unser *ganzer Leib* beteiligt, das lebendige Amalgam aus Naturgegebenem und kulturell Geformtem. Wir haben in unseren westlichen Traditionen gelernt, dass sich genaues und verantwortliches Denken durch das und in dem vollziehe, was wir herkömmlich ›Geist‹ nennen (der modische Begriff der ›Intelligenz‹ stellt oft nur eine reduzierte, funktionalistische Variante dieser Setzung dar). Wir beginnen, auch durch wissenschaftliche Einsichten, zu begreifen, dass ›Geist und Fleisch‹ unauflöslich zusammenwirken, mit vielen, zum Teil noch verborgenen und nicht entschlüsselten Verschränkungen und Verkoppelungen.

Wenn es denn zutrifft, dass an unserem Bewusstsein auch dasjenige teilhat, was sich in, an und mit unserem Leib vollzieht, dann geht eben in das Denken, auch in das intensive, durcharbeitende Nachdenken, der Bezug zu dem ein, was wir nicht sind und mit dem wir doch schon durch jeden Atemzug verwoben sind – wir nennen es ›Natur‹. Solcher Verwobenheit begrifflich und argumentativ nachzuspüren, ist das Anliegen dieses Essays.

# I. Die Fragestellung

## Eingang: Der Pakt mit den Regenwürmern

Eine große deutsche Tageszeitung berichtet in ihrer Wochenendausgabe ganzseitig über einen Gemüsebauern, der auf einem winzigen Hof, gut dreißig Kilometer nordwestlich von Wien, die ungewöhnlichsten Gemüsesorten anbaut, viele alte, regionale Besonderheiten, von Rosso-Lungo-Zwiebeln bis Radicchio ›Varegiato di Lusia‹. Die besten Köche Wiens buhlen inzwischen um sein Gemüse. Er sagt, auf 140 Quadratmetern erwirtschafte er so viel Umsatz wie der Nachbar auf einem Weizenfeld von einem Hektar. Und gerade einmal einen Hektar misst sein Gemüsefeld, auf dem er nach einem ausgetüftelten System die verschiedensten Gemüsearten und -sorten anbaut. Er setzt mehr als 230.000 Euro im Jahr um, ernährt vom Ertrag seine Familie, dazu eine Vollzeit- und drei Teilzeitkräfte.[1] Wie ist das möglich?

Man könnte sagen: Robert Brodnjak ist einen Pakt mit den Regenwürmern eingegangen. Und mit den Unkräutern zwischen seinen Gemüsepflanzen, ja sogar mit den anorganischen Bestandteilen im Humus des Bodens. Der Boden freilich bringt sehr viel für ihn mit: lehmiger Lößboden des niederösterreichischen Weinviertels, bindig, nährstoffreich. Der Gemüsebauer wirtschaftet streng bio-dynamisch, der Boden wird nie gepflügt, die Unkräuter werden jede Woche von Hand sorgsam untergezogen, also oberflächlich eingearbeitet. Den Rest besorgen die Regenwürmer und die anderen Bodenlebewesen. So reichert das Gemüsefeld langsam und stetig Humus an, es düngt sich sozusagen selbst. ›Pflanzenschutzmittel‹ und Kunstdünger sind in dem Betrieb ohnehin tabu.

Das Gemüsefeld kann rechnerisch 300 Menschen mit Nahrungsmitteln versorgen. Ein mittelgroßer Betrieb einer heute üblichen Größe von 200 Hektar erbrächte also, nach Robert Brodnjaks Methoden bewirtschaftet, Gemüse für mindestens 60.000 Menschen. Aber ein Hof dieser Größe ließe sich eben nicht nach Prinzipien des ›Marktgemüse-Anbaus‹[2] betreiben: keinerlei nennenswerte Maschinen, Aussaat, Anzucht, auspflanzen, pflegen, ernten, für die Lieferungen vorbereiten – alles von Hand. ›*Small is beautiful*‹, nur mitunter sehr anstrengend. Aber der Gemüsebauer Robert Brodnjak hält durch die Handarbeit und die tägliche Fürsorge Verbindung zu den Pflanzen – und zu den Regenwürmern und all den Mikro-Organismen, die ›für ihn arbeiten‹, in einer Schaufel voll des Bodens mehr, als es Menschen auf der Erde gibt.[3]

Die Metapher vom Pakt mit den Lebewesen auf seinem Acker benutzt der Gemüsebauer nicht. Aber er handelt nach ihm: Er achtet darauf, was seine Gemüsepflanzen als natürliche Lebewesen brauchen, und sie brauchen zum Beispiel die ›Kooperation‹ mit den Organismen im Boden, mit den Nachbarpflanzen, mit Wasser und Mineralien, aber auch mit den Menschen, die sie säen, pflanzen, pflegen – und schließlich ernten. Damit endet aber die Kooperation nicht: Was beim Ernten und Putzen abfällt, geht als organisches Material in den Kompost ein. Und man könnte die Formen der Kooperation der Menschen mit den Lebewesen, von denen sie sich ernähren, bei anderen Praktiken des Anbaus und der Bodenpflege weiterverfolgen, etwa bei der berühmten *Terra preta*, der Schwarzen Erde der indianischen Kulturen Mittel- und Südamerikas, bei der auch die menschlichen Ausscheidungen, zusammen mit organischen Abfällen und ein wenig Holzkohle, zu einer extrem fruchtbaren Humuserde beitrugen.[4]

Dass die Menschen, indem sie sich auf eine ihre Mitwelt schonende Weise ernähren, einen Pakt mit dem Boden und mit den Lebewesen in ihm, mit den Pflanzen und auch mit den Insekten und anderen Kleinlebewesen, dann bis zu den Vögeln und sogar zu manchen ›Schädlingen‹ eingehen, ist nur schwer mit den dominanten Naturvorstellungen in unseren westlichen Kulturen zu vereinbaren. Für viele indigene Kulturen war oder ist die Denkweise, sich in einer wechselseitigen Verbindung und Verpflichtung mit den umgebenden Lebewesen, Naturelementen und -prozessen zu befinden, ganz und gar selbstverständlich.[5] Sie bedeutet: Wenn wir dauerhaft, über viele Generationen hin auf dieser Erde, die uns gegeben ist, leben wollen, dann müssen wir dies in Kooperation, in konkretem, lebendigem Wechselverhältnis zu der Mitwelt tun – auf Gedeih und Verderb.

Gepredigt aber wird uns, nicht nur mit einem Bibelspruch, sondern mit den Imperativen des Wirtschaftens, des Produzierens und Konsumierens, mit den Maximen von Wissenschaft und Technologie, wir sollten uns unsere Mitwelt untertan machen. Wir haben es, mit Wagner in Goethes *Faust* gesprochen, durch diese Herrschaft »herrlich weit gebracht«[6] – auch in der Gefährdung und immer mehr der Zerstörung der natürlichen Lebensgrundlagen.

Nähme man, so wie Robert Brodnjak es – ohne es ausdrücklich zu benennen – tut, die Metapher vom Pakt mit den anderen Lebewesen und auch mit den abiotischen Gegebenheiten ernst, ganz praktisch und auch theoretisch, würde sich nicht *alles* an unserer Lebensweise, unserem Wirtschaften und Konsumieren, unserem Forschen und Planen, unserem Entwerfen und Bauen miteins ändern, aber alles bekäme eine andere Richtung, einen anderen Sinn, und damit auch andere Mittel und Formen. Das erscheint vorläufig als eine Utopie. Aber nicht nur Robert Brodnjak, sondern viele andere, die in vielen, zumeist kleinen Projekten anders arbeiten, als die vorherrschende Ideologie es will, sind längst dabei, das scheinbar Utopische zu erproben.[7] Robert Brodnjak musste für seine Art des Gemüseanbaus das Wesentliche daran nicht neu erfinden, die Alternative wurde anderswo längst durchdacht und praktiziert.

So verhält es sich mit vielem, was zu tun ist: Die Möglichkeiten, die des Denkens und die des Handelns, liegen oft schon bereit.

Man muss sie aufgreifen, was auch heißt: sie modifizieren, indem man sie sich aneignet.

Eben das nehme ich mir in diesem Essay vor: Die Metapher vom ›Pakt mit dem Naturgegebenen‹ ist ja nur einer von vielen Ansätzen, einen Gegenentwurf zum dominanten Naturverständnis der neuzeitlich-abendländischen Kulturen anschaulich zu formulieren. Sein Kern besteht in einer impliziten, unausgesprochenen, bereitwilligen Vereinbarung, einer erstrebten Abstimmung zwischen planenden, handelnden Menschen und mit ihnen vorhandenen, wirkenden Naturgegebenheiten, einer allemal tentativen, praktizierten wechselseitigen Berücksichtigung des Erstrebten, des Machbaren und des Zuträglichen. Die Menschen sind sozusagen für *ihre* Beteiligung an dieser stillen, aber wirksamen Vereinbarung verantwortlich – in ihrem zwangsläufig anthropozentrischen Horizont des Wahrnehmens, Urteilens, Planens, Handelns. Ihre Sinne, die weit mehr umfassen als das bewusst Erkannte und Beurteilte, vermitteln ihnen aber Einsichten über die Beteiligung jenes Anderen, das sie nicht sind und das wir in unserem Kulturkreis ›Natur‹ nennen.[8]

Ernst Bloch hat, im Rahmen seines großen Entwurfs einer ›konkreten Utopie‹ gesellschaftlicher Veränderung, ein notwendig neu zu definierendes Naturverhältnis nicht mit dem Begriff des Pakts, sondern mit dem der ›Naturallianz‹ angezielt.[9] Dieser Essay entlehnt den Begriff aus Blochs gewaltigem Werk, aber nicht in einer weiteren philosophischen Auslegung der verzweigten gedanklichen Bestimmungen. Vielmehr wird der Versuch unternommen, wesentliche konzeptionelle Elemente aus den naturphilosophischen und gesellschaftstheoretischen Konturen des Begriffs bei Bloch in eine Deutung des konkreten Naturgeschehens zu überführen, das der (leibgebundenen) Erfahrung zugänglich ist. Daraus wird sich ergeben, dass Naturallianz weit mehr benennt als ein vorläufig Utopisches an der neu fundierten und intendierten Wissenschaft und Technik, die aus dem Zusammenwirken von menschlichem Wollen und natürlichen Strebungen entstehen können. Naturallianz ist längst da, in uns und außer uns, in unserem scheinbar bewusstlos-körperlichen Dasein wie in unserer Betätigung ›an und mit der Natur‹. Es gilt, sie als das zu begreifen, was eigentlich in unserem Naturverhältnis real wird, selbst dort, wo wir meinen, dass wir ›die Natur‹ durchschauen, überlisten, überwältigen, ausbeuten, beherrschen, sie bloß nutzen und vernutzen. Und dass Naturallianz nicht bedeutet, dass wir es allemal mit einer friedlichen, einverständigen, gefügigen Natur zu tun haben, ist schon immer mitgedacht. Naturallianz in einem zu erschließenden Sinn bleibt aber – um es mit einem scheinbaren Paradox zu formulieren – das allemal Vorhandene, das Notwendige, das wir nur noch nicht eigentlich ergriffen haben.

Ich habe diesen Essay in den Monaten der grassierenden Pandemie begonnen. Er greift deshalb Reflexionen zu den Erfahrungen auf, die wir zu dieser Zeit alle machen mussten.

## Was heißt ›Wir Menschen sind ein Teil der Natur‹?

Horst Stern, herausragender Journalist in Sachen Natur, bedeutender Schriftsteller, selbstkritischer Vor-Denker und Akteur für Natur- und Umweltschutz, schrieb 1977 in einem seiner bis heute zum Nachdenken zwingenden Essays:

> Nicht leben [...] könnten wir in einer Welt ohne naturbelassene Tiere und Pflanzen. Kinder würden in ihr unsäglich verrohen. Ohne Formen- und Farbensinn, ohne Staunen und Demut vor den unerklärten Wundern pflanzlichen und tierischen Lebens, wüchsen sie als Technohybriden heran, die ihrer so verarmten Welt alsbald den Rest geben würden. Es wäre ihnen mit den Naturgeschöpfen der einzige Maßstab abhandengekommen, an dem sich noch ablesen läßt, was allein uns vor uns selber rettet: die Einsicht, daß wir ein Teil der Natur sind, nicht ihr ein und ihr alles.[10]

Sterns Diktum enthält, genauer betrachtet, nicht nur mit seiner naturethischen Emphase eine fundamentale Provokation für die in unseren Kulturkreisen vorherrschende Auffassung vom Naturbezug: Schon das geradezu apodiktische Postulat, ohne leiblich-sinnliche Erfahrungen mit den »Naturgeschöpfen« würden die Menschen heillos ins Verderben geraten, erscheint angesichts des grassierenden Techno-Optimismus einer digitalisierten Zukunft geradezu rührend regressiv, aber von einem bedenklichen Geschichtspessimismus durchwirkt. Die eigentliche Provokation liegt aber in der Zumutung, uns zugleich als »ein Teil der Natur«

begreifen und doch ihr gegenüber sehen zu sollen, als Wesen, die ihren theoretischen und praktischen Bezug zu Natur sowohl hinsichtlich ihrer Naturverfallenheit wie ihrer Emanzipation davon austarieren müssen.

Dass auch wir Menschen in den hoch industrialisierten und digital durchwirkten Weltgegenden Teil der Natur sind, würden sicher heute sehr viele unterschreiben – ohne sagen zu können, wie dies denn des Näheren zu verstehen sei und vor allem: was es für unser gesellschaftliches Leben, für unser Agieren an und mit der Natur, für unsere technologischen und unsere anthropologischen Perspektiven bedeute.

Fragte man nach, könnten sich die Diskutanten vermutlich schnell darauf einigen, dass unser Körper ›ein Stück Natur‹ sei, dass wir also mit unserer Körperlichkeit Anteil hätten am Naturgegebenen, am nicht von uns selbst Hergestellten, eingebunden in die natürlichen Prozesse. Ablesbar wäre das etwa an der Millionen Jahre währenden evolutionsgeschichtlichen Entwicklung der Hominiden als eines Zweigs im Tierreich[11], erfahrbar aber auch an unseren täglichen Körpervorgängen, an Krankheiten und Umwelteinwirkungen, vor allem jedoch am Geborenwerden und Sterben. Schnell kämen Einwände von Leuten, die auf der Höhe der Zeit sind: Inzwischen habe unsere Kulturbefähigung uns so weit aus unserer Naturhaftigkeit gelöst, dass wir auch unseren Körper operativ und technisch verändern, ihn mit Geräten und Implantaten verschalten könnten, ja dass wir durch Eingriffe ins Genom und durch apparative Zurichtungen sogar Zeugung, Geburt und Tod aus dem Status bloßer Naturtatsachen zu befreien vermöchten, so dass wir eben nicht mehr schlicht »ein Teil der Natur« seien, vielmehr auch physisch in steigendem Maße selbst Kulturerzeugnisse würden, Hervorbringungen einer menschengemachten zweiten oder gar dritten, ins Virtuelle transformierten Natur.

Solche Behauptungen können aus den medizinischen, mikrobiologischen, technischen Fortschritten der letzten Jahrzehnte und den mentalen wie affektiven Anpassungen viel Plausibilität für sich beanspruchen. Vom Heraufdämmern einer nicht nur ›technomorph‹ gedachten, sondern ›technomorph gemachten Natur‹ des Menschen zu sprechen[12], gehört heute zur wissenschaftlichen und publizistischen Mode. Gleichzeitig erweist sich aber solche Rede von der obsolet werdenden ›natürlichen Natur‹ als weiterer Beitrag zur kulturellen Arroganz der globalisierten westlichen Gesellschafts- und Wirtschaftsform und als Ausdruck einer ›Technikblindheit‹,[13] die das Naturhafte auch der artifiziellsten Errungenschaften in unseren vorgeblich naturfernen Lebenswelten beharrlich und mit immer größerem Aufwand der politischen und massenmedialen Bewusstseinsbildung leugnet.[14]

Ein Virus – wie immer es entstanden ist, ob in einem Labor oder evolutionär in fremden Lebewesen – ist an einem fernen Ort von einem Tier auf einen Menschen übergesprungen, hat sich mit gespenstischer Rasanz über den ganzen Globus verbreitet und Millionen Individuen zu Opfern eines natürlichen Geschehens gemacht. Die Übertragung vor allem mit der Atemluft und die dann nicht selten tödliche Infektion der inneren Organe fand auch innerhalb der völlig technisierten Umgebungen statt. Diese Vereinnahmung unserer Körper in einen überwältigenden Naturvorgang könnten wir als eine sozusagen exemplarische Demonstration der Tatsache verstehen, dass wir auch in unseren verkünstlichten zivilisatorischen Lebenswelten Teil der Natur sind, eingebunden in Geschehnisse, die wir nicht selbst erzeugt und gesteuert, aber als Körperwesen in unseren scheinbar naturfernen Daseinsroutinen mitbewirkt haben. Wir werden demonstrativ daran gemahnt zu begreifen, dass wir, wie artifiziell auch immer wir unsere Existenz gestalten, für andere Lebewesen unter Umständen als Naturbestandteil zur Beute werden können, zum Beispiel für ein winziges Virus, das lediglich bestrebt ist, sich in einem geeigneten Wirtskörper ungehemmt zu vermehren. Mehr noch: Indem wir brutale Akte der Naturbeherrschung exerzieren – etwa durch das immer umfassendere Vernichten natürlicher Habitate –, befördern wir ganz offensichtlich die Chancen für Viren, auf menschliche Wirte überzuspringen.[15] Auch darin erweisen wir uns unbeabsichtigt und unwissentlich als Akteure der Natur, weil wir uns eben nicht aus den Zusammenhängen des Naturgeschehens herausarbeiten können. Wir begünstigen Pandemien also nicht bloß durch die Standards unserer von Technik gestützten Lebensformen – enge Kontakte großer Menschenmengen in den Ballungsräumen, exzessive Mobilität über den gesamten Globus, Lieferketten bis in die fernsten Winkel und so fort. Sondern indem wir uns zu ›Ausbeutern und Überlistern‹[16] des Naturgegebenen aufschwingen, ja unsere Abhängigkeit von den natürlichen Systemen und Prozessen aufzuheben suchen, betätigen wir uns zugleich als jene Agenten der Natur, die wir doch nicht sein wollen.

Dafür liefert die Pandemie nur eines von vielen Lehrbeispielen. Zur im Grundsatz gleichen Einsicht zwingen uns der Klimawandel, die Vermüllung der Meere und die Ausbreitung von Mikroplastik, die Beseitigung der Moore und der Regenwälder, das Zerstören von Ökosystemen durch das Artensterben, die Beförderung von Antibiotika-Resistenzen und von sogenannten Zivilisationskrankheiten und viele weitere ungewollte, gravierende Auswirkungen unseres auf den ersten Blick so durchrationalisierten Handelns.

Das heißt: Wir sind eben nicht nur mit unseren körperlichen Ausstattungen und Vorgängen, mit dem bewusstlos sich selbst erhaltenden und regulierenden Part unserer Existenz Teil der Natur, sondern auf eine vertrackte, weil bewusst nicht völlig durchschaubare Weise auch mit unserem rational durchkalkulierten und reflektierten Wollen und Tun.[17] Diese These löst die alte Entgegensetzung von kulturell geformtem Bewusstsein (Wahrnehmen, Urteilen, Reflektieren, Planen, Organisieren) der Menschen und dumpfer Gegenständlichkeit des Naturgegebenen auf, ohne die Differenz zwischen menschlicher Subjektivität und einem für uns (zumindest in unserer eurozentrischen Denkweise) nicht als subjekthaft erkennbaren Anderen vollends zu kassieren.

Die tradierte cartesianische, ontologische Trennung zwischen denkendem (analysierendem, urteilendem, entwerfendem) Subjekt und bewusstloser (automatenhaft funktionierender) Materie, dem Naturstofflichen, regiert zwar immer noch in weiten Bereichen von Alltagswahrnehmen und -handeln, von Wissenschaft und Arbeit, von Ökonomie und Politik. Sie hat aber nicht deswegen ausgedient, weil technisch erzeugte Intelligenz als ein vom menschlichen Bewusstsein getrenntes, verselbständigtes Denken geschaffen werde und sich dann apparativ mit dem menschlichen Denkvermögen verkoppeln lasse. Auch derlei hybrides Denken bleibt auf eine ausgeblendete, unbegriffene Weise einbezogen in den Gesamtzusammenhang der Naturprozesse – wie sich dann spätestens an den Schäden zeigen dürfte, die als unberechenbare Nebeneffekte in Form von Naturphänomenen auftreten werden, ob in Krankheiten oder körperlichen und psychischen Dysregulationen, in mentalen Aberrationen oder Fehlsteuerungen, in irrationalem Sozialverhalten oder ›unbeabsichtigten‹ Kriegsausbrüchen, in unbegriffenen ökologischen Zerstörungen oder destruktivem Umgang mit Ressourcen.

Die klassische, bis heute weitgehend selbstverständliche Gegenüberstellung von Menschensubjekt und Naturobjekt, von reflexivem Vermögen und unbewusst sich entwickelnder Materie ist in ihrer herkömmlichen Form vor allem erledigt, weil Bestrebungen des willentlichen, berechnenden menschlichen Denkens, Planens und Handelns nun offenkundig in Gestalt einer Naturgewalt, einer eigenmächtig, augenscheinlich zielstrebig agierenden Kraft im komplexen Naturgeschehen wieder auf uns zukommen. Unsere eigene Willensentfaltung tritt uns fremd, eben in Form anverwandelter Naturkräfte gegenüber. Solche störende, tendenziell katastrophische Erscheinung eines eigenmächtigen Naturgeschehens, in das unser eigenes Wollen – wenn auch unbeabsichtigt, als Nebenwirkung unseres Tuns – mit eingeflossen ist, als nur außerordentliches Hervortreten einer allgemeinen, grundlegenden Dialektik in unserem Naturbezug zu verstehen, fällt uns schwer.

Denn diese Erfahrung ist kulturgeschichtlich relativ neu, sie hat, nach immer wieder aufflackerndem Vorschein seit Ende des 19. Jahrhunderts, erst in den letzten fünfzig Jahren deutlichere Gestalt angenommen. Die von Max Horkheimer und Theodor W. Adorno durchleuchtete ›Dialektik der Aufklärung‹[18] muss naturtheoretisch durchgearbeitet und erweitert werden. Die Autoren der Kritischen Theorie konstatierten in ihren »Fragmenten«, die sie während des Zweiten Weltkriegs im Exil schrieben, in der bürgerlichen Gesellschaft habe eine instrumentalisierte und um ihre Reflexivität gebrachte Aufklärung ihre »Selbstzerstörung« betrieben, indem eine dem blinden Fortschritt angepasste Wissenschaft und Technologie die gegenläufigen, regressiven Momente, die sie mit erzeugt, nicht mehr als solche wahrzunehmen erlaubt.

> Indem die Besinnung auf das Destruktive des Fortschritts seinen Feinden überlassen bleibt, verliert das blindlings pragmatisierte Denken seinen aufhebenden Charakter, und darum auch die Beziehung auf Wahrheit. [...] Wie die Aufklärung die wirkliche Bewegung der bürgerlichen Gesellschaft als ganzer unter dem Aspekt ihrer in Personen und Institutionen verkörperten Idee ausdrückt, so heißt Wahrheit nicht bloß das vernünftige Bewusstsein, sondern ebenso sehr dessen Gestalt in der Wirklichkeit.[19]

Diese Analyse zielte auf die »rätselhafte [...] Bereitschaft der technologisch erzogenen Massen, in den Bann eines jeglichen Despotismus zu geraten.«[20] Der Faschismus, den die Autoren in der entwickelten bürgerlichen Gesellschaft vorbereitet sehen, erscheint als die Zuspitzung der destruktiven Potenziale eines verdinglichten Fortschritts. »Der Einzelne wird gegenüber den ökonomischen Mächten vollends annulliert. Dabei treiben diese die Gewalt der Gesellschaft über die Natur in nie geahnte Höhe. Während der einzelne vor dem Apparat verschwindet, den er bedient, wird er von diesem besser als je versorgt.«[21] Der unbegriffene Selbstverlust der Subjekte wird für Horkheimer/Adorno zu einer Regression in die »Naturverfallenheit des Menschen«.[22] Der Begriff der Naturverfallenheit ist hier gesellschaftstheoretisch als Herausforderung gefasst: Das Projekt der Aufklärung verlangt, noch in der praktizierten Naturbeherrschung die Bindung auf die Naturbasis anzuerkennen. »Naturverfallenheit besteht in der Naturbeherrschung, ohne die Geist nicht existiert. In der Bescheidung, in der dieser als Herrschaft sich bekennt und in Natur zurücknimmt, zergeht ihm der herrschaftliche Anspruch, der ihn gerade der Natur versklavt.«[23] Die bloße, ihrer selbst nicht bewusste Naturbeherrschung führt die Subjekte in eine Auslieferung an das Naturhafte. Die in diesem Sinne definierte Naturverfallenheit benennt aber noch kein konstruktives Naturverhältnis jenseits der Naturbeherrschung, noch weniger das konstitutive Naturhafte auch des menschlichen Subjekts, des Bewusstseins und der Reflexivität. Eine naturtheoretische Dimension der ›Dialektik der Aufklärung‹ stand für die Autoren in jener Zeit nicht an. Mit einer notwendig naturgeschichtlich zu begreifenden Dialektik sind wir aber heute konfrontiert. Sie entsteht aus dem technologisch und ökonomisch radikalisierten Fortschritt, den als eine auch jenseits des bewusst Gewollten vorangetriebene Bewegung im Naturgeschehen zu verstehen wir uns zwar inzwischen gezwungen sehen, wofür uns aber die gedanklichen Konzepte fehlen.

Das erfahren wir immer irritierender bei den anthropogen mit erzeugten ›Naturkatastrophen‹ und den anwachsenden Gefährdungen der natürlichen Lebensgrundlagen. Die Wissenschaften wie die Politik bemühen sich, solches Geschehen auf menschlich bewirkte Beeinflussung der autonom ablaufenden Naturprozesse zurückzuführen, also wieder – wie bei der Planung der Eingriffe in Naturzusammenhänge – mechanistisch zu erklären. ›Von selbst‹ funktionierende Kausalketten greifen nach dieser Vorstellung wie in einer unendlich komplizierten Apparatur ineinander, eben deshalb kann Hartmut Böhme für die abendländische Neuzeit ein »technomorphes« Naturverständnis identifizieren.[24] Die

Instrumente, Operationen und Berechnungen für die Kausalketten, die inzwischen durchaus mehrdimensional vorgestellt werden, dringen immer weiter in die subtilsten Beschaffenheiten und Zusammenhänge der Naturstoffe, der natürlichen Zustände und Prozesse ein, bis hin zur Ebene molekularer Verbindungen und Informationsträger. Genomanalysen, nano-technologische Forschungen oder etwa Untersuchungen zu den mikrobiologischen Prozessen bei den Reaktionsweisen von Pflanzen sind Beispiele dafür. Die ermittelten Elemente, Kausalketten und Informationsflüsse entziehen sich dabei immer mehr unserem alltagsweltlichen Vorstellungsvermögen, werden zunehmend abstrakter, erscheinen schließlich nur noch als enorm aufwändige Rechenoperationen, die man den elektronischen Geräten anvertrauen muss. Der Hiatus zwischen einerseits dem, was wir wissen und was wir mit diesem Wissen zu bewerkstelligen im Stande sind, und andererseits unseren an die Sinne gebundenen Erfahrungsmöglichkeiten vergrößert sich ständig. Darin liegt einer der Gründe dafür, dass immer wieder in populären Diskursen zu Ersatzerklärungen für das Naturgeschehen gegriffen wird, etwa indem man Naturkräfte personalisiert oder durch Metaphern in alltagsweltlich Vertrautes übersetzt.

Dabei erhält Natur sehr oft Qualitäten eines fremden, eigenmächtig und unberechenbar agierenden Subjekts. Meistens handelt es sich nicht nur um eine verkürzende Redeweise – »die Natur verzeiht keine Missachtung ihrer Gesetze«, »die Natur lehrt uns, wie man richtig leben soll«[25] und dergleichen –, sondern um Metaphern, die eine allgemeine, lebensweltlich gegründete Erkenntnis in erfahrungsgesättigte Bilder übertragen, wie es schon antike Formeln zeigen: »*natura non facit saltus*« (die Natur macht keine Sprünge), »*natura non loquitur*« (die Natur redet nicht). Wenn ›die Natur‹ umgangssprachlich zur handelnden Person gemacht wird, drückt sich darin zwar aus, dass in Naturvorgängen vorbegrifflich ein Agens wahrgenommen wird, das wie ein personifizierter Wille, wie eine ungreifbare und doch eine dem Menschen vergleichbare, gleichsam inkarnierte Macht erscheint. Aber kaum jemand, der solche Formeln gebraucht, wird je von einem Subjekt der Natur sprechen.

## Philosophischer Rückblick: Kant und Schelling

Ideengeschichtlich ist ein solches Konzept relativ jung. Es musste erst der Jahrhunderte lang selbstverständliche Glaube, in den Naturphänomenen gebe sich der göttliche Akteur, sowohl segnend und begeisternd wie Ehrfurcht gebietend oder strafend, bis in die rätselhaften und verstörenden Details der Schöpfung zu erkennen, vollends aus der Deutung von Natur zurücktreten. In der Spätaufklärung bereitete sich der philosophische, sozusagen ganz gottesferne Begriff des Natursubjekts vor. Er gehörte zunächst nicht unmittelbar zum ›romantischen Projekt‹, mit dem die sinnlich wahrgenommene, anrührende und erhebende Natur zu einem ästhetisch erschließbaren ›Versprechen‹ angesichts der zivilisatorischen Verluste durch Technik und Industrie erklärt wurde. Unter anderem Hartmut Böhme hat aber darauf hingewiesen, dass Immanuel Kant mit einigen Linien in der *Kritik der Urteilskraft* ein »mögliches Formvermögen der Natur selbst« andeutete[26], das sich in der »selbständigen Naturschönheit« erkennen lasse und über den wissenschaftlich-technisch erschlossenen Begriff vom »Mechanism« der Natur hinausweise. Er postuliert, dass »die Naturschönheit (die selbstständige) eine Zweckmäßigkeit in ihrer Form, wodurch der Gegenstand für unsere Urteilskraft gleichsam vorherbestimmt zu sein scheint, bei sich führt, und so an sich einen Gegenstand des Wohlgefallens ausmacht.«[27] Durch welche Instanz, Kraft oder Vermögen jenseits des mit wissenschaftlicher Rationalität zu Ermittelnden allerdings diese »Zweckmäßigkeit«, d. h. die sozusagen bestimmungsgemäße »sinnliche Form« in der Erscheinung hervorgebracht wird, erwägt Kant nicht. Er spricht zwar von einer »Analogie mit der Kunst« im Schönen der Naturerscheinungen – was ja ein gestaltendes Vermögen impliziert –, setzt aber dieses scharf von der überwältigenden ›Macht‹ ab, die in denjenigen Naturphänomenen begegne, die das »Gefühl« des Erhabenen hervortreiben.[28] Kant erläutert zwar ausführlich das »Prinzip der teleologischen Beurteilung der Natur überhaupt als System der Zwecke«, aber das zugrundgelegte »Vermögen der Natur« erfährt keine nähere naturphilosophische Bestimmung.

Wenig später entwarf Schelling in seiner spekulativen Naturphilosophie ausdrücklich ein ›Subjekthaftes der Natur‹. Er wandte sich vor allem gegen Fichtes sozusagen objektlose philosophische Konstruktion eines ›absoluten Ich‹, das als sich setzendes und seiner selbst bewusstes Sein die Bedingung der Möglichkeit jedes Erkennens und Handelns ist und für das die ›Welt‹ erst in der Erfassung durch das Bewusstsein des Subjekts ›real‹ wird. Dagegen suchte Schelling dieses wesenhafte Subjekt, das als solches zunächst *›nichts ist‹*, mit der Notwendigkeit des Seienden, dem ›gegenübertretenden‹ Objekt zu vermitteln.[29] Wenn in diesem Zusammenhang von Natur als dem Inbegriff des Seienden die Rede war, dann handelte es sich zwangsläufig um den Begriff einer ›wesenhaften‹, gewissermaßen vor allen konkreten Erscheinungen des Natürlichen zu denkenden Natur, die erst in einem zweiten und dritten Schritt als konkrete bestimmt und klassifiziert werden kann.

Schelling setzte, um einen kruden Dualismus von Subjekt und Objekt hinter sich zu lassen, eine grundlegende Bewegung an, mit der das absolute Ich zu einer unablässigen Produktivität getrieben wird. Dieses ›notwendige Wollen‹ führt zur Einheit in der Differenz von Subjekt und Objekt – das ›nur wesenhafte‹ Subjekt will zugleich ein Seiendes sein, sich mit sich selbst im Objekt vermitteln. Deshalb schreibt Schelling vom »Subjekt, das erst *reines*, sich selbst nicht gegenwärtiges Subjekt ist – indem es sich *haben* will, sich selbst Objekt wird. [...] Denn entweder bleibt es stehen (bleibt, *wie* es ist, also reines Subjekt), so ist *kein* Leben, und es selbst ist als nichts, oder es will sich selbst, so wird es ein anderes, sich Ungleiches.«[30] So gelangt Schelling »aus der Einheit heraus und bis zur Zweiheit«, die aber die Einheit des absoluten Ich nicht aufhebt, sondern in einer unendlichen Bewegung hält, mit der das Seiende, ›die Welt‹, erst ermöglicht wird.

> Das absolute Subjekt, das *als* nichts ist, macht sich zu *Etwas*, zu einem gebundenen, beschränkten, befangenen Sein. Aber es ist das *unendliche*, d. h. das nie und in nichts untergehen könnende Subjekt, und demzufolge, indem es *etwas* ist, ist es auch unmittelbar das über sich selbst Hinausgehende, also das sich selbst *in* diesem Etwas-sein Begreifende, Erkennende. Als das *etwas* seiende ist es das *Reale*, als das Begreifende desselben das *Ideale*.[31]

Aus dieser (voraussetzungslosen, a priori gegebenen) Bewegung ergibt sich auch die Bestimmung der Natur, die für Schelling – in der kritischen Bewegung gegen Fichtes absolutes Ich und eine bloß objekthafte Natur – »nicht etwas *bloß* Objektives – *bloßes* Nicht-Ich sei. Denn das Ich ist gleichsam das Ich oder das erste Subjektive der Natur – das erste Subjektive *außer* uns. Nirgendwo, in keiner Sphäre, ist ein bloß Subjektives oder ein bloß Objektives, sondern immer eine Einheit beider.«[32] Die uranfängliche Produktivität, mit der das absolute Ich sich im Seienden mit sich selbst vermittelt, wirkt für Schelling in der Natur unbewusst, im Ich aber bewusst. Da aber die Vermittlung in beiden wirksam ist, gilt die Einheit in der Differenz auch für das Auseinandertreten des Unbewussten der Natur und des Bewussten des Ich.

Das Subjekthafte der Natur ergibt sich also für Schelling aus der Notwendigkeit, mit der das absolute Subjekt ein Seiendes werden muss – ohne mit dieser ›Entzweiung seiner selbst‹ das Subjekthafte im Objekt zu verlieren. Die Produktivität, die diese Entzweiung sozusagen in Bewegung setzt, wirkt deswegen im Subjekt wie im Objekt, nur in unterschiedlicher »Potenz«, wie es Schelling nennt. Das Natursubjekt erreicht im menschlichen Geist seine ›höhere Potenz‹.[33]

## Erste Unterbrechung: Meine Organe und mein Selbst

An dieser Stelle – ich könnte den angefangenen Satz angeben, der viele Tage lang unvollständig blieb und immer neu als Bruchstück auf dem Bildschirm erschien – habe ich die Arbeit am Manuskript unterbrochen. Es ließ sich nicht umgehen: Ich musste bei Schelling in seinen naturphilosophischen Schriften nachlesen. Aber ich scheute wie ein Pferd vor einem neu aufgestellten Hindernis. Dass ich so bockte und auswich, erklärte ich mir mit der Menge an kleineren und größeren Anforderungen, die in jenen Tagen auf mich zukamen, von lästigen Scharmützeln mit Sachbearbeiterinnen im Finanzamt bis zu dringlichen Herbstaktionen im Garten und umständlichen Werkstattbesuchen mit dem Auto. Alltagskram also, der aber kaum noch Zeit und Ruhe übrigließ, um an einem für mich offenbar schwierigen Stück des Nachdenkens und Schreibens über so etwas wie eine Schwelle zu kommen.

Ich einer Nacht stand ich, aus einem bedrängenden Traum in die Wachheit gestoßen, rasch auf. Die wenigen Schritte bis zum Bad. Für den kurzen Weg brauche ich eigentlich nicht einmal das mild gedämpfte Licht der Nachttischlampe. Ich hatte noch kaum das Fußende des Betts umrundet, da begann die Welt des Zimmers sich zu drehen und abzustürzen. Ich fiel, streckte die Arme, um mich abzufangen, schlug mit dem linken Knie an der Holzkante des Betts auf und fand mich, als die Drehungen des Raums sich verlangsamten, auf den Fußbodendielen liegen. Das Knie schmerzte, ansonsten schien der Körper unbeschädigt.

Im Jahr zuvor hatte ich zum ersten Mal mit einem starken Lagerungsschwindel zu tun: wenn ich lag, bei einer bestimmten

Bewegung auf dem Kopfkissen das gewaltsame Wegdrehen des Raums, als wäre ich in eine große, rotierende Trommel gesteckt, auch beim Aufrichten solche Schleuderwahrnehmungen, so dass ich lernen musste, langsam, in Etappen, in den Stand zu kommen.

Dieser Schwindelanfall verging jeweils nach zwei oder drei Minuten. Der Arzt wies mich in Übungen ein, nach wenigen Tagen waren die verrutschten Steinchen in den Bögen des Gleichgewichtsorgans wieder an ihrem Platz.

Jetzt aber, während des Interruptus' in der Entstehung dieses Essays, hatte ich keine Schwindelattacken auf dem Kopfkissen registriert, und ein leichtes Schwanken blieb bis weit in den Tag hinein. Die Ärztin fand keine Symptome an mir, die den heftigen Drehschwindel und den Sturz in der Nacht erklären konnten. Ihre Bedenken blieben aber. Ich wurde als neurologischer Notfall in die Klinik geschickt.

Die Notfall-Abteilungen deutscher Krankenhäuser verlangen jeder und jedem, die oder der sich ihnen ausliefern muss, sehr viel ab. Zufällig war außerdem der Zugang zum Rechner-Netzwerk des Krankenhauses blockiert: weit über die vorgesehene Zeit hinaus gedehntes System-Update. Es wurde spät. Die diensthabende Neurologin, deren Augen und Brauen über der Atemmaske ein fernöstliches Gesicht erraten ließen, fand schließlich doch schwache Anzeichen für einen Lagerungsschwindel. Wie beruhigend, meinte ich. Also könnte ich, inzwischen beinahe mitten in der Nacht, der Maschinerie der Krankenversorgung endlich entkommen. Ich hatte nur eine Einkaufstasche mit meinen Papieren, der Brille, dem Portemonnaie, dem Desinfektionsspray abgestellt. Ich war an der Tür des Diagnoseraums, als mich die Ärztin abfing. Das EKG zeige ein Vorhofflimmern, ich müsse bis mindestens in den nächsten Tag hinein bleiben und überwacht werden, ein gewisses Risiko für einen Schlaganfall immerhin, CT und auch MRT unausweichlich, das könne schon einige Zeit dauern, je nach Auslastung der radiologischen Abteilung.

Ich raffte, unwillig und unwirsch, alle Einwände zusammen, die ich, ohne das gereizte Hirn noch mehr aufzuputschen, für die Unzumutbarkeit eines unvorhergesehenen Klinikaufenthalts beibringen konnte. Die Ärztin beschied mich sachlich und knapp, es sei nicht zu verantworten, dass ich mich davonmachte. Ich ergab mich, mit Ingrimm. Die Lidränder spürte ich an den Augäpfeln angespannt und leicht erhitzt, das Zeichen war mir vertraut: wieder einmal überhöhter Blutdruck. Was ich, müde und zugleich angestachelt vom stummen Protest, noch denken konnte, trieb mich hin und her zwischen Mahnung an mich selbst und Widerspruch gegen das, was mir zugemutet wurde, zwischen vernünftelndem Zureden und befeuertem Ärger.

Obwohl ich ohne weiteres hätte aufstehen und gehen können, musste ich auf der Untersuchungsliege bleiben. Schließlich schob mich ein großer, beleibter Mann vom Transportteam durch die labyrinthischen Gänge des Klinikbaus zur radiologischen Diagnose. Wartebereich im Flur. Betten mit Menschen, deren eingefallene, entfärbte Gesichter wie in einem Schlaf still auf den Kissen lagen und denen Infusionsschläuche über einen Venen-Zugang eine Flüssigkeit zuführten, wurden an meiner Liege vorbeigesteuert. Fast nie habe ich mich mit dem Warten gleichmütig abfinden können. Aber ich wurde überrascht: Schon nach einer guten Viertelstunde schwenkte die breite Tür zum Raum mit dem Computertomografen beiseite, eine Assistentin im blauen Kittel griff nach der Patientenakte am Fußende der Liege. »Sie sind Herr Ernst.« Man hatte vor dem Transport die Mappe verwechselt. Eine Stunde ging hin, bis meine Akte herangeschafft war.

Während der Aufnahme, bei der ich die kreisenden Lichtpunkte in dem großen, aufrechten Ring aus Stahl und Plexiglas, in dem mein Kopf gelagert war, wie Sternschnuppen vorbeisausen sah, versuchte ich mir vorzustellen, wie die Röntgenstrahlen auch mein Denken durchdrangen, ohne dass sich eine Spur davon in meinem Gedankenstoffwechsel finden ließ. Die Bilder würden nichts mit dem zu tun haben, was in mir vorging.

Noch einmal auf Warteposition im Flur. Das ausbleichende Licht, das sich Tag und Nacht nicht verändert, tilgte auch mein Gefühl für die Zeit, das mich sonst selten im Stich lässt. Schließlich wieder die zur Nachtstunde geradezu betörend freundliche Assistentin: »Der Radiologe hat nichts Besorgniserregendes erkennen können.« Aber ich wurde zur ›Stroke Unit‹ kutschiert, in ein Mehrbettzimmer bugsiert und verkabelt. Über mir, an einem stählernen, in der Wand verschraubten Arm hängend, ein Bildschirm, auf dem ich die wandernden Lichtfäden dreier Wellenlinien beobachten konnte und leicht auf- und absteigende Zahlen: das Technikbild der Arbeit meines Herzens. Und ich konnte, vor der gegenüberliegenden Wand, an zwei anderen leuchtenden Glasscheiben mitlesen, was die Geräte über die Herzen der Bettnachbarn mitzuteilen hatten.

Ich sah auf der hinterleuchteten Bildfläche, die über dem Bett eines derbgesichtigen, augenscheinlich korpulenten Mannes in den Dämmer des Zimmers abstrahlte, in der obersten Zeile die regelmäßig aufgereihten Zacken des Pulsschlags. Der nach rechts gleichsam weglaufenden, dünnen Lichtlinie wurden mit einem kurzen, hellen Abschnitt von links immer neue Zacken nachgeschoben, die Kurve bewegte sich ständig und bildete doch einen gleichbleibenden, regelmäßigen Verlauf. Das rechte Ende der Wellenlinie verschwand kurz vor einer großen, flimmernden Zahl, deren Wert ab und an wechselte: 62 64 60 58 60 62 58 56 62 und so weiter. Das Herz des Mannes pumpte beneidenswert stetig. Auf zwei weiteren Zeilen des Bildschirms flossen unregelmäßigere Lichtlinien, die manchmal verlöschten und sich neu aufbauten. Auch sie verliefen sich vor ab und an veränderten Leuchtzahlen, Werten für die Sauerstoffsättigung des Bluts, für die Atmungsfrequenz?

Der Bildschirm an meinem Bett schwebte schräg über meinem Kopf. Wenn ich mich ein wenig aufrichtete, konnte ich blasse Zerrbilder der Lichtlinien und Leuchtzahlen auf der entfärbten Fläche nachlesen – im schrägen Blickwinkel erfassten meine Augen die farbige Strahlung der Pixel nicht. Was ich sah, reichte aber aus, um mir die zweifelnd wahrgenommene Aberration meiner Organe im sichtbaren technischen Abhub zu bestätigen: die obere Lichtlinie – Herzfrequenz – mit immer wieder unregelmäßigen Abständen und unterschiedlichen Höhen der Zacken, daneben die oft wechselnden Zahlen, Werte zwischen 46 und 72. Ich kannte ja das unruhige, eigenwillige Herz in mir, die Arrhythmien, Extrasystolen, Aussetzer, ihre bedrängende Häufung, wenn der Blutdruck anstieg, ihre Belanglosigkeit, wenn ich auf dem Rennrad unterwegs war. Trotzdem habe ich diesem Impulsgeber meiner Existenz immer wieder misstraut, habe ihn angstvoll in mir pulsen gefühlt, bin erschrocken bei dem heftigen Schlag nach einer Sekundenpause. Was mir der Monitor mit seinem Licht hinschrieb, übersetzte mir nur meine Selbstwahrnehmung in ein zusammengeschnurrtes, mechanisch aufbereitetes, durchgerechnetes Abbild, das alle lesen konnten, die in der kardiologischen Analyse geübt waren. Mit dem Verhältnis meines bewussten, leibhaftig wahrnehmenden Ich zu meinen körperlichen Zuständen hatte dieses Abbild, so viel es von den Tätigkeiten meiner Organe verriet, denn doch wenig zu tun.

Soweit mich meine Erinnerung in die frühen Lebensjahre zurückfinden lässt, weiß ich davon, wie ich mich selbst wahrgenommen habe, vor allem das eine: Mir war das Vertrauen in meine Organe abhandengekommen. In den ersten Schuljahren hatte ich nicht verstanden, weshalb ich in der Stadt, in die uns der aus der Gefangenschaft entlassene Vater von Sachsen über die grüne Grenze nach Norddeutschland hinübergeholt hatte, so oft eine Klasse verlassen und in einer anderen Schule mich mit den Lehrern und den Kindern zurechtfinden musste. Noch weniger begriff ich, weshalb ich, der ich mich gesund und eifrig und oft ein wenig ausgegrenzt sah, auf einmal in ein Krankenhaus befördert wurde, wo mich Schwestern mit gefältelten weißen Hauben viel zu oft Maisbrei zu essen nötigten. Verwischt und farblos, durch den Nebel des Vergangenen schimmernd, errate ich einen Ausspruch meiner Mutter: Ich sei wegen einer Nervenkrankheit zur

Beobachtung in das Krankenhaus gebracht worden. Sie selbst habe als Mädchen und als junge Frau mit dem Veitstanz zurechtkommen müssen, die Zuckungen und Krämpfe hätten sie manchmal auf den Boden geworfen. Ich wollte einwenden, das sei doch nie mit mir geschehen, schwieg aber verstört.

Damals, so meine ich, hat es angefangen. Was ich in mir als Bestandteil meiner selbst am Werke wusste – Herz, Leber, Nieren, Milz, die Blase, Magen, Darm, die Sehnen und Muskeln, die Adern und Nerven –, war auf eine Weise tätig, die ich selbst wohl spürte, aber nicht weiter beachtete, die andere jedoch als ›krank‹ bezeichneten. Das Unbegreiflichste, mir nicht Geheure war übrigens mein Gehirn, das sich oft ganz anders benahm, als ich wollte, und Gedanken, Gefühle, Regungen erzeugte, die mich ängstigten, mir peinlich waren, gegen die ich mich aufzulehnen versuchte. Dabei war ich es doch selbst, der da dachte und fühlte und Absichten hatte.

Die ›Nervenkrankheit‹ blieb für mich ein Phantom, von dem ich keine Spuren in mir fand. Wohl aber schlug ich mich mit den Ängsten herum, die aus den Vorstellungen entstanden, es könne doch etwas in mir bedrohlich krank sein, ohne dass ich es recht bemerkt und begriffen hätte. So entstand, denke ich heute, aus der unverstandenen Zuschreibung, in mir sei auf eine rätselhafte Weise etwas nicht in Ordnung, ein peinigendes Misstrauen in meine Organe. Ich suchte nach Symptomen für eine noch unentdeckte, ernsthafte ›Fehlerhaftigkeit‹ in meinem Körper, bildete mir zum Beispiel ein, ich litte, ohne dass ein Arzt oder jemand Vertrautes eine Ahnung davon hatte, an einer koronaren Herzerkrankung – später verstand ich, dass ein hypochondrischer Zwang sich in mir eingenistet hatte.

Der hinderte mich nicht daran, dass ich im Sport Stärkung suchte: Fechten, Leichtathletik, harte Segelwochenenden auf der Außenweser, später Basketball. Mit der Spannung, dass mich andere, auch die Ärzte, nur zu offenkundig als einen ziemlich athletischen jungen Mann ansahen, dass mich selbst aber immer wieder die Unzuverlässigkeit meiner Organe, zu allererst meines Herzens ängstigte, musste ich, manchmal mehr schlecht als recht, auskommen.

Ich hatte, schon während der Gymnasialzeit, ungute Gründe für meine Selbstwahrnehmung erhalten. Vor der Oberstufe, zur Tanzstundenzeit, wurde ich von einer schweren Hirnhautentzündung gepackt. Vermutlich hatte ich mich beim Baden in einem Fluss infiziert. In der kritischen Phase lag ich, mit 42 Grad Fieber von einer angstvollen Unrast durchströmt, schweißnass in dem Glauben, es ginge womöglich auf mein Ende zu, und auch als der Arzt mir versicherte »Du hast ein Herz wie ein Pferd«, ließ ich von der Befürchtung, der pulsende Muskel in mir könnte seinen Dienst versagen, nicht ab.

Ich wurde in ein Krankenhaus geschafft, mir wurde wochenlang in einer Rekonvaleszenz, die mich bald langweilte, Bettruhe verordnet. Es folgte eine lange Zeit der allmählichen Gesundung, zunächst noch mit ambulanter Behandlung von Krämpfen, Schwächeanfällen, Angstattacken. Fast neun Monate fehlte ich in der Schulklasse. Ich verstand nach und nach, wie viel Glück ich gehabt hatte: Mit einer sehr schmerzhaften Punktation, bei der mich das Lachgas nicht hinreichend betäubte, hatten die Ärzte das Bakterium in der Rückenmarksflüssigkeit nachgewiesen, aber ganz offensichtlich hatte die Entzündung das Gehirn nicht merkbar geschädigt. Was mir allerdings blieb, hieß damals ›vegetative Dystonie‹ – heute würde man vielleicht von ›autonomer Dysregulation‹ oder ›neurovegetativer Störung‹ sprechen: Fehlsteuerungen im vegetativen Nervensystem, das die vom Willen kaum beeinflussbaren Körperfunktionen reguliert. Vor allem der labile Kreislauf hat mir mein Leben lang durchaus feststellbare, manchmal auch heftige Symptome beschert – in einer denn doch krassen Spannung zu den zum Teil extremen Anstrengungen, die ich meinem Körper zugemutet habe.

Noch mehr als zehn Jahre nach der Pensionierung verlangte ich von mir, die Umstände veranschlagend, einen großen Umzug mit vielen schweren Möbeln und Gerätschaften, mit über dreihundert Bücherkartons und Aberdutzenden von Pflanzenkisten zu guten Teilen allein, nur gelegentlich Hilfe heranholend, in mehreren Wochen durchzuziehen. Mein aus langen Jahren vertrauter Arzt, der oft über meine Selbstwahrnehmung gescherzt hatte, sagte mir später, er habe sich mehrfach gefragt »Wann bricht er denn nun zusammen«. Aber er nahm die Dysregulationen des Kreislaufs, bei denen ich im Lauf der Zeit einige Male den Notarzt rufen musste, sehr ernst.

Bei dem Umzug wie bei vielen, vielen anderen Arbeiten, zu denen ich mich anspornte, habe ich in einer Art stummer innerer Verständigung, meine Organe mit wortlosen Botschaften adressierend, Herz, Lunge, Muskeln, Sehnen ermuntert oder auch angetrieben – jetzt übersetze ich diese Körperzwiesprache in Zurufe wie »Wir schaffen das!« oder »Es wird hart, aber ich setze auf euch!« oder »Seid so gut, tut mir noch diesen Dienst!« Das mag als eine kindische Selbstadressierung erscheinen, aber ich kann es nicht anders beschreiben: Mein bewusstes, überhebliches, sorgendes, ängstliches, manchmal stolzes und oft zweifelndes Ich suchte und sucht sich mit den tätigen Elementen meines Leibs zu verständigen, redet ihnen zu, horcht auf sie, hadert mit ihnen, lobt sie, besänftigt sie oder spornt sie an, spürt ihnen nach, will sich erkundigen, beschwichtigt oder bestätigt sie. Ich empfinde das nicht als eine Spaltung in mir, als ein Auseinandertreten des aufmerksamen, sprachbegabten Denk-Ichs und des versorgenden, regulierenden, ›mich lebenden‹ Leib-Ichs. Ich bin ja beides zugleich, diese eine Person, und doch gibt es diese Zwiesprache in Denkwörtern und Denksätzen, wie anders sollte mein Selbst, das sich zu vergewissern sucht, sich denn äußern, und doch äußert es sich auch anders, als ich es verstehe, weil die Elemente meines Leibs sich anders verständigen als mit gedachten Wörtern und Sätzen. Deshalb entstehen immer wieder Besorgnis, Angst, Unruhe, Ratlosigkeit in mir. Und was ich mir in meine Denksprache übersetze, kommt mir oft wie ein Missverständnis vor, ich erreiche die Organe und Nerven und Muskeln und Lymphknoten und Arterien und Faszien und Knorpel und Bindegewebslagen und Drüsen und Knochen und Fettpolster und Hornhäute und Sehnen nicht, und sie antworten mir mit ihren eigensinnigen Tätigkeiten, aber auch noch mit etwas anderem, das nicht bloß aus chemischen Botenstoffen oder fortgepflanzten elektrischen Impulsen oder diffundierenden Flüssigkeiten oder Gewebekontraktionen oder molekularen Trennungen und Verbindungen besteht. Es ist etwas Gemeintes, das ich empfinde, für das ich nur keine sichere, eindeutige, ausformulierbare Übersetzung in mein Denken habe. Nichts daran ist geheim oder dunkel oder ahndungsvoll, nichts davon könnte von den Künsten auf eine rätselhafte Weise mitgeteilt oder in meditativer Trance vernommen werden, nein, ich weiß, ›dass ich gemeint bin‹. Ich spüre ja viel von dem, was gemeint sein muss, an den Zuständen und Tätigkeiten der Elemente meines Leibs, aber ich muss den Eigensinn dieser Elemente anerkennen und mich mit ihm abstimmen. Das gelingt nicht immer. Dann entstehen Unwillen und Besorgnis und Angst und Ratlosigkeit, wie ich es schon beschrieben habe, und am besten geht es, wenn ich darauf vertraue, dass all das, was da in mir tätig ist, gewissermaßen als natürliche Organisation meines Selbst, sich nicht nur untereinander verständigt, sondern auch mit dem bewusst wahrnehmenden Teil meines Selbst, das mehr versteht, als ich begreife –

# II. Entwürfe und Konzepte

## Etwas Subjekthaftes in den Naturerscheinungen?

Ausdauersportler haben von solchen Dialogen jenseits der Sprache und des reflektierten Wollens zwischen ihrem Selbst und ihren körperlichen Potenzialen berichtet.[34] Da wendet sich nicht eine cartesianische *res cogitans* an eine körpereigene *res extensa*, ein wissender, sprechender Geist an eine motorisch funktionierende Materie. Vielmehr findet ein Austausch zwischen verschiedenen Organen und ›Instanzen‹ eines Lebewesens statt, und eines dieser Organe erzeugt unter anderem ein reflexives Bewusstsein, das nicht abgetrennt von den übrigen Einheiten des belebten Körpers vorhanden ist und tätig wird. Insofern kann man sagen, dass Bewusstsein und Selbstwahrnehmung zum Stoffwechsel in einem enorm komplexen, organischen Gesamtgefüge gehören, sie sind unmittelbar eingebunden in die hoch differenzierten, unendlich vielfältigen Wechselbeziehungen, die wir mit einem verräterischen Begriff als die ›autonomen‹ Regulierungen und Austauschprozesse in unserem Körper bezeichnen. Die These Schellings, dass auch der menschliche Geist in bestimmtem Sinn zur *natura naturata* gehöre, zur erzeugten, ›seienden‹ Natur[35] , hat ja in der neurologischen Erforschung von Denken und Bewusstsein längst ihre naturwissenschaftliche Wendung erfahren. Die Schwierigkeit, dass sich zwar Denken als Aktivität von Nervenzellen und ihren Verbindungen physiologisch nachweisen lässt – etwa mit der Messung von elektrischen Impulsen oder mit bildgebenden Verfahren, die auf Messungen des Blutflusses oder anderen Stoffwechselaktivitäten beruhen –, dass aber der ›gedankliche Stoff‹ von Denken und Bewusstsein nicht zu erfassen ist, bildet nach wie vor ein Skandalon für diejenigen, die unterstellen, die empirischen Wissenschaften könnten das Denken vollständig erfassen und erklären. Das hängt unter anderem damit zusammen, dass Bewegungen von Wahrnehmen, Erkennen, Beurteilen, Reagieren, sich Verhalten, Handeln jenseits von reflexivem Bewusstsein und Sprache immer noch den mehr oder weniger motorisch bzw. informationstechnisch definierten Vorgängen in unserem Körper zugeschlagen werden, also kategorial von Denken im eigentlichen Sinn geschieden bleiben. Dass unser Denken und unser Bewusstsein nur *eine* von unüberschaubar vielen Erscheinungsformen einer naturgegebenen Instanz ist, die in den Naturerscheinungen eine erfahrende, erkennende und wollende, also eine subjekthaft agierende Kraft repräsentiert, lässt sich mit Begriffen und Methoden zumindest unserer neuzeitlichen Wissenschaften nicht erweisen – nur bislang nicht? Schellings transzendentalphilosophische Einheit in der Zweiheit von *natura naturans* und *natura naturata*[36] ist im Sinne der sogenannten exakten Wissenschaften aufgelöst, indem die hervorbringende, wollende Natur als eine notwendige Bedingung für die seiende, nunmehr als objektiv gegeben verstandene Natur entweder schlicht negiert wird oder sich, was die Lebewesen betrifft, in die wiederum materiell bzw. informationell angelegte Selbstregulation bzw. Tendenz zur Selbsterhaltung verlagert. Nachdem auch das Postulat eines anfänglichen, weiterwirkenden Impulses durch die göttliche *prima causa* für das überwältigend sinnreiche Räderwerk der Naturerscheinungen und -prozesse abgedankt hatte, blieb nur die Vorstellung, dass eine substanziell bzw. energetisch immanente Eigenschaft des Materiellen selbst für das natürliche Geschehen und für die Entstehung und Entwicklung auch der Lebewesen verantwortlich sei.

Damit erscheint auch die Leiberfahrung, dass die Organe und die Vorgänge in mir eine Art Eigenleben hätten, dass es ein Agens in ihrer Lebendigkeit gäbe, über das bloß zweckmäßige Funktionieren nach Maßgabe einer außerordentlich komplizierten Apparatur des Körpers hinaus, als ein Hirngespinst – wobei das Entstehen eines solchen Hirngespinsts ja wieder die Frage nach dem Zustandekommen der bewusstseinsmäßigen Dysfunktionalität aufwirft. Sie aus fehlerhaften Prozessen in der hoch differenzierten Maschinerie zu erklären – etwa im Sinne von Keplers Beispiel des schlecht gefertigten (oder auch leicht beschädigten) Uhrwerks, das zwar halbwegs gut funktioniert, aber »die Stunden nicht richtig anzeigt«[37] –, zwänge dann ja logisch dazu, auch das Bewusstsein der körperlichen Maschine zuzurechnen. Dann aber erhebt sich neuerlich die Frage, wie aus der Mechanik des körperlichen Zusammenhangs eine Instanz, eine Funktion gebildet würde, der Qualitäten des Bewusstseins – Reflexivität, Kategorienbildung, Urteilsvermögen, Intentionalität – zukommen. Denn eine solche Instanz in Weiterführung der cartesianischen Trennung als vom Körper kategorial geschieden anzusehen, verwehren uns gerade Störungen der Bewusstseinsleistungen.[38] Nicht nur die unbestreitbare Realität von psychosomatischen Erkrankungen nötigt uns, das reflexive Bewusstsein, die Selbstwahrnehmung, die Erinnerung, die Willensbildung und das Urteilsvermögen – all das, was das englische Wort ›*mind*‹ besser zusammenfasst als das deutsche ›Geist‹ –, mehr noch: sogar den sprachlichen Ausdruck, die künstlerische Kreativität (und die Affekte ohnehin) in einem ständigen, elementaren Zusammenspiel mit der Gesamtheit der körperlichen ›Agenten‹ zu sehen. Sofort ist hinzuzusetzen: und mit der Gesamtheit der sozialen Agenten; davon an anderer Stelle.

Dieses Zusammenspiel verwirklicht sich durch die verschiedensten Formen von Austauschprozessen und wechselseitigen Beeinflussungen, vom buchstäblichen Stoffwechsel der elementarsten Elemente der Körperbeschaffenheit wie der großen organischen Einheiten bis hin zu Informationsflüssen aus elektrischen Zuständen bzw. Impulsen. Aber auch von der Erzeugung und Verteilung chemischer Botenstoffe, zum Beispiel der Hormone, bis zum Bewegen und Austarieren der ›Flüssigkeitssysteme‹, von der neurologischen und physiologischen Verarbeitung der sogenannten Außenreize bis zum Einpendeln von körpereigenen, aber niemals völlig autonomen Befindlichkeiten wie Temperatur, räumliche Lage, Tonus, Wachheit und vieles mehr. Mikrobiologie, Physiologie, organische Chemie, Anatomie und andere Disziplinen erlauben uns, die Körperzustände und -prozesse bis zur Ebene molekularer Vorgänge und subtiler Energieflüsse in mehr oder weniger verwickelten Kausalketten zu identifizieren und zu beschreiben. Das ›zielgerichtete‹, nämlich Leben ermöglichende und erhaltende Zusammenwirken all der zahllosen deskriptiv ermittelten Einzelfaktoren und -prozesse erfordert aber, eine Triebkraft in eben diesem Zusammenwirken anzunehmen, die über das bloße Summieren von kausalen Verbindungen hinausreicht, weil die Mechanik der Kausalketten eine Richtung erhält: die Eröffnung und Entwicklung von Leben, das sich in unzählbar vielen und vielgestaltigen Organismen manifestiert. Als Verursacher einer solchen das Leben steuernden Triebkraft noch im feinststofflichen Austausch einen quasi personalen Schöpfer anzunehmen, können heute nur noch strenggläubige Evangelikale zur verpflichtenden Wahrheit erklären. Aber etwa systemtheoretisch einen das Einzelwesen durchwirkenden Selbsterhaltungstrieb anzusetzen, der die Selbststeuerung aller Zustände und Vorgänge im System des Organismus zusammenführe, verlagert das Problem nur begrifflich.[39] Denn an die Leerstelle der kausal-mechanischen Deskriptionen und Erklärungen, die ein zusammenfügendes und zielführendes Agens in dem unerhört komplexen Wechselspiel des Lebendigen nicht zu fassen erlauben, wird lediglich eine Art Tautologie gesetzt: Es gehört zum Begriff des Lebens, dass das Lebendige leben, also sich selbst, so gut und so lange es geht, zu erhalten sucht.[40] Das analytisch und experimentell nicht nachweisbare Wollen in dieser unerhört komplexen Organisation der Generierung und Erhaltung des Lebens erhält systemtheoretisch oder auch lebensphilosophisch nur einen sich selbst erklärenden Begriff, es bleibt abstrakt, ein theoretisches Konstrukt, das man eher axiomatisch ansetzen muss als empirisch klären kann.

Das Problem wiederholt sich, wenn der Blick sich vom einzelnen Organismus zur Komplexität von Ökosystemen hinwendet. Auch dort wird – allzu rasch – vom ›systembedingten Streben nach Selbsterhaltung‹ gesprochen, auch dann, wenn Ökosysteme in einem unablässigen Prozess des klein- oder großräumigen Wandels gesehen werden, der nie ein stabiles Gleichgewicht aller Faktoren erzeugt.[41] Folgerichtig sucht man Ökosysteme, bis hin zum Gesamtsystem der irdischen Biosphäre, ja aller Naturvorgänge, als einen globalen Organismus zu interpretieren. Wie metaphorisch auch immer diese Organismus-Vorstellung von ›Gaia‹ ansetzt[42], sie beantwortet die Frage nach dem Agens im schier unerforschlichen Zusammenspiel der natürlichen ›Agenten‹ nicht. Die Gaia-Hypothese und verwandte Ansätze tragen die unbeantwortete Frage lediglich weiter, von der Betrachtung der Einzelwesen zu einer Sicht auf die Gesamtheit des irdischen Kosmos, ganz gleich, ob die Analogie der Biosphäre mit einem Lebewesen nun berechtigt ist oder nicht. Die Frage nach ihren das Ganze oder die Systeme zumindest zeitweise regulierenden Wechselwirkungsprozessen stellt sich selbst dann, wenn die Organismus-Vorstellung nicht zu halten ist.

Vorläufig bleibt also nur, den Schluss zu ziehen, dass ein Agens, eine zielgerichtete Wirkkraft im unerhört feinsinnigen Zusammenspiel der Elemente und Teile eines Organismus – bei Tieren wie bei Pflanzen, Pilzen, Amöben, ja bei Bakterien und auch Viren – nicht näher zu bestimmen ist.[43] Sie anzunehmen, erscheint nicht nur als eine Notwendigkeit der Naturerkenntnis, die über die unleugbaren Leerstellen einer kausal-mechanistischen Analytik nicht hinweg geht. Sie tritt bei der gewissermaßen stellvertretenden Betrachtung des menschlichen Lebens auf den Plan, sobald wir das Bewusstsein selbst als ein Moment, eine Bewegung, ein Erzeugnis jenes Zusammenspiels der leiblichen Vermögen begreifen, aus denen der Organismus besteht und mit denen er sich erhält. Und es ist bei dieser Fragestellung unerheblich, ob wir anderen Spezies ein Bewusstsein zuschreiben, das der Selbsterkenntnis und dem reflexiven Denken der Menschen vergleichbar ist. Einsichten in das Verhalten und die Kommunikation von Primaten, Walen und Delfinen, Elefanten oder bestimmten Vogelarten sprechen dafür.[44] Problematisch wird es, wenn man lediglich nach Entsprechungen zu den Merkmalen spezifisch menschlichen Bewusstseins sucht. Nur: Eine Einsicht in anderes Bewusstsein finden wir schwerlich, solange wir die Äußerungen anderer Spezies lediglich beschreiben, aber nicht verstehen können, weil es keine in unsere Sprachformen und Denkmuster übersetzbare Kommunikation gibt. Wir müssen mit Analogien und indirekten Schlüssen arbeiten.[45] Zweifellos ist es voreilig und sogar irreführend, aus neuesten Forschungserkenntnissen zu folgern, auch Pflanzen sei ein Bewusstsein zu eigen – wir können allenfalls vermuten, dass Pflanzen über Formen einer inneren Verständigung, einer uns unzugänglichen Intentionalität und einer Kommunikation mit ihrer Umwelt verfügen, die sich aufgrund der von unserer völlig verschiedenen Beschaffenheit und Lebensweise dieser Organismen auch mit den raffiniertesten Untersuchungsmethoden nicht erschließen.[46] Apparativ unterstützte Versuche, etwa Bäume ›zum Sprechen zu bringen‹ oder ihre Lebensäußerungen und -strategien in Kategorien unserer Daseinsweise zu übersetzen, führen fast zwangsläufig zu kruden, kontraproduktiven Vermenschlichungen oder zu parodistischen Einfühlungen.[47] Aber die methodisch abgesicherten Befunde mehren sich, die in pflanzlichem Leben mehr als bloß mechanische Reiz-Reaktions-Schemata zu Tage treten lassen.

## Wie lässt sich vom Eigenwilligen in den Naturphänomenen sprechen?

Hier erreichen die Überlegungen einen Punkt, an dem ein methodologisches und argumentatives Innehalten geboten erscheint. Denn zu erörtern ist ja, wie überhaupt mit Aussicht auf plausible Aussagen von einem Agens, einer zielgerichteten Kraft, einem immanenten Streben in den Naturerscheinungen und -prozessen gesprochen werden könnte, ohne in einen neuen Animismus – den Glauben an eine Art Beseelung nicht-menschlicher Wesen und Dinge – abzugleiten[48] oder diffus vitalistische Ansätze aufzugreifen, die für Leben das Wirken einer immateriellen, aber der belebten Materie immanenten Lebenskraft ansetzten.

Man muss sich zunächst darüber Rechenschaft ablegen, auf welchem Feld der Argumentation man sich bewegt: auf dem der empirischen Evidenzen und der (mehr oder weniger) konventionell ermittelten (natur)wissenschaftlichen Befunde, auf dem der lebensweltlichen (›objektivierten‹, d. h. reflexiv bearbeiteten) Erfahrungen, dem der methodologisch plausibilisierten Hypothesen oder aber auf dem der philosophischen bzw. wissenschaftsspezifischen Begriffsbestimmungen und Theoreme. Auf allen Feldern enthält das Vorgetragene, freilich auf unterschiedliche Weise, *Interpretationen* des Wahrgenommenen, Ermittelten, Erschlossenen oder gedanklich Entwickelten, immer geht es um diskutable Deutungen von Welt, und das Verfahren und die Stringenz der Deutung selbst sind oft Gegenstand nicht selten kontroverser Diskurse.

Historisch bedeutsame Debatten über ein Agens in den Naturerscheinungen haben sich sozusagen zwischen den genannten

Feldern hin und her bewegt. So bezogen sich Entwürfe eines ›kritischen Vitalismus‹ am Anfang des 20. Jahrhunderts – nachdem es seit der griechischen Antike verschiedenste Ausformungen eines vitalistischen Denkens gegeben hatte – zwar auf empirische Forschungen etwa zur embryonalen Entwicklung und zur Evolution der Lebewesen. Aber die beiden wichtigsten Entwürfe, Henri Bergsons Veranschlagung eines ›Élan vital‹ und Hans Drieschs Postulat einer in der lebenden Materie wirkenden ›Entelechie‹, operierten auf dem Feld begrifflich und systematisch möglichst konsequenter Hypothesen zur Triebkraft des Lebens, zielten aber auf ganz grundsätzliche philosophische Deutungen von Natur und auf angemessene Zugriffe auf die Naturerscheinungen.[49]

Der philosophische, wie viel vehementer noch der populäre Vitalismus jener Zeit erheben Einspruch gegen ein mechanistisches Verständnis von natürlichen Entitäten und Prozessen, wie sie es in den entwickelten Naturwissenschaften und der auf sie gründenden Technologie gesellschaftlich weitgehend durchgesetzt sehen. Der Springpunkt für die Fundamentalkritik an einem Naturverständnis, das die gegebene Natur als eine Ansammlung von strukturierter und determiniert prozessierender, aus tatsächlich mechanistisch funktionierenden Kausalketten erklärbarer Materie betrachtet, bildet sich aus dem Problem der ›gerichteten Selbsttätigkeit‹, die in der Entstehung und Entwicklung des Lebens erscheint. Beispielhaft und radikal wird dieses Problem für die philosophischen Vitalisten in der embryonalen Entfaltung der Lebewesen evident: Eine bloß deterministische Erklärung – die letztlich chemisch und physikalisch dechiffrierbare Verwandlung eines winzigen Zellklumpens in eine hoch komplex organisierte, wahrnehmende, erkennende und handelnde Ganzheit eines lebendigen Individuums – verfängt für sie nicht. Zumindest Natur in Gestalt von Lebewesen kann für die Vitalisten in ihrer zielgerichteten Entfaltung und Reproduktion nicht verstanden werden, ohne dass eine eben zielgerichtete, treibende und organisierende Kraft vorausgesetzt wird. Dass diese immanente Triebkraft nicht mit den zur Verfügung stehenden Methoden der sogenannten empirischen Wissenschaften nachgewiesen werden kann, ergibt sich aus ihrem Status als immaterielles Agens, das weder in physikalischen Zuständen oder Energieformen noch in chemischen Komplexen und Prozessen fassbar wird.

## Philosophischer Rückblick: Vitalismus um 1900

Der ›Élan vital‹ Bergsons oder die ›Entelechie‹ nach Driesch bleiben also im Sinne der faktenbasierten Wissenschaften philosophische Hypothesen, systematisch entwickelte naturtheoretische Konstrukte. Ihr Rückbezug auf empirische Beobachtungen und Befunde oder auf lebensweltliche Wahrnehmung vollzieht sich im Modus einer interpretatorischen Evidenz, die nichts anderes als eine verstehende Auslegung für sich reklamieren kann. Zumindest vorläufig bleibt jeder experimentelle oder erfahrungsbasierte Beweis den naturphilosophischen Annahmen versagt – das ist aber für diese Hypothesen insofern von Belang, als sie ja beanspruchen, empirisch manifeste Naturphänomene und -prozesse in entscheidender Hinsicht zu erklären.

Es ist angesichts dieses Status der zentralen Hypothesen nur folgerichtig, dass Driesch ausdrücklich an die philosophische Tradition anschloss, insbesondere an Immanuel Kants Kategorie des ›Bildungstriebs‹ in den naturphilosophischen Elementen der *Kritik der Urteilskraft*.[50] »›Bildungstrieb‹ meint die unergründliche Macht zur Selbstorganisierung, die Organismen aufweisen, bloße Anhäufungen von Materie jedoch nicht. Es handelt sich um ein ›Vermögen‹, das zu unterscheiden ist von der ›bloß mechanischen Bildungskraft‹. [...] Der Bildungstrieb [...] ist ein immaterieller, teleologischer Trieb, der der Materie ihren Zusammenhalt, ihre ›organische‹ Qualität verleiht (durch die jeder Teil des Ganzen sowohl Ursache als auch Wirkung der anderen ist).«[51] Der Begriff des Bildungstriebs bei Kant zielt also entscheidend und ausschließlich auf Genese und Verfassung des Organismus, des individuellen Lebewesens. Die Materie wird verstanden »als stumpfes, mechanisches Zeug, das einen Zusatz benötigt, um aktiv zu werden (wobei der Zusatz weder materiell noch seelisch ist).«[52]

Von Kant übernahm Driesch insbesondere, dass jede ›Beseelung‹ der Materie zurückgewiesen und der naturgegebene Bildungstrieb in einer immanenten Potenz der Materie selbst gesehen wird. Dies gilt auch für Bergson. Das heißt: Die Vertreter des kritischen Vitalismus lehnten jede Vorstellung ab, »die Lebenskraft könne auf irgendeine Weise unabhängig von den Körpern existieren, innerhalb derer sie wirkt.«[53] Und fortgeführt wird auch der Gedanke einer immanenten Teleologie: Was bei Kant Bildungstrieb heißt, bei Bergson Élan vital und bei Driesch Entelechie, hat sein Leben ermöglichendes Ziel in der inneren Ordnung, dem zweckmäßigen Zusammenwirken aller Teile des Organismus eben zu einer lebendigen Ganzheit. Diese Zweckmäßigkeit als solche ist allen verschiedenen Organismen zu eigen, sie garantiert die Selbsterhaltung im Zusammenspiel ganz unterschiedlicher Beschaffenheiten und Vermögen, beispielweise bei den verschiedenartigen Klassen, Familien und Arten im Tierreich, bei denen die konkreten Körper – entsprechend der evolutionsgeschichtlichen Ausformung – ihre je eigene Zweckmäßigkeit besitzen. Seinen Zweck, die organisierende Ausrichtung auf die Entstehung und den Fortbestand von Leben, findet der ›Trieb‹ demnach nicht außerhalb des Organismus, etwa mit dessen Funktionalität in einem aufeinander abgestimmten Ensemble von interagierenden Lebewesen in ihrem Milieu[54] – heute sagt man: einem Ökosystem. Vielmehr verwirklichen sich der Bildungstrieb und ähnlich Élan vital und Entelechie in dem be-lebenden Zusammenspiel der Organe und Bestandteile des Organismus und in den dadurch eröffneten Aktivitäten. Die immanente Teleologie in dieser Annahme – es gibt ein Ziel im Wirken des Triebs, nämlich die Entfaltung des Lebens in und mit dem Organismus, einschließlich seiner affektiven und mentalen Möglichkeiten – findet, insbesondere bei Bergson, ihre Entsprechung in der Deutung der Evolution: Deren Ziel liegt in der spontanen, unvorhersehbaren Entwicklung immer komplexerer und vielfältiger ausgestatteter Formen des Lebendigen.

Die beiden wichtigsten Vertreter des kritischen Vitalismus, Bergson und Driesch, entwickelten ihre – begrifflich unterschiedlichen – Hypothesen eines organisierenden und formenden Lebenstriebs mit der Kritik an einem mechanistischen Materialismus sozusagen *ex negativo*: Dem Materialismus *fehle* eine überzeugende Erklärung für die Entstehung und Entfaltung von Leben, das eben nicht aus einer kausal-linearen Summation von Materie und einer letztlich mechanisch funktionierenden Determination abgeleitet werden könne. Dabei erkannte Driesch, der als Embryologe arbeitete, durchaus die Beteiligung einer materiell angelegten Determination in der Entwicklung des lebenden Organismus an.[55] Diese mikrobiologisch, schließlich physikalisch und chemisch zu entziffernde Bestimmung in der materiellen Organisation von Lebewesen reiche aber nicht aus, um die lebendigen Vermögen der komplex organisierten Materie zu erfassen. Aufgrund dieses Ungenügens krud materialistischer Erklärungen müsse eben eine immaterielle Kraft angenommen werden, die freilich nur indirekt aus beobachteten Phänomenen erschlossen werden könne. Das Defizit ergab sich für Driesch gerade aus klassisch-naturwissenschaftlichen Untersuchungen und Befunden im Labor: »Warum gibt es denn all diese Faltungen und Knickungen [...] und alle die anderen Prozesse, wie wir beschrieben haben? Es muss doch etwas geben, was sie sozusagen hervortreibt.«[56] Er wählte für dieses Agens den Begriff der Entelechie, den er von Aristoteles entlehnte. Die griechische Wortfügung enthält in ihren Elementen den zentralen konzeptionellen Ansatz: die Wortstämme *en-telos-echein*, ›das Ziel in sich haben‹, also die immanent auf eine bestimmte Entfaltung hinwirkende Kraft.[57] Diese entscheidende vitalistische Hypothese wirkt noch in modernen systemtheoretischen Konzepten nach, wenn von Prinzipien der

›Selbstorganisation‹ und der ›Selbsterhaltung‹ der Organismen gesprochen wird.

Driesch wie Bergson – dessen Élan vital stärker auf den ›Fluss‹ in der Entwicklung des Lebedigen ausgerichtet ist – sahen die Notwendigkeit, eine treibende, wirkende Kraft im Organischen begrifflich zu fassen, auch experimentell bekräftigt. Ein wichtiges Phänomen war für sie die Fähigkeit von Organismen, sich zu ergänzen, beispielsweise bei Verstümmelungen und Verletzungen selbsttätig die (weitgehende) Wiederherstellung oder zumindest die Schließung der Ganzheit zu bewirken. Neben dieser Restitutionsfähigkeit galt die vegetative Vermehrung, das heißt: die Vervielfältigung des Organismus durch Teilung nicht nur bei sehr einfachen Lebewesen wie Bakterien, sondern auch bei hochentwickelten Pflanzen – bei denen aus einem abgetrennten Trieb ein vollständiges neues Gewächs entstehen kann – als evidente Bestätigung für die naturphilosophisch formulierte Hypothese.[58]

Der Vitalismus, auch in seinen modernen Ausprägungen, ruht der prinzipiellen Unterscheidung von Lebewesen und ›träger‹ Materie auf. Es geht um die unüberbrückbare Differenz von biotischer und abiotischer Natur. Die unbelebte Materie kann sehr wohl strukturiert sein wie bei einem Molekül oder einem Kristall oder einer Gesteinsformation, sie kann sich prozessierend verändern wie bei einer chemischen Reaktion oder bei einem mechanischen Zerfall, sie kann zu einer aus vielen Teilen zusammengefügten und sich im Inneren bewegenden Einheit gestaltet werden wie bei einer komplizierten Maschine. Aber, so streichen die Vitalisten heraus, auch die raffinierteste Maschine kann sich nicht selbst reproduzieren, sie verfügt nicht über spontane Kreativität in der Realisierung von Entwicklungs- und Reaktionsweisen, die aus einer Vielzahl materieller Potenziale die je spezifische Organisationsform der Ganzheit und ihre Selbsterhaltung bewirken.

Es ist mehrfach darauf hingewiesen worden, dass Michail Bachtin bereits 1926 mit seiner Kritik an den kritischen Vitalisten die Möglichkeit einer in ihrem Bau nicht komplett präfigurierten, einer spontan agierenden und sich selbst reproduzierenden Maschine ins Spiel gebracht hat.[59] Heute erscheint mit der Künstlichen Intelligenz und den lernenden, sich selbst programmierenden digitalen Apparaturen diese Denkmöglichkeit zu Realität zu werden. Die Debatte über die kategoriale und manifeste Differenz zwischen Lebewesen und ›intelligenten‹ Maschinen verschärft sich aber eher, als dass sie sich auflöste. Und die Proklamation einer neuen, absehbar verselbständigten Gattung ›hyperintelligenter‹, sich selbst optimierender und reproduzierenden Informationsverarbeitungswesen, mit denen die Evolution ihr Ziel, ›sich selbst zu begreifen‹, jenseits der menschlichen Befähigungen erreichen werde, wie es James Lovelock als tröstliche Vision verkündet, bietet nicht mehr als eine begrifflich wie systematisch und evolutionstheoretisch völlig inkonsistente Zukunftserzählung.[60]

Der notwendige Exkurs in neuere Ausarbeitungen des philosophischen Vitalismus zeigt die methodologischen und argumentativen Schwierigkeiten, die sich – im Rahmen des neuzeitlich-abendländischen Denkens – auftun, wenn man die Konzeption eines immateriellen Agens, einer Kraft, einer organisierenden, steuernden und kreativen Potenz in den Naturerscheinungen und -prozessen ins Auge fasst. Weil es sich weder um eine Art Energie noch um eine bestimmte Beschaffenheit von Materie noch auch um eine wie immer vorgestellte Seele handelt, können die empirische wissenschaftliche Erforschung wie die alltagsweltliche Erfahrung zwar Einsichten ergeben, die als Herausforderungen für das Begreifen der Naturwirklichkeit gelten und die gewissermaßen umgekehrt die philosophisch-systematischen Hypothesen untermauern sollen. Aber den Status argumentativ entfalteter, mehr oder weniger plausibler, weder experimentell-empirisch noch erfahrungsbezogen verifizierter *Deutungen* von Naturwirklichkeit verlassen sie nicht. Das gilt, wie gesagt, für diejenige Rationalität, für diejenige vernünftige Argumentation und Kommunikation, die in den westlichen Kulturkreisen anerkannt und sehr stark normativ abgefedert ist.[61]

Deshalb mag es kaum verwundern, dass angesichts der erwähnten Schwierigkeiten, die Triebkräfte und Wirkmächte in den sich entwickelnden und agierenden Naturwesen zu erfassen, jenseits der Erklärungen aus den empirischen Wissenschaften, gerade in jüngerer Zeit auf andersartige Naturvorstellungen fremder Kulturen verwiesen oder sogar auf sie zurückgegriffen wurde. Nicht von ungefähr kamen und kommen Anstöße dazu immer wieder aus der Ethnologie bzw. der interkulturellen Anthropologie. Vor allem *ein* verbreitetes mentales Konzept des Naturverhältnisses bei indigenen Ethnien wird dabei dem westlichen entgegengehalten: der in unseren Kulturkreisen so genannte Animismus. Als ein zentrales Merkmal animistischer Vorstellungen lässt sich angeben, dass in nicht-menschlichen Naturphänomenen – nicht nur in Tieren und Pflanzen, sondern auch in bewegter und sogar unbewegter Materie wie Wasser, Wind, Wolken oder Gestein und Erde – je besondere ›Wesenheiten‹ erkannt und auch lebensweltlich erfahren werden, denen mehr oder weniger ausgeprägte personale Verfasstheit und insbesondere eine jeweils spezifische Handlungsmacht eignen. Dabei charakterisieren die uns geläufigen Begriffe ›Götter‹ oder ›Gottheiten‹ die in ihrem Wirken manifesten Wesenheiten nur bedingt. Sie besitzen beispielsweise nur selten einen eigenen Namen, werden deshalb in unseren Sprechweisen oft als ›Geist‹ eines Naturwesens umschrieben. Es geht also eher um eine erzählbare und rituelle Verständigung über die inkarnierte, oft personelle Eigenmacht der Naturerscheinungen.[62]

Dass in sehr vielen Kulturen die an ihrer je spezifischen, ausgeübten Wirkungsmacht erkennbaren Wesenheiten für die religiöse bzw. rituelle Praxis die bildliche oder skulpturale Gestalt von Tieren oder Menschen erhalten, darf eher als Symbolisierung im genauen Sinn verstanden werden, auch wenn offenbar häufig die unmittelbare Anwesenheit der Mächte in den menschengemachten Repräsentationen erlebt wurde und wird. Entscheidend für unser modernes, analytisches Verständnis von Animismus ist, dass in den Naturerscheinungen eine an ihrem Wirken erkennbare, je eigene immaterielle Macht als menschlichem Agieren analog, aber überlegen und als real angesehen wird.

Im Rahmen neuzeitlich-abendländischer Rationalität betrachtet, herrscht in solchen lebensweltlich unmittelbar handlungsleitenden Vorstellungen ein krasser, naiver Anthropomorphismus: Nicht selten wird eine für die Alltagswahrnehmungen verborgene oder verhüllte, nur in außerordentlichen mentalen Zuständen wie der Trance direkt präsente Parallelwelt zur menschlichen Daseinsweise angenommen. Die den menschlichen Vermögen zumeist überlegenen, aufmerksamen und agierenden wie reagierenden Wesenheiten, die in den Naturphänomenen inkarniert sind, besitzen (zugeschriebene) Eigenschaften und Verhaltensweisen analog zu den menschlichen. Deshalb können in den mythischen Erzählungen, mit denen diese Weltdeutungen weitergegeben und befestigt wurden, die Repräsentanten der Eigenmacht von Naturphänomenen oftmals ganz selbstverständlich zwischen Menschengestalt und nichtmenschlicher, in den körperlichen bzw. materiellen Erscheinungen gleichsam eingeschlossener Anwesenheit wechseln.[63]

Attraktiv in den Debatten über das in vielem destruktive, global durchgesetzte Naturverhältnis sogenannter fortschrittlicher Industrienationen erscheinen an solchen animistischen Weltdeutungen nicht die erzählten, rituell bekräftigten und im Alltagshandeln berücksichtigten ›Glaubensinhalte‹. Vielmehr wird in den mentalen wie praktischen *Auswirkungen* solcher fremdkultureller Naturbezüge eine bedenkenswerte Alternative zu einem weithin abstrakten, entfremdeten und tendenziell gewaltförmigen Umgang mit dem Naturgegebenen gesehen. Etwa die meistens rituell streng geregelte Ressourcenschonung[64] oder die grundlegende Haltung von Respekt, Aufmerksamkeit, Anerkennung und Rücksicht auch bei der Nutzung von begegnender Natur oder dann die naturtheoretisch ausinterpretierte Aufhebung der für uns evidenten Dichotomie von Natur und Kultur in animistischem Denken[65] werden als Auswege aus den Aporien eines neuzeitlich-abendländischen Naturverhältnisses erwogen.

Aber man kann in den eigenen kulturellen Kosmos, der eben aus sehr viel mehr besteht als aus einigen relevanten Überzeugungen, sondern der die gesamte gesellschaftliche Praxis und die erwirkten zivilisatorischen Veränderungen der Lebenswelt einschließt, nicht ohne Weiteres fremdkulturelle Naturkonzepte oder Realitätsdeutungen importieren. Gerade in ihren alltagspraktischen Auswirkungen – die doch ein Stück der ersehnten Alternative zu den hochproblematischen Errungenschaften in der eigenen Kultursphäre zu versprechen scheinen – erweisen sich die mehr oder weniger weitreichend angeeigneten Denkweisen als so gut wie nicht lebbar. Will sagen: Die aus ihren natürlichen und historischen Kontexten gelösten Weltdeutungen und Handlungsmaximen stoßen sich gewissermaßen, wie bei einer Organtransplantation, in dem zivilisatorischen Gefüge, in das sie integriert werden sollen, nicht nur alltagspraktisch ab, sondern führen, wenn sie nicht eingekapselt oder entschärft werden, bis hin zu buchstäblichen mentalen und psychischen Störungen, mit anderen Worten: bis hin zu einer veritablen Krise der Identität, die dann beispielsweise vor die Entscheidung stellen kann, den heimischen Kulturkreis zu verlassen und existenziell auf den fremdkulturellen Kosmos zuzugehen.

Eben dieses erfuhr Nastassja Martin, die französische Ethnologin, Schülerin von Philippe Descola, als sie ein traumatisches Erlebnis zu bewältigen hatte: den Angriff eines Bären auf der Halbinsel Kamtschatka, wo sich Martin mehrere Jahre zu ethnologischen Studien bei den Ewenen, einer indigenen Ethnie, aufgehalten hatte. Einer der Großfamilien war sie freundschaftlich verbunden. Der Bär hatte ihr schwerste Verletzungen zugefügt, sie konnte ihn aber durch einem Schlag mit dem Eispickel abwehren. Während der langen Heilungszeit suchte Martin sich über ihre im krassen Sinn beschädigte Identität klar zu werden – sie war Opfer eines mächtigen Tieres geworden, der Bär hatte ihr Stücke ihres Körpers, noch dazu im Gesicht, entrissen und er war zugleich ›in sie eingedrungen‹. Ihre ewenische Freundin bot ihr eine animistisch grundierte Deutung des Vorfalls an: Der Bär habe in dem kurzen, heftigen Kampf einen Teil der Identität seiner Beute in sich aufgenommen, zugleich sei ein Teil seiner Identität in sie übergegangen – »eine gegenseitige Initiation«.[66] Für Martin wurde die Wahrnehmung immer unabweisbarer, dass ›eine Durchdringung von zwei Welten‹ stattgefunden habe. Für die Ewenen stand der animistische Tausch fest: Die Anthropologin hatte etwas vom Bärenwesen bekommen.[67] Eine solche Selbstdeutung, die für Martin immer mehr ihrer inneren Wahrnehmung entsprach, konnte sie aber im europäischen Kulturkreis nicht aufrechterhalten. Die Frage, ob sie, um das Erlebte wirklich annehmen zu können, zu den Ewenen übersiedeln müsse, hält das Buch, das die Anthropologin über ihre Erfahrungen geschrieben hat, in der Schwebe.

Dieses extreme Beispiel von kultureller Differenz und interkultureller Aneignung verdeutlicht nur das grundlegende Problem: Elemente spezifischer, historisch-kulturell ausgebildeter Weltdeutungen und Naturauffassungen kann man nicht wie Versatzstücke in das Denken, Urteilen und Handeln ganz anders entwickelter Gesellschaften übernehmen. Wir können in unseren Kultursphären der alteuropäischen Aufklärung, der avancierten Wissenschaften und Technologie ein gewandeltes Naturverhältnis nicht auf mythische Erzählungen und rituelle Praktiken gründen, die von einer animistisch verstandenen Realität wesenhafter Wirkmächte in den Naturerscheinungen und -prozessen ausgehen. Es lässt sich nicht bestreiten, dass auch unser hoch entwickeltes Wissenschafts- und Technologieverständnis einigen sozusagen subrational begründeten Erzählungen aufsitzt, etwa durchaus konkurrierenden Erzählungen vom erd- und menschheitsgeschichtlichen ›Auftrag‹ der Spezies *Homo sapiens* oder von der Realität des Geldes[68] oder anderer von der technologischen Ablösung der ›ersten Natur‹, und gerade die Proklamationen einer digital völlig technifizierten Lebenswelt bieten im Kern oft nicht mehr als subrational angetriebene, freihändig ausfantasierte Narrative.[69]

Aber für die Adaption grundsätzlich differierender, fremdkultureller Naturdeutung gilt, dass wir sie kaum in den Rahmen der abendländisch-neuzeitlichen Rationalität und der von ihr bestimmten gesellschaftlichen Wirklichkeit integrieren können. Entweder verlieren sie ihre existenzielle, Identität stiftende und handlungsleitende Geltung, werden zu äußerlich bereichernden Schmuckstücken kultureller Garnierung, oder sie treiben die übernehmenden Gesellschaftsmitglieder an den Rand der beherbergenden Sozietät.

Die knappen Betrachtungen des kritischen Vitalismus vom Anfang des 20. Jahrhunderts und der neuen Beschäftigung mit animistischen Denkansätzen führt die gedanklichen und argumentativen Schwierigkeiten vor Augen, plausibel von einem Agens in Naturerscheinungen oder von wirkenden Mächten zu sprechen. In den Werken der Vitalisten zeigt sich, dass die Realität eines immanenten Lebenstriebs in den Organismen, so sehr die Darlegungen begrifflich durchgearbeitet und auf empirische Beobachtungen rückbezogen sein mögen, den Status einer interpretativen Hypothese nicht überschreitet. Ihre Plausibilität für die lebensweltliche Erfahrung wie für die wissenschaftlich-rationale Erklärung bleibt diskutabel – was aber noch nichts darüber aussagt, wie relevant solche Deutungen in der gesellschaftlichen Kommunikation und für handlungsleitende Überzeugungen sind. Und sozusagen auf der Gegenseite dokumentiert das Beispiel der autobiografischen Schrift von Nastassja Martin, wie existenziell herausfordernd und verstörend ein animistischen Naturverständnis werden kann, wenn es der Selbstwahrnehmung, der psychischen Verarbeitung von umstürzenden Erfahrungen eher entspricht als die Deutungsangebote in der eigenen Kultur.

## Neuer Materialismus: Die Materie als Akteur?

Um es noch einmal zu pointieren: Der Impuls, Überlegungen zu einem Agens im Entstehen und Zusammenwirken etwa der Organe oder der zellulären Verbünde oder der neuronalen Netze von Lebewesen anzustellen, bedeutet eben nicht, ein Etwas anzunehmen, das der Intentionalität, dem zielgerichteten und reflexiv bewussten Willen der Menschen gliche.[70] Und auch die nicht hintergehbare Einsicht, dass erhebliche Anteile unseres Willens gerade nicht reflexiv erschlossen werden, sondern sich der Psychodynamik, dem nicht bewussten, affektiven Stoffwechsel unseres Selbst verdanken, ergibt noch kein Modell für das hypothetische Agens. Schon gar nicht hilft der Begriff des Instinkts aus der klassischen Ethologie weiter, der scheinbar willentliches Verhalten (von Tieren) auf angeborene Anlagen für aktivierbare Reiz-Reaktions-Muster zurückführt. Und auch wenn wir berücksichtigen, dass viele Tiere – nicht nur Schimpansen in einigen lokalen Gruppen, wo besondere Fertigkeiten von den Älteren an die junge Generation weitergegeben werden – in einer der unseren partiell vergleichbaren Weise lernen, also Praktiken als zielgerichtete, absichtsvolle Handlungen durch Beobachtung und Nachahmung sich zu eigen machen, selbst dann findet sich – im Rahmen der etablierten exakten Wissenschaften – kein empirischer, unmittelbar fasslicher Beleg für ein Agens, das auch in nicht-bewussten natürlichen Entitäten wirkt. Intentionalität, wie wir sie in der herkömmlichen abendländischen Philosophie, Psychologie, Ethologie für unser Denken, Planen, Handeln ansetzen[71], bietet keine Vorstellungsschablone für ein Wollen, das etwa im Entstehen und Wirken von Organen oder im Lebensprozess von scheinbar sehr einfachen Organismen wie Rädertierchen, Algen und Fadenwürmern ebenso zu suchen sein könnte wie in der Verfassung sogenannter höherer Tiere. Es verfängt nicht, auf die genetische Programmierung von Lebewesen zu verweisen: Der jeweilige genetische Code sei der Treiber, der Leben – von den allereinfachsten bis zu den komplexesten Strukturen und Funktionsweisen – quasi in einer informationellen Mechanik mit der Anordnung und Reaktionsweise von molekularen Verbünden erzeuge, forme und steuere. Mit einer solchen Erklärung verlagert man nur das Problem auf eine weitere, subtilere Ebene: auf die Betrachtung der ›irgendwie zielgerichteten‹ energetischen Potenziale im Bereich der Moleküle und Atome. Und den Schlüssel in der evolutionären Dynamik zu sehen, in der die Selektion, Isolation, Reproduktion des zufällig, durch das Lotteriespiel der zahllosen Mutationen Entstandenen die unbegreifliche Vielfalt des Lebendigen hervorbringe, verschiebt ebenfalls die Fragestellung nur, hin zur offenbar keineswegs planlosen, auf rätselhafte Weise abgestimmten Bildung hoch organisierter Mutationen.[72]

Man macht sich unter aufgeklärten, auf die verpflichtende neuzeitliche Rationalität eingeschworenen Zeitgenossen und -genossinnen nicht nur verdächtig, sondern leicht auch lächerlich, wenn man, trotz aller Stichhaltigkeit der ziemlich erschöpfend erschlossenen Kausalketten des Naturgeschehens von den subatomaren bis zu den galaktischen Dimensionen, an der Frage nach einem Agens jenseits des mechanistischen, sozusagen absichtslosen Ursache-Wirkung-Prinzips festhält.

Wir stehen also vor der Schwierigkeit, eine Wirkkraft im Werden und Tätigsein natürlicher Entitäten – auf welcher Ebene von deren Definition auch immer – annehmen zu müssen oder zu sollen, für die wir in den abendländisch-neuzeitlichen Traditionen unseres Denkens und Forschens weder einen Beweis noch eine begriffliche Konkretion haben.

Wir kommen mit der Frage nach einem Agens, einer zielgerichtet organisierenden und antreibenden Kraft oder einem energetischen Kern in der natürlichen Entwicklung und dem Zusammenspiel der verschiedensten Komponenten eines Organismus, von den molekularen Einheiten und den Zellverbünden bis zu den großen Organen und Versorgungssystemen, offensichtlich an eine Grenze der von Aufklärung und experimenteller Wissenschaft geprägten Rationalität. Wie gesagt, uns bei den ›transrationalen‹ Denkformen und Überzeugungen anderer Kulturen zu bedienen, hilft dieser mentalen Begrenzungserfahrung nicht wirklich ab, übertüncht allzu leicht die Einsicht, dass in unserer eigenen Verfasstheit einschließlich der Raffinesse unserer kulturell hochgetrimmten Vernunft offensichtlich ein ›Gegebenes‹ wirkt, für das wir mit unseren Wahrnehmungs- und Erklärungstraditionen weder eine Anschauung noch eine begriffliche Bestimmung besitzen.

Gegen Ende des vergangenen und dann im begonnenen Jahrtausend haben zwei neue Ansätze zum Problem des Agens in Naturerscheinungen (und nicht nur in ihnen) von sich reden gemacht, die inzwischen beide einem ›neuen Materialismus‹ zugerechnet werden, obwohl nur einer von ihnen den Begriff aufnimmt.

Das erste Konzept, das hier zu besprechen ist, wurde von dem Sozialforscher und Gesellschaftstheoretiker Bruno Latour als eine veränderte Sichtweise auf lebensweltliche Interaktionen entworfen. Er hat, nach einer Reihe von streng sozialkonstruktivistischen Studien vor allem zur sozialen Praxis von Wissenschaft, mehrere Werke veröffentlicht, in denen er soziologische Theorien vom gesellschaftlichen Handeln nicht auf die Beziehungen von Menschen zueinander beschränkt, sondern um die Dimension der ›Dinge‹ erweitert.[73] Das wichtigste und wirkungsreichste Werk ist das als »Essai« bezeichnete Buch *Wir sind nie modern gewesen. Versuch einer symmetrischen Anthropologie.*[74] Unter ›Dingen‹ versteht Latour nicht nur gegenständliche Objekte im klassischen Sinn, sondern zum Beispiel auch Texte, manifeste kulturelle Traditionen oder künstlerische Hervorbringungen. Sehr vereinfacht formuliert, sucht die ›Akteur-Netzwerk-Theorie‹ das Wissen, Urteilen und Handeln der Menschen im gesellschaftlichen Prozess aus einem mehrdimensionalen Geflecht im Austausch von »Menschen und nichtmenschlichen Wesen«[75] zu verstehen. Die Gesellschaft als kulturell und historisch spezifisch gestalteter Handlungsraum umfasst nach dieser Vorstellung auch eine Vielheit von nicht-menschlichen ›Akteuren‹, deren Relevanz und deren Impulse für eine realitätsgerechte Analyse berücksichtigt werden müssen. Solche Akteure sind für Latour eben nicht nur Lebewesen – Tiere oder auch Pflanzen –, sondern grundsätzlich alle Einfluss nehmenden Wesenheiten und Vergegenständlichungen im gesellschaftlichen Handeln der Menschen. Dieser Einfluss kann beispielsweise darin bestehen, dass ein ›Ding‹ durch seine Präsenz und Verfügbarkeit die Handlungen eines Gesellschaftsmitglieds verändert. Er erläutert das unter anderem an einer Waffe – »Mit der Waffe in der Hand bist du jemand anderes.«[76] Dass diese These, betrachtet man sie genau, zumindest eine ziemlich unscharfe Aussage darstellt, mehr noch: mit untergründigen kategorialen Verschiebungen der Begriffe operiert (bis hin zur Metaphorisierung – man betrachte das Wort »bist«), kann man durchaus als Hinweis auf die Problematik des theoretischen Konstrukts lesen.

Latour erklärt: »Jedes Artefakt hat sein Skript und das Potenzial, einen Passanten aufzuhalten und zu zwingen, in seiner Geschichte eine Rolle zu übernehmen.«[77] Dabei ist vorausgesetzt, dass sich das »Skript«, also die Einflussmöglichkeit eines Artefakts oder einer kulturellen Hervorbringung, vergegenständlicht hat (auch immateriell, etwa in einer Institution oder einer beglaubigten Norm), also nicht nur Element von Diskursen im engeren Sinn (Foucault) ist. Indem zum Beispiel technisch erzeugte Dinge eine bestimmte Gestalt, Funktionsweise und sozial determinierte Handhabung erhalten haben, fungieren sie für Latour in einem konkreten Handlungszusammenhang auch als ›Akteure‹, als in bestimmter Weise an der Handlung Beteiligte. (Die *Agenten* oder *Aktanten*, als noch nicht gesellschaftlich figurierte oder vergegenständlichte Entitäten mit einem nicht sozial, politisch usw. definierten Handlungspotenzial, werden dann zu *Akteuren*, wenn sie ›benannt‹, also gesellschaftlich verortet und definiert sind.) Deshalb kann in diesem theoretischen Rahmen ›etwas‹ ein Agent oder Akteur werden, ohne im strengeren Sinn intentional aktiv zu sein.

Latour versucht, gesellschaftliche Realität als Netzwerk ganz unterschiedlicher (möglicher) Akteure zu beschreiben. Er gewinnt dadurch ein gesellschaftstheoretisches Modell, in dem die verschiedensten präsenten, aufeinander einwirkenden Akteure in der manifesten Interaktion zumindest begrifflich, gewissermaßen abstrakt, den gleichen Status haben, eben den von Agierenden. Sie sind alle, wie Latour es formuliert, *beteiligt* am gesamtgesellschaftlichen Geschehen, ob sie nun Menschen in bestimmten sozialen Positionen und Relationen sind oder wilde respektive zahme Tiere, in eine Handlung einbezogene Gegenstände, historisch konstruierte Institutionen oder verfestigte, objektivierte Regeln oder auch ›Naturdinge‹ wie Gewässer, bedeutsame Orte oder Wetterphänomene. Alles, was im gesellschaftlichen Raum handlungsrelevante Bedeutung erlangt, kann zum Akteur werden.

Latour erläutert seine Betrachtungsweise unter anderem am historischen Fall der Entdeckung des Milzbrand-Bakteriums durch Louis Pasteur.[78] Als Soziologe der Wissenschaftspraxis betrachtet er die Vernetzung der verschiedensten Akteure im Labor-Geschehen – vom Forscher über die Apparate, die beteiligten Institutionen und manifesten Diskurs-Figurationen bis zu den involvierten Mikroben. Die Bakterien etwa erhalten Akteurs-Status nicht einfach als Lebewesen, sondern als ›Effekt machende‹ Mitwirkende in der Gemengelage des Geschehens. Es ist dabei völlig unerheblich, ob sie in irgendeiner Weise Absichten verfolgen, ob also ihre Handlungsmacht irgendeine Form von

Intentionalität enthält. In Latours quasi ethnologischem Blick auf das vernetzende Geschehen sollen zunächst einmal konventionelle Kriterien der Erklärung wie Kausalität oder Status der Handlungsbefähigung oder eben auch Intentionalität außer Kraft gesetzt sein, es geht um das – allemal nicht vorab definierte, situativ entstehende – ›Ereignis‹, das sich aus dem nicht völlig überschaubaren und analytisch kalkulierbaren Beteiligtsein der verschiedenen Akteure ergibt. Akteur in diesem Sinn wird jemand oder etwas, der bzw. die bzw. das jemand anderen bzw. anderes beeinflusst, und dabei ist für Latour das Moment der Überraschung oder Störung der bedeutsamste Effekt. »Daß jemand oder etwas handelt, heißt für Latour nicht mehr und nicht weniger, als daß er oder sie oder es ›*durch eine Folge von elementaren Transformationen [...] andere Akteure modifiziert.* [...] Dies ist die minimale [...] Definition für etwas, das handelt.‹«[79] Und pointiert: »Menschliche und nicht-menschliche Akteure erscheinen zunächst als Störenfriede. Ihr Handeln lässt sich vor allem durch den Begriff der *Widerspenstigkeit* definieren.«[80]

Der Ansatz, Handeln am deutlichsten in Effekten der Irritation, der Störung, der Unterbrechung und Verweigerung auszumachen, hängt mit Latours Intention zusammen, die Zuschreibungen, Kategorisierungen und Definitionen der vorherrschenden Rationalität, vor allem des etablierten wissenschaftlichen Denkens aufzubrechen. Die dezidiert wissenschaftskritischen Argumentationen werden aber von ihm verallgemeinert, zielen auf ganz grundsätzliche (abendländische) Auffassungen von Realität, Objektivität, Kausalität usw. Die immer wieder an seinen Texten kritisierte Unschärfe vieler Begriffe, die Unstimmigkeit von Thesen, die nicht aufgelösten Widersprüchlichkeiten und Paradoxien, das Spiel mit Formulierungen und Thesen ist Ausdruck des Bestrebens, die geltenden Logiken der dominanten westlichen Welterklärungen und Handlungsbegründungen zu unterlaufen, ihre nicht thematisierten Prämissen und Spielregeln als wirkmächtige Setzungen und Fiktionen sichtbar zu machen. Seine eigenen Thesen und Argumentationen schützt er vor einer solchen Betrachtung aus ethnologischer Distanz durch eine weitreichende argumentative Verflüssigung, so dass keine im üblichen Sinn konsistente Theorie entsteht.[81] Der ›Akteur-Netzwerk-Theorie‹ hat er denn auch selbst den Status einer Theorie abgesprochen und ihre zentralen Begriffe entkräftet.[82]

Dennoch ist unverkennbar, dass Latour auf einige ältere und neuere Theorie-Konstrukte zurückgreift, auch wenn er etablierte Begriffe umdeutet und aus ihren angestammten Kontexten löst. So schimmert ein vitalistisches Denken durch, wenn er als Movens für die Beteiligung der Akteure an einem komplexen Geschehen eine nicht näher erläuterte ›Kraft‹ ansetzt. »Seine These der Handlungsfähigkeit der Dinge ruht auf den Begriffskoordinaten von Kräften (*forces*) und den Verschiebungen (*displacements*) auf, die stattfinden, wenn Kräfte aufeinander wirken, so daß sie besagte ›Transformationen‹ von Weltzuständen herbeiführen. Latours Begriff der Kräfte wiederum ist jedoch ähnlich unscharf gehalten wie der des Handelns [...].«[83] Latour postuliert sogar, dass die ›Wirklichkeit der Dinge‹ erst in der Wechselwirkung verschiedener Kräfte entstehe, indem sie verschiedenen *trials of strength* ausgesetzt werden. »Das Widerstehen gegenüber Kräften wird sogar zum Kriterium für die Wirklichkeit eines Gegenstands überhaupt: ›Whatever resists trials is real.‹ Latour geht nicht von bestehenden Systemen aus, die in jene *trials* einträten. Vielmehr seien solche Systeme – Organismen, Personen, Institutionen etc. – selbst erst *Resultate* der Wechselwirkungen, die es zu erklären gelte.«[84]

Dass aus ›Kräften‹, wenn andere Kräfte auf sie wirken, erst Akteure in Latours Sinn zustandekommen, also erkennbar und beschreibbar werden, ist eines der vielen terminologischen und konzeptionellen Mysterien, die Latour in seinen Texten wortreich ausbreitet. Etablierte Wissensformen erschließen solche Denkfiguren kaum, und das sollen sie auch nicht. Dennoch kann man in Latours Proklamationen gewissermaßen Schemen vertrauter epistemologischer, ontologischer, semiologischer und hermeneutischer Konzepte erkennen. So konstatiert Hajo Greif: »Nimmt man ihn beim Wort, entwirft Latour letztendlich eine Ontologie, deren Grundelemente Wechselwirkungen von Kräften sind, aus denen individuelle Akteure hervortreten, die sich selbst und die einander wechselseitig bewegen, sich miteinander verbünden, Netzwerke bilden, um andere Kräfte zu neutralisieren und ihre eigenen zu stärken. Diese Vorgänge faßt Latour unter dem Begriff der Übersetzung (*translation*) zusammen, der [...] nicht viel mit dem linguistischen oder dem semantischen Übersetzungsbegriff zu tun hat. [...] Übersetzen heißt [für Latour], seine Position in der Welt so zu verändern, daß man für andere Dinge sprechen – sie repräsentieren – kann und somit zu deren Fürsprecher (*spokesman*) wird.«[85]

Bereits die Setzung des ›Fürsprechers‹ ist höchst problematisch – wer ermächtigt ihn wodurch? Ermächtigt er sich selbst? Was würde dies für die »anderen Dinge« bedeuten? Man kann sich das an den Problemen verdeutlichen, die es in unserem abendländisch-neuzeitlichen Denken und Handeln aufwirft, ›Naturdingen‹ den Status rechtsfähiger Wesen zuzubilligen. In Kolumbien, Neuseeland und in einigen wenigen weiteren Fällen sind inzwischen Flüsse zu juristischen Personen erklärt worden, denen zum Beispiel das Recht auf Unversehrtheit eignet. Man hat – zu Unrecht – bei dieser ungewöhnlichen Entscheidung auf Latour und sein Buch *Das Parlament der Dinge* verwiesen. Tatsächlich geht der außerordentliche Schritt auf die Berücksichtigung von Traditionen, Denkweisen und Forderungen indigener Ethnien zurück. Die ›Übersetzung‹ aus einer indigenen Weltsicht in ein letztlich aus abendländischen Traditionen entstandenes Rechtssystem birgt aber enorme Schwierigkeiten, z. B. hinsichtlich der Art und des Umfang der Rechtsfähigkeit – kann der Fluss für das, was er bei einer verheerenden Überschwemmung anrichtet, angeklagt werden? Welche Rechte auf welche ökologische Verfassung werden ihm eingeräumt? Wer ist sein Rechtsvertreter? usw.[86]

Im hier erörterten Zusammenhang ist nur herauszustellen, dass für Latour die Frage der *Subjekthaftigkeit* der ›rechtsfähigen Naturdinge‹ sich einerseits nicht erhebt, weil die uns vertraute Konstruktion von Subjekt ja gerade dekonstruiert werden soll: Flüsse und andere Objekte können in seinem Konzept zu *Akteuren* werden und haben damit prinzipiell den gleichen Status wie menschliche Akteure, folglich auch vergleichbare Rechte. Andererseits ist die »Assoziation von Menschen und nicht-menschlichen Wesen«, die sich wechselseitig anerkennen und vernetzen, sich somit als gleichberechtigt auch hinsichtlich ihrer Rechte sehen, erst noch zu eröffnen, und den Beteiligten soll eben gerade kein Subjektstatus im herkömmlichen Sinn zugeschrieben werden.[87]

Für das (politische) »Kollektiv« aus Menschen und nicht-menschlichen Wesen, das für Latour die Aufhebung der blockierenden Subjekt-Objekt-Zuschreibungen proklamiert, soll gelten, dass allen die »Eigenschaften [...] der Rede und des sozialen Akteurs« zukommen – aber wiederum nicht im üblichen Sinn. Von den nicht-menschlichen Beteiligten am vernetzenden Geschehen heißt es dann aber: »Das einzige, was sich über sie sagen läßt, daß sie *auf überraschende Weise auftauchen* und die Liste der zu Berücksichtigenden verlängern.«[88] Wird derart schon jede Überlegung zu einer Konkretheit (um nicht von ›Realität‹ zu sprechen) solcher Akteure unterlaufen, verwandelt sich der ›Akteur‹ immer mehr zu einem Bedeutung erlangenden funktionalen Element.[89] Auch Begriffe wie ›Rede‹ und ›Handlung‹ werden, wie sehr viele andere bei Latour, tendenziell zu Metaphern bzw. zu Trägern von Analogien. Ganz gezielt eröffnet er ein »Unbestimmtheitsspektrum«, wie er es für die »Rollenverteilung« zwischen menschlichen und nicht-menschlichen Agierenden ansetzt.[90]

Wenn ›Akteure‹, ob Menschen oder Naturdinge oder Artefakte, zu funktionalen, durch ihr überraschendes bzw. widerständiges Erscheinen Bedeutung erlangenden, also ›realen‹ Entitäten in einem Beziehungsgefüge werden, dann hat die vorgelegte Theorie (was immer auch mit diesem Begriff abgedeckt wird) einen

Grad von funktionalistischer Abstraktion erreicht, der keinerlei Vermittlung mehr mit der Lebenswelt erlaubt. Latours zum Teil irritierend diffuser Entwurf einer Akteur-Netzwerk-Theorie, die er selbst nicht als solche behandelt, macht es in der Tat unmöglich, noch über Anschlüsse an die Erfahrungswelt zu diskutieren, etwa bei konkretisierten Phänomenen wie Intentionalität oder auch Handlungsfähigkeit.[91]

Dadurch lässt Latour in seinem Konstrukt mehrere fundamentale Probleme bzw. Herausforderungen klassischer Gesellschaftsanalyse hinter sich: Die Frage nach einer Intentionalität im bestimmbaren Sinn entfällt tendenziell. Es ist zunächst für den Status als Akteur gleichgültig, ob die Beteiligung an den Aktionen aus dem (mehr oder weniger) bewussten Willen und Handeln eines menschlichen Gesellschaftsmitglieds oder aus dem durch menschliche Praxis und den aktuellen Gebrauch entspringende Präsenz eines Werkzeugs oder aus dem (mehr oder weniger) instinktgeleiteten Verhalten eines Tieres oder auch aus dem Vorhandensein eines ›Naturdings‹ entspringen, das in der vernetzten Interaktion eine Rolle spielt. Somit entfällt auch die nähere Bestimmung der Subjekthaftigkeit der Beteiligten. Und die (natürliche oder soziale) Genese der jeweiligen Beteiligung, die Entstehung und der gesellschaftliche Gebrauch des ›Skripts‹ für die jeweiligen Akteure treten in den Hintergrund.

Man könnte, nur wenig forcierend, interpretieren: Die außerordentliche Attraktivität von Latours Akteur-Netzwerk-Theorie, die bis in die verschiedensten Disziplinen hineingewirkt hat, rührt nicht zuletzt aus ihrer bezeichnenden Abstrahierungsleistung her. Dass jemand oder etwas zum Akteur wird, hängt weder von der ›geronnenen Sozialität‹ oder der bearbeiteten Materie noch von der Positionierung in Praxisfeldern noch etwa von der Funktion in ökologischen Ensembles ab. Es ergibt sich aus dem situativen Involviertsein kategorial und faktisch völlig unterschiedlicher Lebewesen, Gegenstände, Naturphänomene oder auch medial bzw. institutionell ›objektivierter‹ Erzeugnisse. Die Handlungskompetenz zeigt sich sozusagen in der reinen Performanz, aus der wie immer definierten Möglichkeit, situativ in der Wechselbeziehung zu anderen etwas zu bewirken – was dann analytisch nicht notwendig im Vorhinein zu bestimmen ist, sondern was oft erst im Geschehen selbst, an der Veränderung des Ereignisses, der Interaktion aufscheint.[92] Selbstverständlich kommen dann bei der Analyse der beobachteten Interaktion Beschaffenheiten und Verfasstheit, Eigenschaften oder Funktionsweisen, Materialität oder natürliche Organisation der Akteure ins Spiel. Aber sie sind für die Definition des Akteur-Seins nicht entscheidend.

So urteilt Hajo Greif in seiner sehr umsichtigen, subtilen Analyse, es bestehe »Grund zu der Annahme [...], daß Latours Erklärungsstrategie in systematischer Weise einer Verwirrung des Alltagsverstandes bedarf. Gerade die Brüche und Inkonsistenzen, die gezielte Mißachtung der Regeln des wissenschaftlichen Sprachgebrauchs sind es, die Latour und die Akteur-Netzwerk-Theorie nicht nur populär gemacht haben, sondern auch den Kern des gesamten Projekts ausmachen.«[93]

Der enorme Vorteil, den diese Theorie eröffnet, indem sie den Blick auf das gesellschaftliche Geschehen weitet und nichtmenschliche Akteure einbezieht, ist mit einer fundamentalen historischen und sozialen Abstraktion erkauft. Um es am Beispiel zuzuspitzen: Eine komplizierte, aufwändig zu erstellende Maschine kann in Latours Sinn ›Akteur‹ werden, wenn sie in wirtschaftlichen, sozialen, kulturellen Prozessen und Ereignissen einen definierbaren, erkennbaren Einfluss nimmt. Akteur ist aber eigentlich, auf die Ermöglichung der Aktivität hin betrachtet, nicht die Maschine, es sind die Menschen, die sie konstruieren, bauen und bedienen.[94] Und dass die ›spontane‹ Materialität dieser Maschine, wenn sie aus unvorhergesehenen Gründen etwa den Dienst aufsagt, an dem Geschehen ›beteiligt‹ ist, lässt sich in der Regel entweder auf Fehler der seit ihrer Herstellung involvierten Menschen zurückführen oder auf die empirisch feststellbare, materielle Verfasstheit (Eigenschaften von Metallen, Prozesse von

Reibung oder Verschleiß usw.) Dass Latours Theorie die Maschine selbst (neben anderen) als Akteur erscheinen lässt, entspricht genau dem Begriff der ›entfremdeten Arbeit‹ in der Kritik der Politischen Ökonomie: Die Maschinen treten den Arbeitenden als ›fremde Macht‹ gegenüber. Dass dies heute gerade mit den digitalen Apparaten zur durchgängigen Alltagserfahrung wird, darf nicht dazu führen, es in einer Gesellschaftstheorie auch noch zu bestätigen.

Hinzu kommt: Es wird ausgeblendet – um es mit Begriffen von Karl Marx zu formulieren –, welche ›tote Arbeit von Generationen‹ in der Maschine präsent ist (und damit auch deren soziale Bestimmungen) und welche ›lebendige Arbeit‹ durch diejenigen, die sie bedienen und benutzen, sich mit dieser objektivierten toten Arbeit verbindet.[95] Die historische und soziale ›Tiefe‹ von menschengemachten Dingen und die naturhistorische und ökologische ›Tiefe‹ von Naturphänomenen werden in der Akteur-Netzwerk-Theorie tendenziell ebenso irrelevant wie die Verfasstheit der menschlichen Akteure, die sich unter anderem aus der Positionierung und der Verfügung über verschiedene Kapitalien in den strategischen Operationen und den symbolischen Kämpfen auf den verschiedenen Praxisfeldern ergibt.

Es sind aber gerade diese Abstraktionen und Ausblendungen, die Latours Entwurf so erfolgreich gemacht haben, weil sie den ökonomischen, den technologischen, den sozialen und den mentalen Logiken in den global dominanten Trends entsprechen. Latour kann für sich eine eminent kritische Haltung gegenüber vielen Entwicklungen in den technisch aufgerüsteten und wirtschaftlich beherrschenden Gesellschaften beanspruchen, nicht nur hinsichtlich der Gefährdungen der natürlichen Lebensgrundlagen.[96] Aber seine Akteur-Netzwerk-Theorie hält nicht, was sie verspricht: Sie bietet keinen hinreichenden Ansatz, um die ›Triebkräfte‹ in den gesellschaftlichen Interaktionen zu erfassen, so notwendig es auch ist, den Horizont über das Agieren der Menschen in ihren Sozietäten hinaus zu weiten.[97]

Latours Theoreme sind nicht zuletzt in den neueren *Human-Animal-Studies* geradezu begierig aufgegriffen worden. Denn sie erlauben, Tiere als Akteure, als gezielt Handelnde gerade auch im Verhältnis zu Menschen aufzufassen, ohne dass man sich mit der Frage herumschlagen muss, wie ihre ›Absichten‹, ihre Intentionen, ihre Handlungsimpulse dabei beschaffen sind. Es genügt festzustellen, *dass* sie in Interaktionen als Akteure fungieren, die man berücksichtigen muss und zu denen man sich zu verhalten hat – weshalb sich viele dieser Studien mit tierethischen Fragestellungen beschäftigen.[98] Mit Latours Theoremen kann man dann auch Pflanzen, im Weiteren auch Steine, Wasser, Luft, Wolken usw. als ›Akteure‹ interpretieren, wenn es plausibel zu machen ist, dass sie Einfluss auf gesellschaftliches Handeln nehmen. Deshalb hat man Latours Fassung einer Akteur-Netzwerk-Theorie zugeschrieben, dass sie die Dichotomie, die Trennung von Gesellschaft und Natur aufhebe.[99]

Auf den ersten Blick scheint das zu stimmen. Technische Dinge und symbolische Hervorbringungen, soziale Institutionen und kulturelle Traditionen, natürliche Lebewesen und Formationen können zu Akteuren werden, die in einem Netzwerk für die Entstehung und Formung gesellschaftlicher Handlungen wirken. Erkauft ist diese neue Belichtung des gesellschaftlichen Raums, der nun sehr viel mehr Beteiligte am sozialen Geschehen als nur die Gesellschaftsmitglieder selbst sichtbar macht, aber auch damit, dass die kategorialen Differenzen zwischen verschiedenen Weisen der Beteiligung zu guten Teilen eingezogen werden. Die physisch manifeste Handlung eines menschlichen Akteurs – ob durch Sprechen, Gesten oder instrumentelle Aktivität usw. – hat einen prinzipiell anderen Status als die Bedeutung, der Anweisungsgehalt, der symbolische Wert usw. eines dinglichen oder immateriellen Artefakts. Wieder ein ganz anderer Status kommt den zielgerichteten Äußerungen und Aktivitäten nicht-menschlicher Lebewesen zu. So richtig es sein mag, menschliches Wahrnehmen, Wissen, Urteilen, Handeln, also die sozialen Interaktionen insgesamt im Ergebnis auf eine Art Geflecht aus Einflüssen der unterschiedlichsten Beteiligten zurückzuführen, so problematisch muss es erscheinen, die fundamentalen Unterschiede in der Art und Weise der Beteiligung unterzubelichten.

Das kommt bei den meisten Beiträgen zu den *Human-Animal-Studies* darin zum Tragen, dass Tieren umstandslos der Status von ›Akteuren‹ zugeschrieben wird, viel zu oft, ohne dass die äußerst schwierige Frage erörtert wird, wie genau der Charakter unterschiedlichen Äußerungen und Aktivitäten von Tieren bestimmt werden kann. Einer der zentralen kritischen Punkte liegt dabei in der Differenzierung von *zielgerichteter* oder *beabsichtigter* oder im noch engeren Sinn *intentionaler* Aktivität.[100] Damit sind die kontrovers debattierten Bereiche von Bewusstsein, Reflexivität, Fähigkeit zum Gebrauch symbolischer Zeichen, womöglich gar künstlerischer Kreativität bei Tieren berührt.[101] Es geht nicht darum, die fragwürdige evolutionäre Sonderstellung des Menschen durch Bewusstsein, Sprache, Gebrauch symbolischer Zeichen usw. zu behaupten. Sondern es ist unabdingbar klarzustellen, was es denn begrifflich und systematisch bedeutet, Tiere – und vielleicht auch Pflanzen – als ›Akteure‹ zu definieren, etwa im Hinblick auf die mit der Akteur-Netzwerk-Theorie unaufhebbar gegebene Beziehung zu menschlicher Sozialität und menschlichen Handlungen, aber auch im Hinblick auf einen suspendierten oder diffus konnotierten Subjektbegriff.

In neueren Beiträgen zu den *Human-Animal-Studies* sucht man der Problematik auszuweichen, indem man von ›tierlicher *Agency*‹ spricht und schreibt, ohne stets direkt auf Latours Terminologie und seine Theoreme Bezug zu nehmen. Der angloamerikanische Begriff ›*Agency*‹ – für Aktivität, (zielgerichtetes) Handeln, zumindest indirekt auch Intentionalität – erscheint (noch) relativ offen und sozusagen frisch. Mit dem »geringeren definitorischen und traditionsbedingten Ballast des Konzeptes«[102] meint man offenbar die Schwierigkeiten zu umgehen, die sich in Philosophie, Kognitionstheorie, Verhaltenspsychologie, Ethologie mit der näheren Bestimmung der Handlungspotenziale von nicht-menschlichen Akteuren verbinden. Dass dieses begriffliche Manöver nicht weiterbringt, zeigen gerade methodologisch überzeugende und interdisziplinär ausgerichtete Beiträge.[103] Und auch ein Spurwechsel zur Kulturgeschichte der Mensch-Tier-Beziehungen schärft eher den Blick für das Problem der Zuschreibungen an Tiere, weist keinen Pfad zu zeitgemäßen und tragfähigen Entwürfen für einen nicht-menschlichen Subjektstatus oder eine Intentionalität.[104]

Bruno Latour, auf den man sich beim Deklarieren einer ›Agency‹ der Tiere – im Weiteren auch der Pflanzen, ja der abiotischen Dinge und Materien – beruft, umgeht eine Klärung der zugeschriebenen Intentionalität wie des zumindest implizit angesetzten Subjekt-Status. Zwar spricht er den nicht-menschlichen Akteuren, die er nach wie vor ›Objekte‹ nennt, eine »Handlungsfähigkeit« zu. »Sie haben Rechte, Pflichten, können urteilen, ermessen, vermitteln. Geradeso wie Subjekte. Somit sind Latours Objekte nicht primär durch Subjekte verursacht, sondern Subjekten *ähnlich*.«[105] Zwar sollen diese Qualitäten den ›Objekten‹ nicht von menschlichen Subjekten zugeschrieben sein, was aber die konkreten Handlungsmöglichkeiten im menschlichen Erfahrungsraum – einen anderen haben wir nicht – bedeuten, wie sie erscheinen, in bestimmter Weise wirksam werden, bleibt unklar.

Der zweite Entwurf, der hier zu berücksichtigen ist, Jane Bennetts »Politische Ökologie der Dinge«[106], zieht denn auch die methodische Konsequenz aus der zuletzt berührten Problematik: »Wer, wie ich, versucht, das Verhältnis von menschlichen und nichtmenschlichen Aktanten weniger vertikal zu denken als üblich, klammert damit die Frage des Menschlichen aus und umgeht die reichhaltige und vielfältige Literatur zur Subjektivität und ihrer Genese, ihren Möglichkeitsbedingungen und Grenzen.«[107] Bennet möchte eine ›Eigenmacht der Materie‹ erkunden und erläutern, ohne dabei die handlungsrelevante Aktivität von

Materie in irgendeiner Weise analytisch näher zu bestimmen oder zu begründen, sei es in Richtung eines ›mechanischen Materialismus‹ (innewohnende, empirisch dechiffrierbare Gesetzmäßigkeiten oder Reaktionsweisen), sei es in der Gegenrichtung eines erneuerten Vitalismus, der von einem der Materie immanenten Trieb, einem »Zusatz«, einer »der Materie, in der sie haust, hinzugefügte[n] ›Lebenskraft‹« ausgeht.[108]

Dennoch gibt es einen gewissen Rückbezug auf den Vitalismus vor allem von Hans Driesch und dessen Konzept der Entelechie mit der Verankerung der organisierenden und aktivierenden Kraft in der Materie selbst. Aber ganz anders als bei den kritischen Vitalisten will Bennett die der Materie eigene Aktivität im Bereich des *Unbelebten* herausheben, bei Abfall, Nahrungsmitteln, Strom oder Metallen. »Mein Ziel ist die theoretische Erfassung einer Vitalität, die der Materialität als solcher innewohnt, und damit einhergehend die Befreiung der Materialität von den Figuren einer passiven, mechanischen oder göttlich beseelten Substanz.«[109] Die Materie wird also programmatisch nicht als »Rohstoff für die schöpferische Betätigung des Menschen« betrachtet und auch nicht als von linearen Kausalketten oder determinierten Prozessen gesteuerte Stofflichkeit.

Jane Bennett versteht ihren Ansatz auch als Einspruch gegen den Anthropozentrismus im Verständnis von Materie:

> Materialität wird dann nur im Sinn von materiellen Zwängen gedacht, denen menschliches Handeln unterliegt, oder auch als materieller Kontext, innerhalb dessen solches Handeln stattfindet. [...] Ich werde den Handlungsbeitrag von nichtmenschlichen Kräften, die in der Natur, im menschlichen Körper und in von Menschen geschaffenen Gegenständen wirksam sind, betonen und sogar überbetonen, um auf diese Weise dem narzisstischen Reflex des menschlichen Sprechens und Denkens entgegenzuwirken.[110]

So ehrenhaft ein solche Vorsatz erscheinen mag – dass auch dieses Bemühen sich einem nicht zu überspringenden ›epistemischen Anthropozentrismus‹ verdankt, der elementaren Bindung von Denken und Sprechen an die Beschaffenheit, die Ausstattung, die Wahrnehmungsmöglichkeiten und die mentalen Vermögen des Menschenwesens, wird dabei aber nicht bedacht. Anthropozentrismus lässt sich eben nicht auf eine (kulturelle) Projektion oder einen mentalen »Reflex« reduzieren, sondern erfordert sozusagen im Gegenteil die ganz grundsätzliche, nicht aufhebbare *Begrenzung* menschlicher Erkenntnis ebenso anzuerkennen wie die konkrete Vermittlung der Erkenntnis mit der körperlichen, organischen Verfasstheit des ›menschlichen Tiers‹.

Die erkenntnistheoretische Schwachstelle zeigt sich an den ausführlich dargelegten und interpretierten Phänomenen, die Jane Bennett als stichhaltige Indizien für Eigenaktivität der Materie heranzieht. Dabei ist es wichtig, dass nie bei einer Einzelbetrachtung einer »lebhaften Materie« – so der Titel des Buches – angesetzt wird, sondern immer bei einem unvorhersehbaren, spontanen, scheinbar zufälligen »Gefüge« von materiellen Aktivitäten. »Gefüge sind ad hoc entstehende Gruppierungen unterschiedlicher Elemente, lebhafter Materialien aller Art. Gefüge sind lebendige, pulsierende Bündnisse, die fortbestehen trotz der dauerhaften Anwesenheit von Energien, die sie von innen heraus in Unordnung bringen.«[111] Die konzeptionelle Anleihe bei französischen poststrukturalistischen Theorien wird eingesetzt, um in der beobachteten ›Spontaneität‹ eines aus komplexen Ursachen entstehenden Ereignisses oder Prozesses die Beteiligung der eigenmächtigen Materie plausibel machen zu können. Bennett buchstabiert dies detailliert an vier Beispielfällen durch: an der Allokation von Abfall, an dem ›Verhalten‹ von Mineralien, vor allem von Metallen, an der Aktivität von »essbarer Materie« und am pointiertesten an der Ursachenforschung zu dem massiven, in Kaskaden über das halbe Land ausgebreiteten Stromausfall in den USA 2003.

Mit einer kritischen Lesart lässt sich sagen: Es handelt sich in allen angeführten Fällen um eine philosophisch-theoretische *Zuschreibung* an materielle Aktanten, um eine interpretative Hypothese, deren Überzeugungskraft entscheidend an den Intentionen und hermeneutischen Vorurteilen des interpretierenden Subjekts (der Forscherin) hängt.[112] Das scheint deutlich auf an der Betrachtung einer Ansammlung von Abfall-Materie, die Bennett in einem städtischen Rinnstein entdeckte. Die Dinge, die sie wahrnahm (Arbeitshandschuh, tote Ratte, Schraubverschluss, Holzstock, zusammengewehte Eichenpollen), so schreibt sie, »flatterten [...] zwischen Abfall und Ding hin und her: zwischen Zeug, das man ignorieren kann, auch wenn es menschliche Tätigkeiten bezeugt, [...] und Zeug, das für sich genommen Aufmerksamkeit verdient, als Existierendes, das über seine Verbindung zu menschlichen Bedeutungen, Gewohnheiten und Projekten hinausweist. Im zweiten Fall stellte das Zeug seine Ding-Macht aus: Es rief mir zu, auch wenn ich nicht genau verstehen konnte, was es mir sagen wollte.«[113] Nicht von ungefähr verweist Bennett an dieser Stelle auf Merleau-Ponty, der in seiner Phänomenologie für das ›Erblicken‹ postulierte, »dass unser Blick, ›nachdem wir das Wunder des Ausdrucks einmal in der Erfahrung des eigenen Leibes zu Gesicht bekommen haben, [...] es auch in allen anderen ›Gegenständen‹ wiederentdecken‹ wird.‹«[114] In der Neuen Phänomenologie – die Bennett völlig außer Betracht lässt – erfordert die leiblich-sinnliche Wahrnehmung der ›Dinge‹ deren notwendige Antwort in der beidseitigen Anwesenheit, die begrifflich dann als ›Ekstase‹ der nicht-menschlich Beteiligten bezeichnet wird: Das Wahrgenommene tritt quasi ›aus sich heraus‹ (»*ekstatis*«). Aisthetik widmet sich also dem »Raum der Anwesenheit« der Dinge, die durch diese Präsenz erst in ihrer charakteristischen Daseinsweise wahrgenommen werden.[115]

Auch die neu-phänomenologische ›Ekstase‹ erfordert zumindest hypothetisch eine Eigentätigkeit der Dinge, die als Bedingung für wie Antwort auf die menschliche Aufmerksamkeit angesehen werden könnte. Bennett setzt sich mit ihrer partiellen Nähe zur neueren Phänomenologie nicht weiter auseinander, weil dies eine eingehende Beschäftigung mit der *menschlichen*, leiblich-sinnlichen Wahrnehmung verlangen würde, und dies will sie ja gerade vermeiden. Dass die Phänomenologie die Frage nach einer Eigenmacht der Materie weitgehend ausklammert, findet gewissermaßen seine reziproke Entsprechung darin, dass Bennett jede Auseinandersetzung auch mit neueren Forschungen gerade zu den körperlichen, materiell gebundenen Anteilen an Wahrnehmen, Erkennen, Bewusstmachen, Beabsichtigen usw. auslässt.

Sie erwähnt zwar die affektiven Regungen bei ihrer Aufmerksamkeit für den Abfall, aber die Möglichkeit einer Projektion oder gar einer Übertragung im Zuschreiben einer eigenen Vitalität der Dinge erwägt sie nicht. Dass sie Formulierungen wählt, die genau dies andeuten können (s. o. »rief mir zu«), gibt zu denken. Wenn sie schreibt, »die auf dem Boden liegenden Gegenstände [haben] an jedem Tag vibriert. Im einen Augenblick haben sie sich als toter Stoff, im nächsten als lebendige Präsenz offenbart: Müll, dann Anspruchsteller; leblose Materie, dann Energiebündel«[116], so legt dies nahe, dass – um es drastisch zu machen – das innere Schwanken und Wechseln der Zuwendung gleichsam nach außen gewendet wird. Denn worin anders die eigenständige, vitale Präsenz der Materie festgestellt werden könnte als eben in der Wahrnehmung und den affektiven wie gedanklichen Regungen der Betrachterin, bleibt wenigstens in diesem Fall unerfindlich.

Ähnliches gilt aber auch für Bennetts sehr aufschlussreiche Interpretation des gigantischen Stromausfalls von 2003. Sie erörtert ein tatsächlich sehr komplexes Gefüge von Faktoren, die in kurzer Zeit zu einer sich fortpflanzenden Abschaltung vieler Kraftwerke, Umspannungszentren und Verteilereinrichtungen geführt hatten. Da werden die physikalischen und technischen Grundlagen der Stromversorgung, die Organisation der Netze, die Überwachung des Stromsystems, die Sicherheitsinstallationen, das Agieren des Personals und der Betreiber und anderes mehr einbezogen.[117] Eine wesentliche Dynamik in dem schließlich nicht mehr steuerbaren Geschehen, mit dem die Stromversorgung in sehr großen Teilen des Landes zusammenbrach, sieht die Autorin in einer ›Eigentätigkeit‹ des elektrischen Stroms selbst. Sie leitet das aus der Wirksamkeit einer sogenannten Blindleistung im Stromnetz ab, die »von großer Bedeutung für die Wirkleistung [des Stroms ist], weil sie die Voltstärke erhält, die für den Erhalt des elektromagnetischen Feldes erforderlich ist, auf das das System als Ganzes angewiesen ist.«[118] Wird dieses Gesamtsystem durch einen kurzfristigen, starken Anstieg des Stromverbrauchs sehr hoch belastet, entsteht ein »Blindleistungsdefizit«, was unter bestimmten – von Bennett näherungsweise beschriebenen – Bedingungen und Umständen zur programmierten, in Kaskaden fortschreitenden Selbstabschaltung von Systemkomponenten führen kann. Diese als Sicherung etwa für Kraftwerke und Transformatorenstationen eingebaute, automatische Abschaltung, weil die Überlastung zunächst noch verbleibender Systemkomponenten sich fortpflanzt, deutet Bennett als Möglichkeit für ›die Elektrizität selbst‹, eigenmächtig aktiv zu werden. Diese Möglichkeit hing aber, wie die Philosophin ausführt, entscheidend von der technischen und organisatorischen, ökonomisch gesteuerten Konstruktion des US-amerikanischen Stromnetzes ab, das »in keinem rationalen Verhältnis« mehr etwa zu den geografischen Gegebenheiten und den systemischen Erfordernissen stehe.[119] Die technologische Irrationalität des installierten Stromverbunds habe dann dazu geführt, dass die im Netz »verschickte Elektrizität auf dramatische und überraschende Weise ihr Verhalten« änderte und andere Wege einschlug als vorhergesehen, was die plötzlichen, unerwarteten Überlastungen und nachfolgenden Selbstabschaltungen im Netz bewirkte.[120] Bennett sieht darin die »Handlungsfähigkeit« der ständig in Bewegung befindlichen Elektronen aufscheinen, die dem Strom seine »lebhafte Materialität« verleihen.[121] Für eine solche, ausdrücklich »vitalistische« Deutung wird dann die im Netz produzierte und gelenkte Elektrizität auf eine unvorhergesehene, eigenmächtige Weise zu einem Akteur in Latours Sinn.

Was Bennett aber eigentlich mit ihrer Betrachtung des Stromausfalls ermittelt, ist das durchaus konventionell erklärbare, überraschende Auftreten von menschlich hergestellten, aber technologisch und planerisch unbeabsichtigten Wirkungen in einem sehr komplexen technischen System. Deshalb betont sie genau an dieser Stelle die Überraschung, die angeblich auf das eigenmächtige Handeln ›der Elektrizität‹ zurückgeht[122], die sich aber bei eingehender analytischer Aufschlüsselung auf gewissermaßen materiell konsequente, mit der Installation des Netzes hergestellte, aber aus ›irrationalen‹ Entscheidungen und unzureichender technologischer Durchdringung des installierten Systems entspringende Wirkungspotenziale zurückführen lässt. Was ›die Elektrizität da macht‹, ist also krud physikalisch als Möglichkeit in der technisch extrem komplizierten Anlage angelegt, aber nicht vorgesehen. Es gehört zu den unabwendbaren, ungewollten und ungewusst betriebenen Nebenwirkungen unserer aus technologischer Rationalität geformten Lebenswelt – und diese notwendig mit erzeugten, nicht überschauten und überschaubaren Effekte sind es ja, die den inzwischen bedrohlichen Zustand auch der natürlichen Gefüge verursacht haben. Von diesem entscheidenden Perspektivwechsel beim Blick auf die vor allem technologische Rationalität muss im Weiteren noch ausführlicher die Rede sein.

Jane Bennett entwirft in ihrem Buch einen »vitalistischen Materialismus«, der eine Eigenmacht des Materiellen in seinen verschiedensten Erscheinungsformen plausibel zu machen sucht. Dabei interpretiert sie ganz unterschiedliche konkrete Beobachtungen, Geschehnisse und Prozesse auf ein wahrnehmbares, sogar analytisch zu ermittelndes Wirken dieser Eigenmacht hin, die sie als ›objektives‹ Potenzial von je spezifischen Materieformen und -zuständen versteht. Sie will damit, ausdrücklich im Anschluss an Bruno Latours Akteur-Netzwerk-Theorie, den Blick auf das gesellschaftliche Dasein, seine natürlichen Komponenten wie seine technische Ausgestaltung, seine kulturelle Formung wie seine soziale und politische Organisation, ausweiten auf die zumeist unbeachtete, oft spontane und unberechenbare ›Mitwirkung der Dinge‹. So richtig es ist, die Komplexität des Gefüges, aus dem die Ereignisse entstehen, über das Wollen und Handeln der Menschen hinaus zu berücksichtigen – etwa mit der Präsenz und Einbindung von Naturphänomenen und -prozessen –, so problematisch muss es erscheinen, selbst abiotische Materie (innerhalb und außerhalb des Organischen) ohne weiteres als Akteur unterschiedlichster Provenienz und Eigenart zu begreifen. Denn dieser vorgeblich materialistische Ansatz[123] teilt einige fundamentale analytische und methodologische Schwachstellen von Latours Entwurf, so die Abstraktionen in den Begriffen des ›Akteurs‹ und des ›Ereignisses‹, vor allem aber rächt sich, dass die methodische Reflexion auf die gesellschaftlichen Subjekte, die zumindest als Wahrnehmende und dann Analysierende, Interpretierende an dem ereignishaften Geschehen beteiligt sind, kategorisch ausgeklammert wird. Damit begibt sich Bennett der Chance, das Problem der möglichen und vielleicht unvermeidlichen (kategorialen, substanziellen, womöglich gar ontologischen) *Zuschreibungen* an das Agieren von Materie in die Analysen und Erklärungen einzubeziehen. Das aber ist eigentlich unerlässlich, weil die identifizierte ›Eigenmacht der Materie‹ eben nicht als Substanz oder Energie oder Bewegung jenseits empirisch dechiffrierbarer Faktoren in irgendeiner Weise dingfest zu machen ist.

Deshalb bleibt, bei allen ausgreifenden Erzählungen und Erklärungen vom Erscheinen des ›lebhaften Agierens‹ der Materie, dessen Realität notwendig im Status des theoretischen Interpretaments. Das ist im philosophischen Diskurs ja legitim, in gewisser Weise sogar unvermeidlich. Aber wenn die konkrete (biologische, historische, kulturelle) Verfasstheit der Subjekte, die leiblich-sinnlich und lebensweltlich verstanden werden muss, nicht in die auslegende Analyse hinein vermittelt wird, verliert der Materialismus sozusagen die eine Seite seiner innewohnenden Dialektik, eben die der Realität der agierend beteiligten (wahrnehmenden, analysierenden, deutenden, wollenden) Subjekte. Genau dadurch erscheint dann das Wirken der ›eigenmächtigen‹ Materie als rein gedankliches Konstrukt, nicht mehr vermittelt mit der gesellschaftlichen Praxis, um die es doch letztlich gehen soll.[124]

Die beiden bedeutsamen Entwürfe, die hier zur Frage nach einem Agens in den Naturerscheinungen betrachtet wurden, bieten zwar interessante und aufschlussreiche Anregungen, um die Beteiligung von nicht-menschlichen, auch abiotischen und sogar artifiziellen Akteuren am gesellschaftlichen Geschehen zu erörtern. Aber sie können konzeptionell, begrifflich-systematisch und analytisch nicht wirklich überzeugen: Der Gewinn, den Latours Akteur-Netzwerk-Theorie erbringt, indem sie den Blick auf das Geflecht der Interaktionen im ›Ereignis‹ auf die beteiligten ›Dinge‹ weitet, wird erkauft mit den Abstraktionen, die tendenziell dem Geschehen wie den Agierenden die historische, die soziale, auch die ökologische, ja die materiell vergegenständlichte Tiefe nehmen, deshalb die kategorialen Differenzen der Mitwirkung einebnen. Und Jane Bennetts vitalistischer Materialismus, der gegen eine anthropozentrische Sicht auf die Ereignisse und die Beteiligten antreten will, blendet die systematische Reflexion auf das wahrnehmend, empfindend, deklarierend, erklärend beteiligte Subjekt aus, so dass das Problem einer *Zuschreibung* an die ›lebhafte Materie‹ ausgeklammert wird. Dass diese Formen der Abstraktion dazu zwingen, sich mit den impliziten Vorannahmen und Zurichtungen der wissenschaftlichen Analyse auseinanderzusetzen, sei hier nur angemerkt.[125]

## Zweite Unterbrechung: Das Meer und die Allmende

An der schleswig-holsteinischen Westküste, im nordfriesischen Wattenmeer, findet sich ein knappes Dutzend kahler Salzwieseninseln, die Halligen. Es sind kleine bis kleinste, aber sämtlich noch zumindest zeitweise bewohnte Eilande, auf denen bis nach dem Zweiten Weltkrieg eine entbehrungsreiche Lebensweise fern der meisten zivilisatorischen Errungenschaften vorherrschte: ohne Süßwasserquellen oder -zuleitungen, ohne Elektrizität, ohne andere Anbindungen als per Schiff (nur im Katastrophenfall per Hubschrauber) oder durch die gefahrvolle Wanderung über das Watt, ohne andere Feuerung als den getrockneten Kuhdung, mit winzigen Zwergschulen (einige mit zwei oder drei Schulkindern), mit ein paar krüppeligen Bäumen im Windschutz der Häuser auf den künstlichen Erhöhungen, den Warften, und mit Stegen über die Priele, die das Wiesenland durchziehen, mit wackeligen Brücken also, die oft nur aus einem spannenbreiten Brett bestanden. Man trank bis in die sechziger Jahre das trübe Wasser, das von den Reetdächern und eingefassten Flächen sich in Zisternen und trichterförmigen Reservoirs sammelte[126], man musste alle Einkäufe für das Alltagsleben – Kleidung, Nahrungsmittel, Einrichtungsgegenstände, Werkzeuge, Baumaterialien – vom Festland (oder von Föhr) mit dem Schiff heranschaffen, Zeitungen waren oft veraltet, wenn sie die Wohnstuben erreichten.

Nach der großen Sturmflut von 1962, die viele Häuser zerstörte oder schwer beschädigte, begann die Öffentliche Hand ein Wiederaufbauprogramm, das die Halligen mit dem Strom- und Trinkwassernetz verband, gesicherte Bauten schuf, eine regelmäßige

Verbindung mit den Fährschiffen garantierte und so eine Versorgung mit allem Nötigen. Diese Umwälzung der Lebensbedingungen brachte aber auch das Ende der Subsistenzwirtschaft und der arbeitsreichen bäuerlichen Daseinsgrundlage. Heute können die Bewohner der Inseln Urlaub mit allem Komfort für Gäste bieten, die Ruhe und die Weite der Meereslandschaft suchen.

Die Halligen sind Reste großer Landflächen, die seit dem frühen Mittelalter in immer neuen Flutkatastrophen zerrissen und zu großen Teilen in Wattboden verwandelt wurden. Zwar erhöhten die Überschwemmungen die verbliebenen Salzwieseninseln, indem sie schichtweise Sedimente ablagerten. Aber an den unbefestigten Uferkanten brach jede schwere Flut Teile der Inselkörper weg. Die verbliebenen Halligen haben allein seit Beginn des 19. Jahrhunderts erhebliche Landflächen verloren, einige mehr als zwei Drittel des damals gemessenen Bodens. Seit gut hundert Jahren wurden nach und nach die Uferkanten der meisten Inseln befestigt, der Abbruch ist aufgehalten, aber wie lange die flachen Eilande in Zeiten des Meeresspiegelanstiegs Bestand haben werden, kann niemand sagen.

Die Befestigung der Uferkanten mit Steinsetzungen und niedrigen Sommerdeichen erfolgte gegen erheblichen Widerstand der Halligleute, lange hatten sie sich gegen jede Sicherung ihrer gefährdeten, ständig verkleinerten und immer wieder überspülten Lebensräume gewehrt.[127] Das erscheint seltsam. Es war aber die folgerichtige Haltung aus einer Jahrhunderte alten Kultur, die entscheidend auf einer sozialen Allianz beruhte, in der man gelernt hatte, das Wirken der Naturgewalten anzuerkennen.

Diese Allianz bestand in der Praxis der Allmende.[128] Bis weit ins 20. Jahrhundert hinein gab es keinen Privatbesitz an den Salzwiesen des Halliglands außerhalb der Warften. Eigentum im rechtlichen Sinn galt nur für die Häuser auf den Warften mit ihren winzigen Gärten und mit der Böschung zum Grasland hin. Die eigentliche Fläche der Inseln war gemeinschaftlich genutztes Weide- und Mahdland. Jede Warft bildete, mit den dort ansässigen Hauseigentümern, eine Nutzungsgemeinschaft, sie hieß – mit einem halligfriesischen Wort – ›Bohl‹. Jede Insel war, entsprechend der Größe der auf einer Warft beheimateten Bohlsgemeinschaft, in ›Bohlsbezirke‹ des Graslands aufgeteilt. Früher beanspruchte der Landesherr, der Herzog von Schleswig bzw. der dänische König, zwar Abgaben gemäß der Größe dieser Bohlsbezirke, aber ob er im juristischen Sinn Eigentümer des Insellands war oder ob nicht die Bohlsgemeinschaften als Eigentümer zu betrachten waren, ist unklar. Jedenfalls wurde bei der ab 1930 eingeleiteten Umwandlung des Halliglands in Privatbesitz von der bis dahin bestehenden Bohlsgemeinschaft als Eigentümerin ausgegangen, es fand sozusagen eine Umverteilung des gemeinschaftlich genutzten Lands auf Einzelpersonen statt.[129]

Solange die Allmende auf den Halligen bestand, war die Aufteilung des Graslands auf die einzelnen Bohlsgemeinschaften und Aufteilung der einzelnen Bohlsbezirke zur jährlich wechselnden Nutzung durch die Bohlsmitglieder eine Sache gemeinschaftlich geregelter Entscheidungen.

> »Je grösser eine Werft, desto grösser war auch ursprünglich das ihr zugeteilte Land. Es wurde durch Gräben gegen die Nachbarländereien abgegrenzt, um das weidende Vieh an Grenzüberschreitungen zu verhindern. So bildeten die Bewohner einer Werft eine Genossenschaft für sich, ihr Besitz einen Warf- oder Werftbohl, an dessen Spitze jährlich der Reihe nach wechselnd ein Bohlskurator trat, um die Ordnung aufrecht zu erhalten. Die Bohlsgenossen teilten das ihnen zugehörige Land in zwei Hälften, von denen die bessere zum Mede- oder Mähland, die andere zur Weidefenne [Wiese] bestimmt wurde.«[130]

Die Viehweide wurde von einer Bohlsgemeinschaft auch gemeinschaftlich genutzt. Die Zahl der Tiere, die jedes Mitglied gräsen lassen durfte, war im ›Kaufbrief‹, also im Eigentumsdokument für jedes Haus, genau festgelegt. Der Ursprung solcher Zumessung bleibt weitgehend im historischen Dunkel. Die Nutzung der zur Weide bestimmten Salzwiesen war durch die festgelegte Zahl der zugelassenen Tiere vergleichsweise einfach zu regeln – Erfahrungswerte, welche Fläche für die Ernährung einer Kuh, einer Färse, eines Schafs, eines Lamms benötigt wurde, ergaben den Schlüssel für die anteilige Besetzung des Weidelands.

Sehr viel komplizierter gestaltete sich die Zumessung der für die Heugewinnung genutzten Flächen. Zwar ergab sich aus der Zahl der jedem Bohlsmitglied zustehenden Tiere auch die ungefähre Größe des jeweils zu nutzenden Heulands, aber die genaue Größe wurde für jeden einzelnen Nutzer von der Genossenschaft jedes Jahr neu festgelegt. Denn die verschiedenen Flächen des Halliglands besaßen unterschiedliche Qualitäten für die Heugewinnung. Das heißt: Die Bohlsgemeinschaft wurde für die Wahrnehmung der Nutzungsrechte von einem anerkannten, streng gehandhabten und immer wieder gemeinschaftlich bestätigten Grundsatz der Gerechtigkeit regiert – jedes Bohlsmitglied sollte, entsprechend seinem verbrieften Nutzungsanspruch, proportional gerecht an der Nutzung des gemeinschaftlich verwalteten Lands beteiligt werden.

Um solch eine Nutzungsgerechtigkeit herzustellen, wurde das Medeland (Heuland) in unglaublich genau ausgemessene Parzellen aufgeteilt, die jedes Jahr neu zugemessen und zugeteilt werden mussten. Der erfahrungsgeschichtliche Ursprung dieser Praxis einer ständig neu zu regelnden Nutzungsgerechtigkeit liegt im unablässigen Landverlust der Halligen. Denn wenn nutzbares Grasland in den Herbst-, Winter- und Frühjahrssturmfluten weggerissen oder mit Schlick- und Sandablagerungen überdeckt wurde, musste man diesen Verlust an Nutzungsfläche gerecht auf die Mitglieder der Bohlsgemeinschaft verteilen.

Die über Jahrhunderte unabwendbaren Landverluste der Halligen wurden also durch die Form der Allmende, deren Nutzung in den so genannten Medebüchern – der von der Genossenschaft aufgezeichneten Zuteilung an die Nutzungsberechtigten – jährlich bis fast auf den Quadratzoll genau berechnet war, gewissermaßen sozialisiert.[131] Die Bohlgenossenschaft kann man daher als die soziale Konstruktion einer die Existenz der Mitglieder absichernden Gemeinschaft bezeichnen, die auf selbst verwaltete Gerechtigkeitsprinzipien ausgerichtet war und die aufgrund der naturgegebenen Beschaffenheit der Halligen zugleich eine Notgemeinschaft darstellte.

Die jährlich im Frühjahr gemeinschaftlich vorgenommene Aufteilung des Medelands war, durch den Abgleich der Nutzungsrechte mit Lage und Beschaffenheit der jeweils zugeteilten Grasflächen, so ungeheuer kompliziert, dass Außenstehende immer wieder fassungslos die geodätischen und mathematischen Fähigkeiten der Halligleute bewunderten. Denn die Gerechtigkeit in der das Leben sichernden Nutzung des Lands ließ sich bei der immer neuen Zumessung der Allmenderechte am Medeland nur in einem über die Jahre hin erreichten Durchschnitt der Zuteilung konkreter Nutzungsrechte erreichen, weil die Qualitäten einzelner Landstücke wechseln konnten und weil unwägbare Faktoren wie Witterungseinflüsse oder der immer wieder zu beklagende Verlust des Heus durch Sommerspringfluten zusätzliche Herausforderungen bedeuteten.

Dass die soziale Konstruktion der alten Allmende auf den Halligen auch gemeinschaftlich verwaltete Prinzipien einer wirtschaftlich grundlegenden Gerechtigkeit garantierte, macht erst eigentlich verständlich, weshalb sich die Halligleute über mehrere Jahrhunderte dagegen wehrten, dass obrigkeitliche Pläne zur Befestigung der Ufer oder gar zur Bedeichung umgesetzt wurden. Denn die Bewohner der ständig verkleinerten Inseln verstanden sehr gut, dass ein Ende der bedrohlichen Landverluste zugleich der Anfang vom Ende der Allmende sein würde. So kam es denn auch – die Ende des 19. Jahrhunderts im preußischen Landtag beschlossenen und in den folgenden Jahrzehnten verwirklichten Befestigungen des Halliglands führten schließlich zu einer obrigkeitlich verfügten Flurbereinigung mit der Verwandlung der Allmendeflächen in Privatgrundstücke. Damit war es auch mit dem Prinzip der ausgleichenden Gerechtigkeit in der sozialen Organisationsform der Allmende vorbei.

Die soziale Allianz der Halligallmende fußte aber auf einer für uns Heutige vollkommen unbegreiflichen Akzeptanz der Landverluste. Über Jahrhunderte ist diese letztlich existenzgefährdende Verminderung der Salzwiesenflächen gemäß der theologischen Doktrin als ›gottgewolltes Schicksal‹ von den Bewohnern der Inseln hingenommen worden. Es gibt ein einzigartiges Dokument dazu: Die Schrift *Genaue Beschreibung der wunderbaren Insel Nordmarsch* (1749) des Pastors Lorenz Lorenzen, der auf der Hallig Nordmarsch geboren war, die heute mit der Nachbarhallig Langeness verbunden ist. Lorenzen wendet die ganze Beredsamkeit eines weitläufig gebildeten Theologen auf, um die abseitige und befremdliche Welt seiner Heimatinsel mit großer Genauigkeit und voller Empathie als einen unbekannten, entbehrungsreichen, aber doch gesegneten Flecken im Wattenmeer zu schildern. Den fortschreitenden Abbruch der Uferkanten verschweigt er keineswegs:

> Und erzehlet man eine Historie, daß ein Insulaner einsmahl vom Untergange der Welt habe nachdrücklich predigen hören, welches er aber für unglaublich gehalten, und gesagt haben soll: Daß die Halligen vergehen werden, will ich glauben, denn sie nehmen jährlich ab, und spühlet allezeit etwas hinweg; aber daß die gantze Welt vergehen werde, solches kann ich nicht begreifen. Doch dieses Abspühlen des Landes vermindert nicht nur unsere Wiesen, sondern führet noch eine andere große Beschwerlichkeit mit sich. Denn wenn das Ufer einem Warff nahe kommt, so müssen die Einwohner mit großen Unkosten weiter ins Land hineinrücken, eine Höhe oder Warff auf dem platten Lande aufführen, und mit Schubkarren zusammen häufen. Hernach ihre alten Häuser

> abbrechen, und auf die bemeldete Höhe wieder aufbauen. Solches haben bey Mannes Gedenken schon 5 Warffen mit ihren Häusern thun müssen, wo sie anders der Überschwemmung entgehen wolten. Wenn aber Leute auf einem solchen Warff befindlich sind, welche hier keine oder nur wenige Ländereyen haben, so verlassen sie ihr Vaterland, und ziehen anderwärts hin zu wohnen, da denn auch unsere Insel in Absicht auf die Einwohner immer compendieuser wird.[132]

Nicht nur, dass das Grasland vermindert, die Wohnstätten mit enormem Arbeitsaufwand verlegt werden und manche Bewohner trotzdem die Hallig verlassen müssen, sondern dass dereinst die Eilande »vergehen« werden, erschien unabwendbar und vom Schöpfer gewollt. Die religiöse Deutung eines Naturvorgangs wurde aber noch in die nachaufklärerische Zeit gewissermaßen überführt, indem die Bewohner der Inseln an der traditionellen Praxis der Allmende unbeirrt festhielten, selbst gegen die ›Rettungsmaßnahmen‹ seitens der Obrigkeit. Darin nur Sturheit und Trägheit zu sehen, war schon im 19. Jahrhundert die bereitliegende Erklärung der verwunderten Reiseschriftsteller und Besucher.[133]

Aber in der Beharrung nur einen Ausdruck der Ohnmacht gegenüber der ›gefräßigen See‹ zu erkennen, verfehlt die mentale Kraft der historisch ausgebildeten Logik in dem Verhältnis zu den Elementen, das sich hier zeigt: Die Akzeptanz einer Übermacht der Naturgewalten, die immer wieder erfahren wurde, hatte eben nicht zu Passivität und Resignation geführt, sondern zu einer angepassten Ausgestaltung des sozialen und wirtschaftlichen Alltagslebens. Mit der sozialen Allianz, die in der Praxis der Allmende immer neu bewährt wurde, schufen sich die Halligleute ein bis ins Feinste abgestimmtes Instrumentarium für ein Handeln, das die Verluste an nutzbarem Land in eine Stärkung der Gemeinschaft umsetzte. Dass dieses Instrumentarium an eine Grenze seiner Wirksamkeit kam, wenn einer Bohlsgemeinschaft die tragfähige Grundlage ihrer Subsistenzwirtschaft buchstäblich unter den Füßen weggerissen wurde, stellte Lorenzen fest, ohne eine Anklage zu erheben, weder gegen Gott oder das Meer, weder gegen die Obrigkeit noch gegen die Natur.

An einer Vielzahl beredter Zeugnisse aus der Geschichte der Küstensicherung an der Nordsee lässt sich zeigen, dass die Halligbewohner schon seit Ende des 18. Jahrhunderts mit dieser Haltung sozusagen im kulturellen wie alltagspraktischen Abseits standen – mentalitätsgeschichtlich hatte sich die militärische Metaphorik im ›Kampf gegen die See‹ durchgesetzt, wissenschaftlich der ›Unterwerfungswillen‹ gegenüber einer durchschaubaren, bezwingbaren Natur, technologisch die durchgerechnete Ingenieurskunst einer massiven ›Frontlinie‹ gegen die bedrängenden Naturkräfte.[134]

Dass die Halligleute lange scheinbar halsstarrig darauf bestanden, dass die bröckelnden Ufer ihrer Inseln unbefestigt blieben, ließ die Obrigkeit mit Uferschutzmaßnahmen durchgreifen – angeblich zum Besten der uneinsichtigen Bewohner. Dass ihnen aber mit der durchgesetzten Ideologie eines anderen, erfolgreichen Naturverhältnisses auch die Basis ihrer gemeinschaftlichen Landnutzung als soziale Allianz entzogen würde, haben sie nicht nur geahnt, sondern gewusst. Aus dieser Einsicht rührte ihr Widerstand.

Die Geschichte der Halligen bietet ein besonders illustratives Beispiel für den konzeptionellen und den lebenspraktischen Kern der klassischen Allmenden und für ihr historisches Schicksal: Sie waren eben keine bloße Notgemeinschaft oder eine zwangsläufig scheiternde Nutzungsform für frei verfügbare Güter[135], sondern eine genau geregelte und hoch wirksame soziale Allianz. Sie wurden ab dem Ende des 18. Jahrhunderts obrigkeitlich beseitigt, im Zuge einer (zunächst merkantilistisch, bald marktwirtschaftlich begründeten) Optimierung von Landerschließung und Landnutzung. Gegen diese Abschaffung einer Praxis, die Jahrhunderte lang nicht nur die Nutzung natürlicher Ressourcen streng geregelt hatte, in der Eigenverantwortung der Beteiligten, sondern auch ein wesentliches Element der (notwendig begrenzten) sozialen Gemeinschaft war, haben sich nicht nur die Halligleute gewehrt.[136]

Der Ansatzpunkt dieser sozialen Allianz war immer die aus dem Erfahrungswissen gespeiste, auf wahrgenommene ›Naturtatsachen‹ zurückgehende Einsicht, dass nicht bloß die zur Verfügung stehenden natürlichen Ressourcen unaufhebbar begrenzt sind, sondern dass die Missachtung und Überschreitung dieser Begrenzungen zu übermächtigen ›Reaktionen‹ der Naturdynamiken führt. Das heißt: In der sozialen Allianz war auch eine Naturallianz enthalten, ein basales Einverständnis mit der eben natürlich begrenzten Aneignung von lebensnotwendigen Ressourcen und ein Respekt vor dem allemal überlegenen Wirken der Naturkräfte. Dieser Zusammenhang war in der Kulturgeschichte – nicht nur der vorderasiatisch-europäischen – immer labil, wurde immer wieder und oft gewaltsam negiert, selbstzerstörerisch missachtet.[137] Aber erst seit der abendländischen Formierung von ›Wissenschaft und Technik als Ideologie‹[138], seit der europäischen Industrialisierung und seit der globalen Durchsetzung der kapitalistischen Wirtschaftsweise ist die regulierende Verbindung von sozialer Allianz und Naturallianz programmatisch und doktrinär getilgt, sie ist nicht nur rücksichtslos außer Kraft gesetzt, sondern tatsächlich undenkbar geworden. Die Geschichte der Hallig-Allmende bietet nur ein spezielles, ephemeres Beispiel aus der sogenannten Vormoderne, die auf den abgelegenen Inseln bis weit ins vorige Jahrhundert angedauert hatte. Dass in der seit einiger Zeit intensivierten Diskussion über eine neue Allmende als einen vermeintlich freien Zugang zu Gemeingütern der sozial- wie naturtheoretisch bestimmbare Kern der eigentlichen Allmende zumeist gar nicht verstanden wird, liefert nur den bewusstseinsgeschichtlichen Beleg für die Macht der mentalen Tilgung.

# III. Der Realitätsblock

## Vermittlung des Handelns mit dem Naturgeschehen?

Allenthalben heißt es, nur noch ein Gesinnungswandel könne die Menschheit – und mit ihr einen beträchtlichen Teil der natürlichen Mitwelt – vor einem bereits absehbaren, längst in Gang gesetzten und immer noch weiter vorangetriebenen Desaster bewahren, vor einer Zerstörung der natürlichen Lebensgrundlagen in vielen Bereichen: nutzbare Böden und Wälder, Meere und Süßwasserreservoirs, bewohnbare Inseln und Küsten, erträgliche Klimate und Wetterlagen, hilfreiche Tiere und Pflanzen, gesunde Atemluft, regenerationsfähige und regulierende Naturräume – der Katalog lässt sich lange fortsetzen. Man muss kein Freund von apokalyptischen Szenarien sein, um die überall feststellbaren Befunde beunruhigend, ja alarmierend zu finden. Dass mächtige Interessengruppen diese Befunde leugnen oder rücksichtslos ignorieren, dass derzeit in politisch und wirtschaftlich bedeutenden Ländern skrupellose Regierungen sich über alle Warnungen und Bedenken hinwegsetzen, die Übernutzung von Ressourcen und das Vernichten noch naturnaher Habitate bewusst forcieren, erweist sich nur als die Übertreibung eines Verhaltens, das den modernen zivilisatorischen Prozess insgesamt kennzeichnet: Die Logik technologischen Fortschritts, wirtschaftlicher Entwicklung und erstrebenswerter Lebensführung scheint die hemmungslose Aneignung der natürlichen Güter und Räume, die Überlastung der natürlichen Kreisläufe mit Abfällen und Nebenprodukten, die immer riskanteren Eingriffe in die natürlichen Systeme, bis hin zu den Steuerungen der Lebensprozesse selbst, unausweichlich zu gebieten. Bislang müssen nahezu alle Versuche, die destruktiven Effekte der beschleunigten Modernisierung und der gesteigerten Lebensstandards politisch und alltagspraktisch einzuhegen, als mehr oder weniger unwirksam, in vieler Hinsicht als regelrecht gescheitert gelten. Das bekannteste Beispiel liefern die jahrelangen, internationalen Anstrengungen, die $CO_2$-Emissionen national und global drastisch zu reduzieren, um die weitere Erwärmung der Erdatmosphäre zu begrenzen. Eine entscheidende Trendwende ist trotz aller Abkommen, Regelungen, Programme, technischen Errungenschaften nicht in Sicht. Erfolge in einigen Sektoren und Regionen werden durch Emissionsanstieg in anderen Gebieten aufgehoben. Und dieses Beispiel veranschaulicht auch die fatalen Rückkoppelungseffekte, die im globalen Naturhaushalt entstehen: Der bereits durch die menschlichen Aktivitäten bislang verursachte Temperaturanstieg in der Atmosphäre droht eine gewaltige Zunahme der freigesetzten Treibhausgase zu verursachen, wenn die arktischen Permafrostböden in größerem Ausmaß auftauen – das Ergebnis menschlichen Tuns hat sich in einen selbsttätigen, bedrohlichen Naturvorgang verwandelt.[139]

In vielen inzwischen untergegangenen oder verdrängten Kulturen sah man sehr wohl einen Zusammenhang zwischen menschlichem Handeln und lebensgefährdenden Naturereignissen: Sturmfluten, Dürren, Erdrutsche, nicht endende Regenfälle, Heuschreckeninvasionen, Pandemien interpretierte man oft als Strafen von Göttern oder Dämonen für unmoralisches, gegen soziale Regeln und religiöse Verbote verstoßendes Agieren von Einzelnen oder Gruppen. Eine direkte kausale Verbindung zwischen Maßnahmen an der Natur und dem autonomen Geschehen in ›Naturkatastrophen‹ sah man in den seltensten Fällen. Allerdings lassen die religiös oder obrigkeitlich ausformulierten Regeln und Gebote oft erkennen, dass sie ein lange angesammeltes Erfahrungswissen in kulturell und sozial verpflichtende Verhaltensgrundsätze gewissermaßen übersetzten, also sehr wohl Einsichten in die Rückkoppelungen menschlichen Handelns auf Naturprozesse enthielten.[140]

Heute können wir solche Rückkoppelungen wissenschaftlich analysieren und beschreiben. Für die Ergebnisse der meisten Analysen gelten zwei grundlegende Merkmale: Erstens erweist sich immer wieder, dass wir die Komplexität der Naturprozesse, auf die unser gesellschaftliches Handeln einwirkt, kaum hinreichend überblicken können. Je genauer einzelne Ursachenverbindungen ermittelt werden, desto mehr weitere, nicht überschaubare und kausal bestimmbare Wirkungszusammenhänge geben sich zu erkennen. Und zweitens müssen wir feststellen, dass die allermeisten Effekte unseres Handelns, die als belastende, destruktive oder regelrecht bedrohliche Naturvorgänge erfahren werden, von nicht beabsichtigten, nicht bedachten, nicht einkalkulierten Einwirkungen menschlicher Aktivitäten auf natürliche Systeme ausgehen. Diese *post festum*, nachträglich abgenötigte Erkenntnis liefert aber nur die Bestätigung dafür, dass wir noch mit den avanciertesten technischen Machenschaften in den nicht völlig erfassbaren Gesamtzusammenhang des natürlichen Geschehens eingebunden sind.

Beide Einsichten konfrontieren uns also damit, dass Erkenntnisse über das immer gegebene Zusammenspiel menschlichen Handelns mit den Naturvorgängen grundsätzlich begrenzt sind. Mehr noch: Je riskanter und tiefgreifender dieses Handeln in die schier unendlich komplexen Naturprozesse und deren Steuerungen eindringt, je massiver, gewaltförmiger technisch-instrumentelles Agieren auf Naturbestände einwirkt, desto mehr wachsen die nicht bezweckten, nicht überblickbaren Folgen in der ›selbsttätigen Natur‹ an. Am Beispiel: Die unter Umständen fatalen Auswirkungen von – längst unfreiwillig freigesetzten – Gen-Manipulationen werden in Tausenden oder Zehntausenden von Jahren nicht wieder einzufangen sein, und wie schädlich sie für wen oder was sein werden, ist unmöglich abzuschätzen. Was Fracking in den betroffenen Erdschichten langfristig bewirkt, ist unbekannt und kommt vielleicht in hundert oder tausend Jahren zum Vorschein. Mikroplastik wird für lange Zeit Bestandteil nicht nur von Wasser, Sand, Staub sein, sondern auch von Organismen und ihrem Stoffwechsel, mit nicht vorhersagbaren Folgen.[141] Die Bodenbearbeitung und der Einsatz von Pflanzenschutzmitteln samt anderen Chemikalien in der agro-industriellen Landwirtschaft werden die globale Evolution auf lange Zeit verändern – wenn viele Pflanzen-, Pilz- und Tierarten, Algen und Mikroben in kurzer Zeit aussterben, ›kippen‹ kleinere und größere Ökosysteme.[142] Und so weiter und so fort.

Zyniker, gewissenlose Interessenvertreter und unbekümmerte Ignoranten bemerken dazu, in der Geschichte des Planeten habe es mehrfach Umschwünge, auch abrupte globale Zusammenbrüche der jeweils entwickelten evolutionären Gesamtsysteme gegeben: extreme Klimaveränderungen – Wechsel von Eiszeiten und Warmphasen – mit für uns kaum vorstellbaren Folgen wie großräumigen Vergletscherungen, starkem Anstieg oder Absinken der Meeresspiegel, Umwälzungen von Fauna und Flora; weiter: großflächige Veränderungen der Böden und des ozeanischen Wassers; gravierende atmosphärische Störungen und Turbulenzen –, Verdunkelungen durch Asche von Vulkanausbrüchen oder Meteoriteneinschlägen, Veränderungen der Gaskonzentrationen.[143] All dies habe immer wieder nicht nur partiell die in Jahrmillionen herausgebildeten Ökosysteme zusammenbrechen lassen, sondern in den großen Faunenschnitten der Erdgeschichte die gesamte Evolution der Lebewesen umgesteuert, so dass ganze dominante, hoch differenzierte Gruppen von Pflanzen und Tieren verschwanden und andere in den entstandenen Lebensräumen sich entfalteten.[144] Wenn die modernen Menschen einen neuen Klimaumschwung und das viel diskutierte ›sechste Sterben‹[145] bewirkten, so bedeute das zwar insofern einen planetarischen Sonderfall, als eine einzige Tierart eine erdgeschichtliche Zäsur erzeuge. Aber im Großen und Ganzen des evolutionären Prozesses komme dem eine relativ geringe Bedeutung zu, und wenn die Menschen durch eigenes Zutun ausstürben, weil sie die unzuträglichen Lebensbedingungen selbst mit erzeugt hätten, sei das nicht mehr als ein ironisches Aperçu der Universalgeschichte.[146]

Solche vorgeblich aufgeklärte Illusionslosigkeit verabschiedet nicht nur jeden anthropozentrischen Geschichtsoptimismus und jede positive Teleologie des gesellschaftlichen Prozesses. Sie kann auch leicht und umstandslos dazu dienen, jegliche Verständigung darüber zu torpedieren, wie die bedrohliche Dynamik der anthropogenen Mittäterschaft am Klimageschehen, am Artensterben, am Meeresspiegelanstieg und den Systemstörungen in den Ozeanen, an der Zerstörung der lebendigen Böden zurückgenommen werden kann. In der evolutionsgeschichtlichen Perspektive löst sich dann Zivilisationsgeschichte, indem die Gattung *Homo* ihr Ende wissentlich, aber unaufhaltsam mit erzeugt, auf ›natürliche Weise‹ in Naturgeschichte auf. Eine solche Aussicht erklärt auch den technischen Optimismus zur Illusion, der in der Technisierung der Natur – der menschlichen wie der nicht-menschlichen – die Aufhebung von Naturgeschichte in der glorreichen Zukunft einer bis ins Innerste der evolutionären Prozesse menschengemachten Natur entwirft.[147]

Man muss aber nicht einem evolutionsgeschichtlichen Fatalismus anhängen – von dem es übrigens auch eine philosophisch angereicherte Variante gibt, im Rückgriff auf die stoische Tugend der Gelassenheit[148] –, um die ›Technikblindheit‹ zur Debatte zu stellen, die eben darin besteht, in den technologisch eröffneten Handlungsspielräumen – bis hin zur subtilen Manipulation des Erbguts, bis hin zur Konstruktion ›selbst denkender‹ elektronischer Maschinen, bis hin zum Erstellen (scheinbar) völlig artifizieller Lebenswelten – die Naturverfallenheit menschlicher Existenz überwunden zu wähnen. Wir – der Großteil der sogenannten Eliten in den westlichen Kulturkreisen – sind auch in der fundamentalen Krise der abendländisch-neuzeitlich forcierten Naturbeherrschung offensichtlich nicht in der Lage, die vermeintliche Ablösung unserer Lebensmöglichkeiten vom Naturgegebenen mittels des technisch Machbaren als eine unaufhebbare Mittäterschaft im Naturgeschehen nicht bloß zu erkennen, sondern sie in eine wirkliche, erfahrungsbasierte Vermittlung[149] mit dem allemal umfassenderen Wirkgefüge des Natürlichen auch umzugestalten. Und dass wir dies auch mitten in der unbestreitbaren Selbstwiderlegung unserer angemaßten Naturbeherrschung nicht vermögen, trotz allen wohlfeilen Lippenbekenntnissen zur Abhängigkeit von der Natur, trotz allen längst bereit liegenden Erkenntnissen über die globalen Gefährdungen von Lebensmöglichkeiten, trotz allen inzwischen lautstarken Einsprüchen aus anderen Kulturen – diese faktische Entmächtigung unserer humanen Potenziale ist das eigentliche Skandalon unserer längst weltumspannenden Hybris.

Es kennzeichnet die zum Teil brutal, mit krimineller Energie weltweit durchgesetzten technisch-industriellen Errungenschaften, dass viele ihrer Entstehungsbedingungen wie ihrer Langzeitfolgen sich den leiblich-sinnlichen Erfahrungsmöglichkeiten entziehen. Was etwa die forcierte Digitalisierung jenseits der Einflüsse auf Fingerbeweglichkeit, Zeitrhythmen oder Aufmerksamkeitsmuster mittelfristig in den Gehirnen und Nervensystemen der Menschen anrichten wird, kann derzeit allenfalls mit begründeten Vermutungen diskutiert werden.[150] Von den ›in Arbeit befindlichen‹ direkten Verschaltungen des menschlichen Organismus mit den Geräten ist da noch gar nicht die Rede. Skepsis walten zu lassen, ist kein Ausdruck von Technophobie, sondern Ausfluss des Bemühens, über Verantwortung für zukünftige Generationen zu sprechen. Was wir im Geist der Beherrschung der Natur bewerkstelligen, ist weithin mit unserer Erfahrung nicht mehr zu vermitteln, das heißt: Unser Verhältnis zu den natürlichen Erscheinungen, Dynamiken und Prozessen ist in vieler Hinsicht völlig abstrakt geworden, wie beispielweise immer mehr auch unser Verhältnis zu Arbeit oder zu Geld. Dennoch handeln wir so, als könnten wir die konkreten Risiken und Technikfolgen ganz gut abschätzen. In Wahrheit müssten wir bei vielen unserer zivilisatorischen Machenschaften sagen: Wir wissen, dass wir nicht wissen können, was wir tun. Etwas Machbares zu unterlassen, widerspricht aber zentralen Imperativen unserer Kultur, nicht nur aus Machtstreben, Geltungssucht oder Profitgier.[151]

Zu den Dogmen unserer neuzeitlich-abendländischen Kultur gehört die Überzeugung, dass es keine Grenze für unsere Möglichkeiten gibt, immer neue Erkenntnisse zu gewinnen und immer raffiniertere, wirkungsvollere, subtile oder massive Aneignungen und Transformationen des Naturgegebenen zu entwickeln. Dieser Glaubenssatz verbindet sich spätestens seit Beginn des industriellen Zeitalters und der Durchsetzung der kapitalistischen Wirtschaftsform mit zwei anderen, vorgeblich absoluten Glaubenssätzen: dem vom immanent notwendigen, ständigen Wachstum des erarbeiteten Güter- und Dienstleistungsvolumens und dem vom ständig zu steigernden Lebensstandard in den Gesellschaften. Alle Rohstoffkrisen, alle Debatten über »Die Grenzen des Wachstums«[152] haben bislang an der politischen, ökonomischen und sozialen Gültigkeit dieser Glaubenssätze nicht wirklich rütteln können. Der Erfindungsreichtum der Spezies Mensch erscheint so unbegrenzt, dass auch die offenkundige Erschöpfung etwa bestimmter natürlicher Ressourcen umgangen oder überwunden werden kann. Für alle solchen Grenzüberschreitungen gilt aber: Der Energie- und Ressourcenaufwand und der riskante Einsatz von nicht-natürlichen Stoffen nimmt exponentiell zu, je weiter sich die Verfahren der Aneignung und Transformation des Naturgegebenen von einfachen, an menschliche oder tierische Arbeitskraft gebundenen Formen entfernen. Was bedeutet: Die Begrenzungen des Machbaren verschwinden nicht, sie verlagern sich nur in entferntere Bereiche. Für die oberflächlich-materielle Aneignung kann man sich das an dem historischen Faktum klar machen, dass die sogenannten entwickelten Gesellschaften des Westens – und, ihren Strategien folgend, inzwischen auch die östlichen Pendants – immer größere Bestände der restlichen Welt brauchen, um den Logiken ihres Fortschritts zu gehorchen.[153]

Das Wort ›gehorchen‹ ist mit Bedacht gesetzt: Denn im allgemeinen Bewusstsein, nicht bloß in der politischen und der zivilgesellschaftlichen Öffentlichkeit hat es ja den Anschein, als folgten auch die Mächtigen, die Entscheider, die einflussreichen Gewinner und Nutznießer übergeordneten, freischwebenden, ungeschriebenen Gesetzen des Marktes und entpersonalisierten Zwängen des Fortschritts, die sich fassen lassen beispielsweise an der Profitorientierung von Unternehmen, an dem Innovationsdruck in Wissenschaft und Technik, an der immer prekäreren Sicherung von Arbeitsplätzen, an der nationalen und globalen Erzeugung von Ungleichheit und von Ungleichverteilung der Güter und Lebensmöglichkeiten, an der unaufhaltsamen Steigerung von Lebensstandards für die tonangebenden gesellschaftlichen Fraktionen und so fort. Was die beherrschenden Gruppierungen und die ›breite Masse‹ zu einen scheint, ist die freiwillig-unfreiwillige Gefolgschaft, mit der die Diktate von anonymen Instanzen wie Wachstum, Logik des freien Marktes, Fortschritt durch Technik und Wissenschaft, immer umfassendere Herrschaft und Verfügung über die naturgegebenen Ressourcen, Prozesse, Lebewesen quer durch die Gesellschaft verinnerlicht werden. Verinnerlichen heißt: die gesellschaftlich erzeugten Imperative durch die Individuen selbst so tief in den affektiven und mentalen Dispositionen zu verankern, dass die konformen Motive des Handelns, die Wünsche und Ziele, die Verhaltensweisen gemäß diesen Imperativen so genuin aus der Selbstverwirklichung zu entspringen scheinen, so authentische Regungen werden wie naturgegebene Antriebe.[154]

Hat eine solche sich selbst legitimierende Konditionierung und Verhaltenssteuerung, die an massenmedial propagierte Lebensstile, an die fast absolut gültigen Maximen der Marktwirtschaft und an die Steuerungen der sozialpolitischen Systeme angepasst ist, sich erst einmal mehrheitlich, über die Fraktionen der Bevölkerung hinweg durchgesetzt, ist eine tief reichende Veränderung äußerst schwierig. Dies zeigt sich unter anderem darin, dass zumindest in den Industrienationen die meisten Menschen wissen, dass nicht nur harte politische Direktiven, Normen, auch Verbote national und global durchgesetzt werden müssten, um den schlimmsten Entwicklungen beim Klimawandel noch zu begegnen. Vielmehr ist einem sehr großen Teil der Bevölkerung inzwischen bewusst, dass jede und jeder den Lebensstil in vieler Hinsicht einschneidend ändern muss, um die bedrohlichen, bereits weit fortgeschrittenen Gefährdungen des klimatischen Gesamtsystems der Erde und vieler großräumiger und lokaler Ökosysteme noch zu bremsen und abzufangen.[155] Dennoch ändert sich am Verhalten der allermeisten Menschen, besonders in den Komfortzonen der Welt, kaum etwas – es entsteht eine deutliche, weit verbreitete Diskrepanz zwischen Wissen und gelebten Wertungen, Entscheidungen, Handlungen.[156]

In Sozialpsychologie und Kognitionsforschung findet sich eine ganze Reihe von Erklärungen für diese Diskrepanz, die sich auch an verbreiteten Einstellungen zu den politischen Maßgaben während der Covid 19-Pandemie ablesen ließ[157]: Obwohl öffentlich immer wieder von der Chance gesprochen wurde, das Aussetzen der Alltags-Normalität für fällige Änderungen der gewohnten Lebensweise zu nutzen, war der beherrschende Tenor nicht nur bei einer Minderheit lautstark gegen alle Restriktionen Protestierender, sondern auch in der Politik und der massenmedialen Kommentierung, man müsse möglichst schnell eben zur vor dem Einsetzen der Pandemie gültigen Normalität zurückkehren. Daran ist ja so viel richtig: Die Fokussierung auf das Eindämmen der Pandemie schien keinerlei Energie und Ressourcen für politisch, ökonomisch, organisatorisch flankierte Änderungen etwa klimarelevanter Verhaltensstandards übrig zu lassen. Am Tourismus und der massiv von ihm abhängigen Luftfahrt wurde das beispielhaft vorgeführt: Weil alle politischen und administrativen Anstrengungen sich darauf konzentrieren mussten, Regelungen gegen Ansteckung zu entwerfen und durchzusetzen, Testkapazitäten aufzubauen, die Erkrankten zu behandeln und das Gesundheitssystem insgesamt zu stabilisieren, war kein Raum dafür, die entstandene Unterbrechung der vorherrschenden Urlaubsroutinen zu nutzen, um die längst fällige Debatte über Formen eines anderen Tourismus anzustoßen und erste politische Maßnahmen vorzubereiten.[158] Es galt eine einzige Maxime: die wirtschaftlichen Effekte der Pandemie-Restriktionen zu überbrücken und – wenn auch vorsichtig – zu *business as usual* zurückzukehren. Als die ersten massentouristischen Lufttransporte zu Inseln und fernen Stränden wieder erlaubt wurden, schien nicht nur die Rettung für Airlines und Tourismus-Dienstleister in Sicht. Ein offenbar sehr großer Teil der Bevölkerung nahm sein ›freiheitliches Grundrecht‹ in Anspruch, in einen Urlaub ›wie immer‹ zu fahren oder zu fliegen. Der kurzzeitig boomende, etwas weniger klimaschädliche Inlandstourismus dürfte sich ein gutes Stück weit wieder verlaufen.[159]

Umfragen – wie fragwürdig ihre Methoden auch sein mögen – liefern Anhaltspunkte dafür, dass mehr als die Hälfte der Bevölkerung sich dem Urteil anschließt, Flugreisen trügen erheblich zur Erwärmung der Erdatmosphäre bei, und kaum weniger Menschen geben an, sie könnten sich sehr wohl vorstellen, deswegen auf solche Reisen zu verzichten.[160] Die Luftfahrt-Statistik deutet auf das Gegenteil hin – der Flugverkehr nahm vor der Pandemie stark zu, die Branche hofft, in zwei oder drei Jahren den Einbruch wettgemacht zu haben.

*Eine* Erklärung für die Diskrepanz zwischen Wissen und Verhalten verweist auf einen angeblich urtümlichen, vorbewussten Reflex menschlicher Daseinsstrategien: Es erscheine – ganz besonders in krisenhaften Geschehnissen – sicherer, entlastender, vielversprechender, sich an Einstellungen, Werten, Urteilen, Entscheidungen lautstarker Gruppen oder der angeblichen Mehrheit auszurichten. Deshalb werde es noch schwieriger, als es in der komplex organisierten Gesellschaft ohnehin ist, breit wirksame Verhaltensänderungen zu erreichen. Eine Folgerung daraus ist: Es müssten angebrachte oder dringend notwendige Änderungen durch strikte politische Vorgaben erzwungen werden – in der Erwartung, dass sie relativ rasch zu etwas Selbstverständlichem werden. Ein Beispiel dafür gibt immer wieder das gegen erhebliche Widerstände durchgesetzte, weitreichende Verbot des

Rauchens im öffentlichen Raum ab. Inzwischen ist es so selbstverständlich geworden, qualmfreie Luft in Verkehrsmitteln, Restaurants, Konferenzen, bei Feiern atmen zu können, dass kaum noch jemand daran denkt, wie hoch umstritten es war, Zigarettenrauch zumindest in öffentlich zugänglichen Räumen zu verbieten.

Dass sich viele übliche Verhaltensroutinen nur ändern werden, wenn strikte Vorschriften und Verbote sich politisch durchsetzen lassen, steht außer Frage. Zur Debatte steht dann, wie dringlich, wie unabweisbar solche allgemein gültigen behördlichen Regelungen in der Öffentlichkeit werden. Wir haben uns in den vergangenen sechzig, siebzig Jahren so sehr daran gewöhnt, einen tendenziell unbegrenzten Konsum, über dessen Ausmaß nur das individuell verfügbare Budget entscheidet, für ein verfassungsgemäßes Grundrecht zu halten, dass wir uns anderweitig verfügte Einschränkungen gar nicht mehr vorstellen können. Allmählich sterben die Deutschen aus, die noch die amtliche Zuteilung von Grundnahrungsmitteln über Lebensmittelmarken nach dem Zweiten Weltkrieg selbst erlebt haben – 20 Gramm Butter pro Person und Woche, und dann konnte man überlegen, ob man die zugeteilte Ration auf ein einziges Butterbrot streichen oder in winzigen Portionen auf möglichst viele Scheiben verteilen wollte. Niemand wünscht sich, dass solche Zustände zurückkehren. Aber es ist keineswegs undenkbar, dass vergleichbare obrigkeitliche Zuteilungen notwendig werden, zum Beispiel die Rationierung von Flugkilometern oder die maximal erlaubte Wohnfläche pro Person oder die Anzahl und Größe von Privatautos pro Haushalt. Dann werden solche Vorgaben nicht mehr ein Ausfluss von Mangelwirtschaft sein, sondern Konsequenzen aus der ungehemmten Gefährdung der Lebensgrundlagen.

Nun lösen aber amtliche Verbote, Bestimmungen und Zuteilungen, die zweifellos kommen werden, das Problem jener Diskrepanz zwischen Wissen und Einsicht auf der einen und krass davon abweichendem Verhalten auf der anderen Seite nicht. Wie die schon bald lauten Reaktionen auf rigide Einschränkungen während der Pandemie demonstriert haben, rufen politisch-administrative Restriktionen – mögen sie noch so gut begründet und faktisch unvermeidlich sein, um unverantwortbare Zustände zu verhindern – bald mentale und affektive Ausweichreaktionen hervor: Entweder wird die reale Gefahr schlichtweg geleugnet und das angebliche Grundrecht einer egoistisch verstandenen Freiheit ins Feld geführt oder man greift zu abstrusen Verschwörungskonstrukten und zu aggressiven Denunziationen der politisch Verantwortlichen bzw. ›des Systems‹, daher sei energischer Widerstand vonnöten. Offenbar wird in beiden Fällen die vorbewusst wahrgenommene Diskrepanz zwischen zugemuteten Fakten bzw. Informationen und der eigenen Bereitschaft, sie rational auch gegen Wünsche und irreale, griffbereite Pseudo-Erklärungen zu verarbeiten, als so stark erlebt, dass Abwehr und Verschiebung gesucht werden. Dann greifen die Menschen, die sich überfordert fühlen, zu von anderen in die Welt gesetzten Verschwörungsmythen, esoterischen Konstrukten, blinden Anschuldigungen oder sie bestreiten auch gesicherte wissenschaftliche Erkenntnisse. Vernunft und gesunden Menschenverstand lassen sie hinter sich.[161]

Zumindest in Deutschland verfiel die übergroße Mehrheit der Bevölkerung während der ersten Phase der Pandemie nicht auf diese Verhaltensstrategien, die Menschen blieben weithin ›gehorsam und vernünftig‹. Die Gründe liegen auf der Hand: Die verordneten Restriktionen – oft töricht öffentlich debattiert unter dem pauschalen Label ›Einschränkung von Grundrechten‹ – waren ziemlich kurz befristet, und die Gefahren durch eine sehr schnell verbreitete Covid 19-Infektion wurden massenmedial intensiv veranschaulicht. Vor allem aber: Die Gefahren rückten nicht nur durch Fallzahlen, sondern durch die regionale und lokale Information in die unmittelbare lebensweltliche Nähe. Es ließ sich nicht abstreiten und verdrängen: Jede und jeder konnte sich im eigenen Umfeld und bei alltäglichen Verrichtungen anstecken. Aber als die erste, steile Infektionswelle abgeklungen war, setzten sich viele Menschen über weiterhin gültige Anordnungen und Einschränkungen hinweg, unterliefen Vorschriften, definierten, sofern sie überhaupt darüber nachdachten, das Risiko, sich anzustecken, als minimal und klagten zum Teil vehement ihre ›Freiheiten‹ ein.[162] Ein Stück weit rächte es sich, dass in Politik und medialer Öffentlichkeit die Restriktionen vorrangig unter der Frage nach Einschränkung von Grundrechten debattiert worden war, nicht aber primär unter Gesichtspunkten einer unerlässlichen zivilgesellschaftlichen Solidarität und Besonnenheit, die Gemeinsamkeit im Handeln erzeugt und damit auch einen Gewinn in der Krise eröffnet. Auch die massiven finanziellen Stützungsmaßnahmen der öffentlichen Hand wurden nicht als ein Akt notwendiger gesellschaftlicher Solidarität kommuniziert – was sie letztlich ja, durch die mittelfristige Beanspruchung von Steuergeldern, sehr wohl sind –, sondern als Notmaßnahmen seitens der Regierenden.[163]

Man kann aus dem Umgang mit den Pandemie-Verläufen und -Folgen einiges abnehmen, wenn man über die gesellschaftlichen Herausforderungen debattieren will, die der Klimawandel – als nur *eine* von immer stärker bedrängenden Entwicklungen bei der Gefährdung unseren natürlichen Lebensgrundlagen – uns zumutet.[164] Die sicherlich wichtigste Erkenntnis: Sowohl für die Akzeptanz politisch gesetzter Restriktionen und Vorgaben als auch für die Bereitschaft weiter Bevölkerungskreise, ihre Alltagsroutinen im Hinblick auf Maßnahmen gegen den fortschreitenden Klimawandel freiwillig zu ändern, liegt ein fundamentales Problem in der evolutionären Verfassung von *Homo sapiens*: Unsere affektive und mentale Ausstattung ist darauf ausgelegt, in erster Linie Nah-Erfahrungen zu verarbeiten, also gegenwärtige und leiblich-sinnlich wahrnehmbare Geschehnisse, Informationen, Eindrücke. In der Sozialpsychologie hat man dafür auch experimentell Bestätigungen gefunden. Zukünftige oder räumlich entfernte oder diffuse Vorgänge werden selbst dann, wenn die Informationen darüber eine große Gefahr glaubhaft machen oder gar beweisen können, in der für das Verhalten wichtigeren emotionalen Verarbeitung weit weniger ernst genommen als vergleichsweise kleine Herausforderungen in der lebensweltlichen Nähe. Diese allgemeine Disposition machen sich ja Klimawandel-Leugner zunutze, indem sie nicht nur die wissenschaftlichen Beweise für anthropogene Klimaveränderungen bestreiten, sondern die schon konkret feststellbaren Effekte des globalen Temperaturanstiegs der Atmosphäre herunterspielen und uminterpretieren.[165] Beispiel: Während der in ihrer Gewalt und Ausbreitung nie dagewesenen Waldbrände an der nordamerikanischen Westküste erklärte der Gouverneur von Kalifornien, wer den Klimawandel nicht wahrhaben wolle, der solle kommen und die Brände erleben. Präsident Trump kam – und führte die verheerenden Feuer auf zu viel liegengelassenes Totholz in den Wäldern zurück. »Es wird anfangen, wieder kühler zu werden, schauen Sie einfach zu.«[166] Dass in solchen dümmlichen Äußerungen politisches Kalkül steckt, hat nichts mit der emotionalen Klaviatur zu tun, auf der er zu spielen versucht.

Schlussfolgerung: Es reicht nicht hin, den Klimawandel zu erklären, über die schon sichtbaren und messbaren Auswirkungen zu berichten oder von ihnen zu erzählen, schon gar nicht, Szenarien dessen zu präsentieren, was mit hoher Wahrscheinlichkeit geschehen wird. Nur wenn man unmittelbare lebensweltliche Erfahrungen zugänglich machen kann, besteht eine Chance, die Barriere vom bloß Gewussten zur letztlich handlungsleitenden emotionalen Verarbeitung zu überwinden. Eine noch so herzzerreißend aufbereitete Geschichte vom Inuit, dem mit dem Meereis buchstäblich die Lebensbasis wegbricht, oder vom Bewohner der Salomonen, dem der Pazifik den heimatlichen Boden überflutet, wirkt selten nachhaltig auf notwendige Verhaltensänderungen hin. Der gefühlte Abstand zu den erzählten Geschehnissen – und zu den kaum begreifbaren, komplexen Dynamiken des Klimawandels – bleibt zu groß. Das medial Übermittelte erreicht die Schichten einer affektiven Teilhabe am Berichteten oder Gezeigten nicht.[167]

Aber wo in den mitteleuropäischen Komfortzonen lassen sich denn zugängliche, lebensweltliche Nah-Erfahrungen machen, die bereits jetzt als Effekte des immer weiter befeuerten Klimawandels erlebt werden könnten? In den urbanen Ballungsräumen wohl kaum, selbst Hitzerekorde und anhaltende Trockenheit werden in den hoch technisierten Lebensräumen noch weitgehend abgefedert. Man muss denn doch ›in die Natur‹. Wer überhaupt noch Wahrnehmungen in halbwegs naturnahen Arealen zulässt, kann hierzulande bereits in den meisten Waldstücken auf mehr oder weniger gravierende Baumschäden aufmerksam gemacht werden, die sich plausibel mit den klimatischen Veränderungen verbinden lassen.[168] Wer sich nicht gut mit Wäldern auskennt, bemerkt in noch nicht flächendeckend geschädigten Beständen kaum etwas. Werden den Menschen, die vor offensichtlich kranken oder sterbenden Bäumen stehen und nach Erklärungen regelrecht verlangen, die sichtbaren und die unsichtbaren Zusammenhänge erläutert, erschrecken sie meistens und sind verunsichert. Schildert man ihnen, weshalb und wie gestiegene Durchschnittstemperaturen und lang anhaltende Trockenheit für viele Bäume Siechtum und dann Tod bedeuten, folgt, was man mit einem geschundenen Wort ›Betroffenheit‹ nennt. Sie kann der Anfang von auch emotional integrierter Einsicht sein. Das führt nicht zwangsläufig zu Verhaltensänderungen, dafür braucht es überzeugende Beispiele und Ansätze, vor allem aber Verständigung und Anregung in einer Gruppe – und historische und aktuelle Erfolgsgeschichten.[169]

Auf ähnliche Weise können kundige Hinführungen an Flora und Fauna der Küstengewässer, der Seen, Flüsse und Bäche, etwa bei den Neozooen und Neophyten als Anzeigern, die allgemeine Ahnungslosigkeit und Gleichgültigkeit durchbrechen – oder einfach auch das Graben in mageren Böden, wo die Trockenheit bereits in tiefe Schichten reicht. Man kann auch mit Winzern in die Weinberge gehen und sich die südeuropäischen Rebsorten erklären lassen oder mit Insektenfachleuten die Verschiebungen von Verbreitungsgebieten erkunden – immer kommt es auf das leiblich-sinnliche Wahrnehmen an, das ganz andere psychische, emotive Bewegungen erzeugt als eine noch so gut aufbereitete, attraktiv präsentierte Information.[170]

Doch solche Berührungen mit Effekten des Klimawandels müssen aufwändig organisiert und fachkundig eröffnet werden, vor allem aber stehen ihrer Wirkung starke Hemmnisse entgegen. Erstens ist es prinzipiell schwierig, Erfahrungen, die außerhalb der eigenen Lebenssphäre eröffnet werden, mit den persönlichen Alltagsroutinen zu verbinden. Eine Wahrnehmung, die außerhalb des alltäglichen Umfelds einige schon jetzt erkennbare Auswirkungen des Klimawandels aufnimmt und emotional aneignet, wird gegenüber den Anforderungen des gewohnten Lebensvollzugs leicht zur sozusagen exotischen Ausnahmeerfahrung – eben diesen Effekt erzeugen die meisten Exkursionen, Naturerfahrungskurse, Nachhaltigkeits-Workshops, Aufmerksamkeitsseminare und dergleichen, die nur für Stunden oder wenige Tage in einem Freiraum außerhalb der Alltagsroutinen stattfinden. Dann wird die womöglich entstandene, tief empfundene Einsicht in Naturprozesse und ihre anthropogenen Beeinflussungen überdeckt von den Zwängen der akuten Routinen, die sich mit den erworbenen Erfahrungen nicht vermitteln lassen. Es entsteht so eine neue, spannungsreichere Diskrepanz: zwischen der nicht nur rationalen, sondern auch affektiv einverleibten Einsicht und den fremden, aber anscheinend unausweichlichen Zwängen des durchorganisierten Alltags. Diese Diskrepanz verursacht psychischen Stress, was wieder zu mentalen Ausweichmanövern führt, sehr oft zu scheinbar abgeklärten Rationalisierungen – »was ich tun kann, ist ohnehin völlig irrelevant und wirkungslos«; »die anderen machen weiter wie bisher, weshalb soll ausgerechnet ich anfangen«; »der Zug ist eh abgefahren, was soll ich mich da noch anstrengen« und so fort.

Auch wenn nur vergleichsweise wenige solche Pseudo-Rechtfertigungen aussprechen, ist diese Art mentaler Spannungsabfuhr unter Erwachsenen weit verbreitet. Der Erfahrungshintergrund, vor dem die affektive und geistige Auslieferung an die Zwänge und Irrationalitäten der technologisch aufgerüsteten und wirtschaftlich heiß laufenden westlichen Lebenswelten eingeübt wird, bildet sich aber in der Kindheit.[171] Eine Folgerung könnte sein, Kindern früh intensive Naturerfahrungen und Naturerkenntnisse zu ermöglichen.[172] Die vielen Ansätze, die Reformpädagogik innerhalb der letzten einhundert Jahre dafür entwickelt hat, haben sich allerdings – abgesehen von der wichtigen, aber in ihrer Reichweite begrenzten Arbeit der Umweltverbände und von einem schwachen Abglanz in gut geführten kommunalen und kirchlichen Kindergärten – nur in den Nischen von Privatschulen und alternativen Gemeinschaften entfalten können. Die aktuelle, hoch besetzte und nahezu einhellig forcierte Bildungspolitik steuert genau den entgegengesetzten Kurs: Das Heranführen der Kinder schon im Vorschulalter an die Praxis der digitalen Kommunikation und an die Transformation des Sozialen in die virtuelle Realität hat oberste Priorität. Überall wird das Glück beklatscht, das die Pandemie beschert habe, indem sie den lange geforderten bildungspolitischen Schub für ›mehr Digitales‹ nun gleichsam erzwungen hat. Dass alle Kinder die gleichen Chancen erhalten sollen, mit den digitalen Apparaturen umgehen zu können, versteht sich. Aber dass die Digitalisierung des Unterrichts selbst, des Lehrens und Lernens, nun endlich den Anschluss der Bundesrepublik an die verheißungsvollen Zukunftstrends eröffnen soll, kann einem Schauder über den Rücken jagen. Neurologen, die nachdrücklich vor den neuronalen und psychischen Verkümmerungen warnen[173] – von den längst in definierten Krankheitsbildern manifesten organischen Deformationen wie der epidemisch verbreiteten ›digitalen Kurzsichtigkeit‹ ganz zu schweigen –, Kritiker der zu frühen und zu umfänglichen Ausrichtung der Kinder auf die digitalen Apparaturen werden in die Ecke der Nörgler, Miesmacher, der Technophoben und Fortschrittsfeinde, der Störenfriede und Ewiggestrigen geschoben. Dabei haben gerade Eltern aus den Vorstandsetagen der IT- und Computer-Branche ihren Kindern rigide Beschränkungen im Umgang mit den virtuellen Welten auferlegt, bis in die Zeit der Pubertät, weil sie wissen, was eine zu frühe und zu intensive Einübung auf das apparativ Vermittelte anrichten kann.[174]

Unsere Kinder, Enkel und Urenkel werden ihre meiste Zeit und Energie darauf verwenden müssen, die bedrohlichen Folgen einzudämmen, die – je nachdem, wie man rechnet – 150, 200, 250 Jahre hemmungslosen technisch-wissenschaftlichen Fortschritts und unablässig gesteigerten Wohlstands vor allem der Industrienationen in den Naturhaushalten der Erde angerichtet haben, aber auch in den sozialen Welten. An ›Natur‹ wird noch mehr als jetzt schon das schreckliche Doppelgesicht aufscheinen, das wir ihr verliehen haben: die geschundene, deformierte, abgedrängte, zerstörte *Mitwelt*, die doch im genauen Sinn das Leben Spendende ist (oder war), *und* der zerstörerische, Leben gefährdende, überwältigende, unentrinnbare *Gewaltzusammenhang* des Naturgeschehens, in dem unsere eigenen Machenschaften uns eben ›naturförmig‹ entgegenkommen. Das glutrote Licht und der Aschestaub, in die jetzt gerade, während ich diese Seiten schreibe, die zivilisatorischen Wunderwerke an der nordamerikanischen Westküste gehüllt sind – einschließlich Silicon Valley –, geben mehr als ein symbolisches Bild ab. Es ist – im genauen Sinn des Wortes – der Vorschein von Herausforderungen durch Naturereignisse und -prozesse, die massiver und tiefer in die menschlichen Lebensverhältnisse einwirken und eingreifen werden als die Pandemie es getan hat.

## Restrisiken und ungewollte Nebenwirkungen

Noch einmal: Die Gewalt der Naturbeherrschung, mit der die westlichen Gesellschaften – oft durch ungeheuerliche Brutalität – den Globus überzogen haben, hat sich längst auch gegen die vermeintlich souveränen Herrscher gewendet: Sie sehen sich gezwungen, ihre Kräfte gegen die Auswirkungen ihrer eigenen, auf den ersten und zweiten Blick segensreichen Unterwerfung und Ausnutzung der Naturkräfte, ihres glorreichen Eindringens und Eingreifens ins Innerste der Naturprozesse aufzubieten. Nicht von ungefähr wird allenthalben der unabdingbare ›Kampf gegen den Klimawandel‹ proklamiert – so als stünde ein weiterer ›Krieg‹ gegen natürliches Geschehen an. Dabei kommen den Menschen im Naturphänomen Klimawandel nur die aufsummierten Folgen eines hemmungslosen Herrschaftsgebarens gleichsam in Naturgestalt entgegen. Immer noch wollen wir Angehörige der abendländisch-neuzeitlichen Gesellschaftsformation die unerbittliche, naturtheoretisch erweiterte Dialektik der Aufklärung in solchen Vorgängen nicht wirklich wahrhaben: dass nämlich die als einzig richtige geltende, weil rational und wissenschaftlich erarbeitete Bändigung und Indienstnahme der ›blinden‹ Naturkräfte und Naturprozesse zugleich eine ›blinde‹, weil unbedachte und ausgeblendete Befeuerung unbegriffener, gewissermaßen eigensinniger Naturvorgänge bedeutet. Was als bedauerlicher Effekt der unzureichend einkalkulierten Nebenwirkungen und Restrisiken vernünftigen, zweckorientierten menschlichen Planens und Handelns erscheint[175], erweist sich – naturtheoretisch gefasst – immer unbestreitbarer als Resultat einer unaufhebbaren, aber systematisch negierten Kooperation menschlicher Akteure mit Wirkkräften des Natürlichen. Die schon von Hegel gefeierte »List der Vernunft« im historischen Prozess[176] – eine List, mit der das (instrumentelle) menschliche Handeln die eigenen Kräfte und Bewegungen des Naturgegebenen ›für sich arbeiten lässt‹ und sie so als ›blinde Macht‹ zur Beförderung des Ziels der Geschichte veranlasst[177] – stellt sich, wenn man sie auch naturgeschichtlich versteht, als ein Selbstbetrug heraus: Ebenso sehr, wie die Menschen ihre ausbeuterische und maßlose Aneignung des Naturgegebenen befördern, indem sie nicht nur gewalttätig Naturkomplexe ausschöpfen und zerstören, sondern auch in die subtilsten Regulationen von Naturvorgängen eingreifen, forcieren sie unbeabsichtigt eigensinnige Prozesse und Geschehnisse im Naturzusammenhang. *Ob sie es wollen oder nicht, wirken die Menschen als Agenten des Naturgeschehens* – es gilt die gleiche, unentrinnbare und für unser Denken skandalöse Logik wie im historischen Prozess der Gesellschaftsentwicklung: Die Realität wird »gemacht durch die Arbeit von Generationen von Menschen, die eigentlich die ganze Zeit über etwas ganz anderes wollten und wollen.«[178] Niemand hat den Klimawandel gewollt, fast alle in den Industrienationen haben ihn über Generationen mit produziert. *Eine* Folgerung aus der Einsicht in dieses erschreckende Doppelgesicht gesellschaftlichen Handelns müsste sein, mit Rücksicht auf das Ungewollte in unserem willentlichen Tun dessen Reichweite und Wirkungstiefe zu begrenzen, um immer wieder korrigieren zu können. In der global durchgesetzten Logik des wissenschaftlich-technologischen Fortschritts und des profitablen Wirtschaftens vollzieht sich aber genau das Gegenteil: Die Folgen des Bewerkstelligten werden immer unüberschaubarer, die destruktiven Effekte immer schwieriger abzuschwächen oder aufzuheben.

Der Klimawandel ist nur *ein* Beispiel für die unerbittliche Notwendigkeit, mit der wir uns mit unserem rationalen, absichtsvollen Handeln auf nicht begriffene, wegen ihrer enormen Komplexität letztlich unbegreifbare ›Tätigkeiten der Natur‹ einlassen müssen. Auch die Algorithmen gigantischer, vernetzter Supercomputer werden diese Komplexität nicht ausrechnen. Vergleichbares lässt sich von der Gentechnologie sagen – inzwischen breitet sich da ja offener Zynismus aus: Ingenieure der CRISPR/Cas-Methode erklären unverhohlen, dass sie die genauen Wirkungszusammenhänge ihrer Eingriffe ins Erbgut noch nicht völlig verstehen, noch weniger die Effekte in der Mitwelt, »aber wir können es machen, also machen wir es.«[179] Solcher Zynismus des Machens regiert in nahezu allen technologisch durchwirkten und ökonomisch relevanten Bereichen gesellschaftlichen Handelns, in der agro-industriellen Landwirtschaft, die wissentlich, aber ahnungslos Böden zerstört, das Artensterben vorantreibt, die Treibhauseffekte wesentlich mitverursacht, wie ebenso in der Fischerei, bei der Herstellung und Verbreitung von Plastik wie bei der Öl- und Gasförderung, bei der ständig gesteigerten Mobilität in der Wirtschafts- und Arbeitswelt wie sogar bei der Digitalisierung in nahezu allen Lebensbereichen, wo die Folgen etwa für die Energiebilanzen oder für die körperliche, vor allem die neuronale Verfassung und für die Sozialität der Menschen überhaupt nicht absehbar sind – die Aufzählung könnte Seiten füllen.

Sieht man genau hin, lassen sich nicht nur nahezu überall mehr oder weniger desaströse Folgen direkter Eingriffe in das Naturgeschehen ausmachen, deren Rechtfertigung durch den Fortschritt nach Maßgabe einer – ohnehin extrem ungleich verteilten – Verbesserung der Lebensbedingungen für die Menschen inzwischen höchst umstritten ist. Hinzu tritt die verstörende, aber längst zwingende Einsicht, dass die indirekten, nicht bezweckten Effekte menschlicher Eingriffe als oft bedrohliche Naturereignisse, als Veränderungen, Verschiebungen, Dysbalancen diffiziler natürlicher Wirkzusammenhänge begegnen.[180] Will sagen: Wir begeben uns immer wieder mit unserem Tun in unbeabsichtigt, mehr oder weniger unwissend bewerkstelligte Kooperationen mit natürlichen Kräften und Verbindungen – die für uns und immer umfassender für die Mitwelt oft destruktiven Folgen dieses unwillentlichen

Zusammenspiels mit den natürlichen Gegebenheiten erleben wir dann als mitunter katastrophales Agieren der Natur. Das hat ja eine zunächst unbestreitbare Evidenz: Die lebensweltlich erfahrenen Auswirkungen ereignen sich in Gestalt von Naturgeschehen – Wetteranomalien, Überschwemmungen, Dürren, Bodendegradation, Verbreitung von Gen-Veränderungen usw. Die darin enthaltene Kooperation, die Mitwirkung der Menschen aber bleibt für uns solange abstrakt, nicht eigentlich erfahrbar, wie wir Natur als eine Ansammlung von Objekten betrachten, deren äußerst komplizierte innere Organisation und deren ebenso komplizierte Vernetzung nach Prinzipien einer quasi mechanischen Kausalität funktionieren. So bleibt auch die Einsicht abstrakt, also nicht mit unserer Existenz, unserem Wollen und Tun vermittelt, dass wir als ›begabte Naturwesen‹ auch mit unseren raffiniertesten technischen Errungenschaften in das Wirkungsgeflecht des Natürlichen einbezogen sind. Die übliche Entgegensetzung von Technik und Natur ist insoweit eine Fiktion, als sie eine Negation dieser unaufhebbaren Einbindung postuliert. Die noch so avancierten technischen Transformationen von natürlichen Stoffen, Prozessen und Kodierungen stellen – naturtheoretisch und naturpraktisch – nur Verschiebungen und Verlagerungen der Naturgebundenheit dar, nicht ihre Überwindung. Die künstlichen Welten, die wir zivilisatorisch schaffen, beruhen eigentlich auf isolierten, gesteigerten und energetisch erzwungenen Naturvorgängen und -potenzialen, sie suspendieren einige Naturprozesse für eine relativ kurze Zeit, heben aber die Naturverfallenheit nicht auf.[181] Deshalb ist die heute so beliebte Gegenüberstellung von Technosphäre und Ökosphäre natur- *und* gesellschaftstheoretisch eine der ideologischen Täuschungen, von denen die westliche Kultur zehrt, so sehr sie einigen Augenschein in der gesellschaftlichen Realität für sich hat: Nicht nur durch Materie, Energie, Raum, Zeit ist eine wie immer definierte Technosphäre in eine ganzheitlich begriffene Ökosphäre eingeschlossen. Auch das artifizielle Geschehen in einer Technosphäre bleibt in die Gesamtheit des Naturgeschehens eingebunden, wie sehr die naturbedingte Vermittlung zunächst auch verhüllt wird und wie lange auch immer die Rückkoppelung in das Naturgeschehen suspendiert erscheint. Ein mittelschweres Naturereignis wie ein Tsunami kann dies gleichsam in einem symbolischen Akt an einem Atomkraftwerk vor Augen führen.

Das beispielhafte Ereignis kann aber auch offenbaren, welche buchstäbliche Gewalt die technisch aufgerüsteten Gesellschaften in der Ummodelung des Naturgegebenen aufzubringen imstande sind: Das Herstellen und das Betreiben eines Atomkraftwerks verdichten in einer Unzahl von kleinen, koordinierten Schritten die Potenziale von natürlichen Stoffen und Prozessen zu einem Energiebündel, das im geregelten Funktionieren der Industrieanlage dosiert als Abwärme in die Natur entlassen und als Elektrizität in die technischen Ketten der zivilisatorischen Vernutzung, letztlich also der weit diversifizierten Rückführung in das Naturgeschehen eingespeist wird. Die mit enormem energetischem und apparativem Aufwand bewerkstelligte Verdichtung löst sich aber mit dem Betrieb bekanntlich nur zum kleinen Teil wieder auf: Der Rückbau erfordert wiederum außerordentlich hohen Aufwand, und mit den schließlich irgendwo in der Natur eingelagerten Brennstäben klingt die restliche Verdichtung und Verlagerung der natürlichen Potenziale über einen sehr langen Zeitraum ab. Dabei wird über viele Tausend Jahre hin eine fortgesetzte, immer noch riskante Kooperation der Menschen mit dem Naturgeschehen verlangt, zumindest in Form ständiger Kontrolle und Überwachung. Ein Unfall wie im Atomkraftwerk von Tschernobyl bewirkt, so betrachtet, die plötzliche Verpuffung eines erheblichen Teils der verdichteten energetischen und materiellen Potenziale – die Gewalt des Ereignisses entsteht aus jener menschengemachten Verdichtung dieser Potenziale, ist also ein ungewolltes Resultat der Kooperation mit dem Natürlichen. Der Unfall seinerseits kommt wiederum aus einem Ineinander von menschlichem und natürlichem Wirken im Misslingen der Bändigung einer hoch riskanten Verdichtung zustande. Er »stammt letzthin aus einem *schlecht vermittelten, abstrakten Verhältnis der Menschen zum materiellen Substrat ihres Handelns«* – solche ungute, nur technologisch durchgerechnete Vermittlung steckt eben in der gewaltförmigen Verdichtung jener natürlichen Potenziale, nicht erst im Fehler bei ihrer Handhabung. Deshalb trifft Ernst Blochs Urteil auch auf eine hochgetrimmte Risikoabschätzung zu: Ein nur wissenschaftlich bzw. technologisch definiertes Planen und Rechnen für ein verringertes Risiko »bringt das bürgerlich-technische Naturverhältnis nicht aus seiner Abstraktheit.«[182] Auch die technische Katastrophe, wie jene von Tschernobyl, trifft daher die Menschen wiederum in Form von Naturgeschehen, nicht bloß mit den Wolken verdrifteten, strahlenden Materials.

Es muss außerdem noch angemerkt werden: Auch unsere üblichen Vorstellungen vom Verbrauch, zum Beispiel des in einem Atomkraftwerk erzeugten elektrischen Stroms, beruhen auf hochgradigen Abstraktionen und basalen Ausblendungen. Wenn wir diesen Strom für bestimmte Zwecke nutzen, ist er allenfalls im ökonomischen und im eingeschränkt technologischen Sinn ›verbraucht‹: für das Erzeugen von künstlichem Licht oder von Wärme, für den energetischen Antrieb von Maschinen, für die Beförderung chemischer und physikalischer Prozesse usw. Im Gesamtzusammenhang des Naturgeschehens betrachtet, wirkt aber die Elektrizität, die unter Ausnutzung natürlicher Rohstoffe und Energien durch die Technik erzeugt wird, viel weiter, über die zivilisatorische Vernutzung hinaus: Man denke zum Beispiel an den ›Lichtschmutz‹, der inzwischen nicht nur in Ballungsräumen, sondern bis in entlegene menschliche Lebensräume gravierende ökologische Probleme verursacht, oder an die Abwärme bei der Stromnutzung, die erheblich zur erhöhten Lufttemperatur in Städten und bei Industrieanlagen beiträgt. Wie sich Starkstromleitungen durch die enormen elektrischen Felder, die sie in ihren Umgebungen erzeugen, auf Lebensräume von Menschen, Tieren, Pflanzen auswirken, ist bislang nur ansatzweise untersucht – schon gar nicht bei den mittelfristigen Effekten, die jene

520-Kilovolt-Erdleitungen für die Bodenfauna und -flora bewirken, jene Mega-Trassen, die derzeit über viele hundert Kilometer in den Boden gesenkt werden, um die regenerativen Energien quer durch die Republik zu befördern.

Das Beispiel soll lediglich illustrieren, dass nicht nur die technologische und ökonomische Sicht auf die *Produktion* der zivilisatorischen Güter fast immer mit geradezu gewaltsamen Abstraktionen, mit systematischen Ausblendungen operiert, was die ökologischen (wie ebenso die sozialen) Zusammenhänge betrifft, in die jede Produktion eingebettet ist.[183] Sondern auch der *Verbrauch* (die klassische Definition des Konsums erfasst nur einen Teil davon) im wirtschaftlichen, vor allem aber im alltagspraktischen Verstande wird von solchen Abstraktionen und Ausblendungen bestimmt.[184] Das erweist sich eben nicht nur an der gigantischen, ubiquitären Vermüllung des Planeten. Das vermeintlich Verbrauchte lässt seine Energien, Prozessanteile, Verwandlungen weiterwirken unter anderem bei der Befeuerung des Klimawandels, des Artensterbens, der Zerstörung von Habitaten, der chemischen Veränderungen in den Ozeanen. Zu betrachten ist also nicht bloß der mitproduzierte und der beim Verbrauch übrigbleibende Abfall, vielmehr auch die sozusagen zivilisatorisch mitgelebte Einwirkung auf eine Vielzahl von nicht aufhebbaren Kooperationen mit anderen Lebewesen und vielerlei Dingen.[185] Wie gesagt, wir können die Zahl und die Komplexität dieser Mit-Wirkungen gar nicht überblicken, geschweige denn sie berücksichtigen, schon weil wir von den meisten vielleicht abstrakt-wissenschaftlich etwas wissen, nicht aber lebensweltlich im Vollzug Kenntnis haben.[186] Darauf ist zurückzukommen.

Und ein Zweites ist an dieser Stelle schon vorab zu vermerken: Jene nun schon mehrfach angeführten ungewollten Effekte menschlichen Handelns im natürlichen Gesamtgeschehen, deren Aufsummierungen uns inzwischen als katastrophale Naturereignisse und -prozesse entgegenkommen, jene in der strengen Zweckrationalität systematisch ausgeblendeten oder als Restrisiken unkalkulierbaren Nebenwirkungen des Gewollten erweisen sich, naturtheoretisch beleuchtet, ebenso sehr als Kooperationen mit dem Naturgegebenen wie die zielstrebig bezweckten Ergebnisse. ›Negativ‹ erscheinen die ungewusst mitproduzierten Effekte des Beabsichtigten nur insofern, als diese Anteile der menschlichen Kooperationen mit den natürlichen Potenzialen zunächst gewissermaßen stören, wenn wir unsere Zwecke verwirklichen wollen. Gerade in unseren technologisch avancierten, bis in die Winkel des Bewusstseins verwertungslogisch durchkalkulieren Lebensvollzügen, erscheint das (noch) nicht zweckrational Erfasste als das Auszugrenzende, das zum Verschwinden gebracht werden soll.[187] Das Ungewollte in unserem menschlichen Lebensvollzug, das immer und überall Teil des Denkens, Erklärens, Planens, Bewerkstelligens ist und dessen Naturbindung wir gemeinhin in unserem modernen Naturverhältnis eben systematisch, nach Maßgabe der dominanten Rationalität negieren, abdrängen, verschieben, oft gewaltsam unterdrücken, tritt – darin den psychischen Energien des im Triebhaushalt Verdrängten und Verschobenen vergleichbar – dann oft als gewaltförmiger Naturzusammenhang zutage. Wie dem, soweit es überhaupt vorstellbar und machbar ist, vorzubeugen sein könnte, darauf zielt das Nachdenken über Naturallianz.

Das heißt: Wir Menschen gehen auch dort und auch dann *nolens volens* Kooperationen mit der natürlichen Materie und den natürlichen Kräften ein, wo unsere Zweckrationalität und unsere Willensbildung längst geendet hat. Eigentlich ist das eine Binsenweisheit – jeder weiß, dass in den Sphären der *sozialen* Kooperation Handlungsimpulse, rationale Kalkulationen, vernünftige Begründungen weit über das Beabsichtigte hinaus wirken. Das aber gilt für die Sphären des Naturgeschehens in einem viel radikaleren Maß. Denn schon die bloße menschliche Existenz, das körperliche Da-Sein, beruht auf einer Unzahl verschiedenster Kooperationen mit biotischen und abiotischen ›Agenten‹ innerhalb und außerhalb unseres Körpers. Die meisten dieser Allianzen vollziehen sich völlig ungewusst.[188]

Wir sind mit zwei fundamentalen Herausforderungen für unser Denken konfrontiert. Die eine: Wir realisieren mit einer Unausweichlichkeit, die Angst hervorruft, dass in immer größerem, inzwischen globalem Ausmaß Auswirkungen unseres Handelns an und mit der Natur als unserem Willen entzogenes Naturgeschehen sich sozusagen umkehren, bedrohlich auf uns zukommen. Darin eine bloße Fehleinschätzung oder eine Nachlässigkeit bei unserem Tun zu unterstellen, verfängt nicht mehr. Wir beginnen, den im Naturzusammenhang unauflöslichen Doppelcharakter unserer noch so artifiziellen Hervorbringungen wahrzunehmen: In ihnen ist immer zugleich auf der einen Seite das Naturgegebene bearbeitet, verändert, in so nicht dagewesene Zustände transformiert. Deshalb erscheint uns das Erzeugte als nicht natürlich, artifiziell, als Gegenwelt zu dem Natürlichen. Auf der anderen Seite stecken in diesem Naturfernen noch so viel Naturkräfte und Naturprozesse, dass diese nicht nur letztlich noch unsere technisch künstlichsten Hervorbringungen wieder in den Naturzusammenhang zurückführen, auch wenn es im extremen Fall Zehntausende von Jahren dauern mag. Sondern das ›Naturpotenzial‹ in unseren zivilisatorischen Errungenschaften hat auch einen Eigenwillen, den wir nur zu einem Teil überblicken, berücksichtigen und schon gar nicht ausschalten können.[189]

Deshalb sehen wir uns gezwungen zu erkennen, dass viele unserer zweckgerichteten Aktivitäten ohne unerwünschte Folgen im Zusammenhang der natürlichen Lebensbedingungen gar nicht verwirklicht werden können – wenn wir sogenannte fossile Energien nutzen wollen, müssen wir die Speicherstoffe verbrennen, die entstehenden Gase tragen zum Aufheizen der Atmosphäre bei; wenn wir großflächig landwirtschaftliche Produkte in Monokulturen herstellen wollen, ist die Störung und Zerstörung der Humusbildung unvermeidlich, damit die Bodendegradation. Dies sind nur zwei der evidentesten, bereits stark ins Monokausale heruntergebrochenen Beispiele. Solche unklugen Praktiken abzustellen, zu vermeiden, ist geboten. Damit ziehen wir uns aber nicht gänzlich aus dem Problemzusammenhang.

Denn, um es am Beispiel der Nahrungsmittelerzeugung zu illustrieren, *jede* Form agrarischer – vor allem pflanzlicher – Produktion erfordert, ein naturgegebenes Ensemble durch Arbeit in einen Zustand zu versetzen, der einerseits hinreichend Nahrungsmittel erbringt, andererseits einigermaßen stabil bleibt, das heißt: die in Dienst genommenen natürlichen Wirkkräfte zu einer weitgehend selbsttätigen Reproduktion veranlasst. Damit sind die Möglichkeiten einer solchen Kooperation ziemlich streng begrenzt: Wenn das Mitwirken der natürlichen Prozesse und Kräfte sozusagen überfordert wird, bricht das menschlich anverwandelte Naturensemble zusammen – oder es entwickelt sich in eine für uns bedrohliche Richtung. Die moderne agro-industrielle Landwirtschaft hat längst jede näherungsweise stabile und für die genutzten Ensembles noch tragbare Kooperation mit dem Naturgegebenen aufgekündigt und gigantomanisch hinter sich gelassen: Die Böden werden nur noch als Substrat behandelt, nicht mehr als ein lebendiger Gesamtzusammenhang;[190] auch ihre durch Arbeit unterstützte Regenerationsfähigkeit ist weitgehend erledigt, nur übermäßige Düngerzufuhr erbringt noch lohnendes Pflanzenwachstum; die Regulation von Ökosystemen der agrarischen Flächen ist völlig ausgeschaltet, nur noch hohe Dosen von Herbiziden, Pestiziden, Fungiziden, Wachstumsregulatoren u. a. m. können die Monokulturen schützen und stabilisieren usw. usf. Die Abkoppelung der agro-industriellen Landwirtschaft von der menschlich mitbewirkten Regenerationsfähigkeit der Naturensembles ist Programm. Dafür zahlen wir alle einen hohen Preis, nicht nur mit der Verwüstung von auf Dauer lebenswichtigen Ökosystemen — was ja heißt: mit einer für unsere Absichten und Lebensbedingungen fatalen Eigendynamik der natürlichen Grundlagen –, sondern in den handfesten Bilanzen: Der Energiebedarf moderner Landwirtschaft übertrifft, rechnet man die unverzichtbaren peripheren Faktoren ein (Maschinenherstellung, Infrastruktur, Wasserverbrauch, Dünge- und Spritzmittelproduktion usw.), den in Vergleichsquanten umgerechneten Ertrag um ein Vielfaches.[191] Der Negativsaldo ist ein Ausdruck dessen, dass diese Form der agrarischen Produktion jede Kooperation, für die der Naturzusammenhang ›noch zu gewinnen ist‹, zielstrebig negiert.

Seit der sogenannten Neolithischen Revolution sind im Verlauf der Gesellschaftsgeschichte die vielfältigsten, regional sehr spezifischen Formen landwirtschaftlicher Kulturen ausgebildet worden. Das reicht vom kleinflächigen Wanderfeldbau, bei dem Garten- und Ackerland nur für wenige Jahre genutzt und dann wieder der Bewaldung überlassen wird, bis zu den enorm aufwändigen Reisterrassen Südostasiens oder den *Terra preta*-Kulturen hoch produktiver Böden in Mittel- und Südamerika. Längst nicht alle dieser Nutzungs- und Bearbeitungsweisen waren über längere Phasen stabil, manche haben die Böden überstrapaziert, andere konnten nicht an veränderte Umweltbedingungen angepasst werden, wieder andere beruhten auf sehr labilen sozialen Konstellationen. Hungersnöte, erzwungene Migration, Zusammenbrüche ganzer Gesellschaftsformationen waren die Folgen. Aber viele solcher vormodernen, regionalen und meistens kleinflächigen agrarischen Produktionsweisen wurden durch Rückkoppelungen in die natürlichen Regulationen aufrechterhalten. Dieses Austarieren mit den natürlichen Prozessen und Kräften der unmittelbaren Umgebung beruhte auf einer extrem hohen Aufmerksamkeit, mit der die Eigentätigkeit der Natursysteme beobachtet und veranschlagt wurde. Das Wissen davon wurde durch Erfahrung der Generationen akkumuliert und über relativ feste kulturelle Traditionen weitergegeben, oft religiös ausgeformt.[192]

Wir ›aufgeklärten‹ Neuzeitmenschen haben uns unwiderruflich von solchen Praktiken der Kooperation mit dem Natürlichen entfernt. Folgerichtig nimmt die moderne Landwirtschaft, im Zuge der unerbittlich global durchgesetzten Wirtschaftsweise und Ressourcennutzung, auf die Naturbeschaffenheit und die landschaftliche Umgebung der Agrarflächen kaum noch Rücksicht – beispielsweise werden auf sehr mageren, sandigen Böden mit Hilfe der Technik, starken Düngemittelgaben und Spritzmitteln hohe bis sehr hohe Erträge erzielt, und die enormen Flächen der für Landwirtschaft genutzten, entwässerten oder abgebauten Moore haben gewaltige Mengen an $CO_2$ emittiert und weite Landschaften tiefgreifend verändert. Außerdem blockt die extrem industrialisierte Agrarproduktion fast jede lebensweltliche, sinnliche Wahrnehmung der Naturgegebenheiten und -prozesse ab[193]: Die Arbeitenden sind fast immer in die apparativ bestens ausgestatteten Kabinen großer, technisch avancierter Maschinen eingeschlossen bzw. in den mit Robotern bestückten Ställen und Anlagen von den Tieren getrennt. Informationen über Böden, Feuchtigkeit, Pflanzenwuchs usw. oder über das Tierwohl erhalten sie von digitalisierten Geräten, der direkte Kontakt mit Nutzpflanzen und immer mehr auch mit Nutzieren nimmt ab. Die Ingenieure tüfteln an automatisierten Abläufen und autonomen Steuerungen, bis hin zur GPS-gelenkten Spritzmittel- und Düngergabe für die einzelne Pflanze. Landwirtschaftliche Arbeit ähnelt immer mehr der Fabrikarbeit, nur dass als ›produktive Einheit‹ noch das »Pflanzen- bzw. Tiermaterial« gebraucht wird – so bezeichnen es tatsächlich betriebswirtschaftliche Ansätze. Das Verhältnis zum Naturgegebenen wird so in der konkreten Aneignung immer abstrakter. Aber solche Abstraktion schlägt auf das Subjekt zurück: Der Landwirt muss sich immer mehr als Organisator und Zuarbeiter nach Maßgabe der Maschinen und Apparaturen begreifen – wenn beispielsweise eine von 400 oder 700 Kühen kränkelt, meldet das die Analyseeinheit am Melkroboter oder der Kleincomputer am Vorderbein, nicht der kundige Blick und die fühlende Hand, das Tier wird automatisch in die Box für den Tierarzt gelenkt; und wann das Korn erntereif ist, verkünden die Messgeräte, nicht die Ähre zwischen den Fingern. Die agrarische Massenproduktion erzwingt die Einstellung ›apparativ geht alles genauer, sicherer, leichter, schneller‹, die Beziehung des Subjekts zu den Naturwesen ist nahezu irrelevant. Wer da nicht mithält, wird ökonomisch und strukturpolitisch aussortiert.[194]

In der Logik der global weitgehend herrschenden Produktions- und Wirtschaftsweise erscheint als der einzige Ausweg aus den krisenhaften Rückkoppelungen der in Dienst genommenen Naturpotenziale, die Entfernung unserer zivilisatorischen Hervorbringungen vom Naturgegebenen radikaler zu betreiben. Um beim Beispiel der Nahrungsmittelproduktion zu bleiben: Längst werden Formen der landwirtschaftlichen Erzeugung etabliert und mit aller Macht vorangebracht, bei denen für pflanzliche Nahrungsmittel Boden gar nicht mehr gebraucht wird, sondern wo künstliche Substrate, Nährlösungen, Belichtungen, Wachstumssteuerungen die Lebensgrundlagen für genetisch veränderte Pflanzen bilden. Und Tiere entstehen ohnehin nur noch aus künstlicher Befruchtung, mehr und mehr als Retortenzüchtung, sie werden nicht nur ihr zumeist kurzes Leben lang völlig fern jeder natürlichen Umgebung gehalten, mit industriell produzierter Nahrung versorgt, sondern auch in krassester Weise als Fabrikware getötet und verarbeitet. Folgerichtig sind schon viele Lebensmittel auf dem Markt, in denen die natürlichen Grundstoffe gar nicht mehr erkennbar und sinnlich erfahrbar werden: industriell kreierte Weine, Brot ohne Getreidegehalt, ›vegetarisches Fleisch‹, ›Analogkäse‹, Fruchtgetränke ohne Fruchtanteil, rein synthetische Nahrungsergänzungsmittel. Wir haben uns bereits so sehr an die industrielle Fertigung der Lebensmittel gewöhnt, dass vielen Kindern und auch Erwachsenen Naturprodukte zuwider sind und dass die natürliche Herkunft von Eiern, Milch, Früchten, Mehl aus dem Bewusstsein verschwindet. Das ist zumindest von den technisch und wirtschaftlich Tonangebenden gewollt: Wenn die Naturgrundlage unserer Ernährung nicht nur faktisch – in Wahrheit allerdings scheinhaft – weitgehend durch künstliche Produkte ersetzt wird, sondern wenn deren überbordende Verfügbarkeit auch in der Wahrnehmung der Menschen als der erstrebenswerte

Normalzustand gilt, lässt sich das technisch Erzeugte als die ›bessere Natur‹ verkaufen.

Dabei werden nicht nur die manchmal völlig unbekannten, zumindest aber verschwiegenen gesundheitlichen Risiken unterschlagen. Sondern ausgeblendet bleiben muss auch, dass die Erzeugung und Verbreitung industrieller oder gar synthetischer Lebensmittel immer massivere Naturverfallenheit bedingt. Der gigantische Verbrauch von Energie und Wasser bei der weitgehend technisierten Produktion von Gemüse und Obst etwa in den Niederlanden oder in Südspanien liefert nur erste Hinweise – in Spanien droht bereits die Trinkwasserversorgung zusammenzubrechen. Die regelrecht absurde Logistik beim Herstellen und Vertreiben der Produkte mit all ihren Auswirkungen auf Infrastrukturen, Klimabilanzen, Ressourcenverbrauch gibt Anlass für Kabarettscherze, etwa vom Fruchtjoghurt, der durch halb Europa fahren musste, bis er im Kühlschrank des Nachbarn eines Landwirts steht, der die Milch geliefert hat, oder von den Nordseekrabben, die bis nach Marokko gereist sind, ehe sie auf dem Brötchen am Hafen von Cuxhaven angeboten werden.

Die stellvertretenden, verkürzten Hinweise sollen veranschaulichen, was als allgemeines Naturgesetz im Wortsinn formuliert werden kann: Je weiter die durch Arbeit und Technik hergestellten Zustände und Erzeugnisse sich vom Naturgegebenen entfernen, desto höher ist der Verbrauch an Energie und anderen natürlichen Ressourcen, desto schwieriger wird die Steuerung der erreichten Zustände und Prozesse, desto gravierender summieren sich die nicht beabsichtigten, als Naturvorgänge erscheinenden Nebenwirkungen auf. Das gilt selbst für die als Königsweg gepriesene Digitalisierung – längst ist beispielsweise offenbar, dass der Energiebedarf digitalisierter Technik und Kommunikation alle Einsparungen, die in Bereichen der ›alten‹ Technik und Infrastruktur erreicht werden, weit übersteigt; dass die Umstellung der motorisierten Mobilität auf elektrische Fahrzeuge eben nicht das Problem der Umweltbelastung durch Verkehr entscheidend reduziert; dass die gigantomanische Technik zur Nutzung der so genannten regenerativen Energien – auch jenseits der immer absurderen infrastrukturellen und standortbezogenen Auswirkungen – gewaltigen neuen Ressourcenverbrauch, indirekt auch Energieaufwand hervorruft.[195] Das sind nur grobschlächtig isolierte, beinahe beliebig herausgegriffene Fallbeispiele. An ihnen verdeutlicht sich, wie mit der Stufenfolge artifizieller, vor allem technisch bewerkstelligter Lebensbedingungen und gesellschaftlicher Praktiken eben nicht sich das menschliche Dasein ›von der Natur entfernt‹, sondern die unaufhebbare Naturgebundenheit, unter anderem mit den Rückkoppelungen aus Naturprozessen, nur verschiebt und verlagert, insgesamt aber umso schwerwiegender aufaddiert und umso weniger noch Korrekturen möglich macht. Dass es zum Beispiel so außerordentlich schwierig erscheint, Maßnahmen gegen ein Fortschreiten des Klimawandels politisch und lebenspraktisch durchzusetzen, liegt eben nicht nur am Machtwillen, der Gier, der Kurzsichtigkeit der Machthabenden und am Egoismus, der Bequemlichkeit, der mentalen Trägheit der gesellschaftlichen Mehrheiten. Es hat seine Ursachen auch darin, dass das über mehrere Jahrhunderte praktizierte, unbedachte und in vielem gewaltförmige Zusammenwirken mit dem Naturgeschehen diesem eine Dynamik gegeben hat, deren Dimension und Komplexität gesellschaftlich organisierbares Handeln überfordert.

Um beim Beispiel zu bleiben: Wie sehr anthropogen dynamisiertes Naturgeschehen nicht nur den sogenannten normalen Bürger überfordert, sondern auch die wissenschaftlichen Expertinnen und Experten, kann man sich an den zeitlichen Entwicklungen des Klimawandels vor Augen führen. Die in den letzten zwei Jahrhunderten, vor allem aber in den letzten sechs bis sieben Jahrzehnten aufsummierten Impulse für eine Erwärmung der Erdatmosphäre werden auch dann noch wahrscheinlich für Jahrhunderte weiterwirken, wenn wir in der Lage wären, sofort sämtliche derartigen Auswirkungen menschlicher Aktivitäten zu unterbinden. Das heißt: Wir müssen eine nach unseren Zeitvorstellungen sehr lange wirkende Eigendynamik der entscheidend von uns beeinflussten Naturvorgänge veranschlagen. Sie erklärt sich abstrakt rechnerisch aus physikalischen Gegebenheiten, meteorologischen Strukturen, chemischen Reaktionen, Bewegungsenergien usw. in der Atmosphäre, verquickt mit Vorgängen in den Ozeanen, den Regenwäldern, den vereisten und vergletscherten Partien der Erdoberfläche und vielen weiteren Faktoren. Erfahren, konkret auf unser Leben bezogen wird diese Dynamik aber als schieres, kaum beeinflussbares Naturgeschehen. Geo- und Bio-Engineering nähren den Wahn, wir könnten mit wenigen gewaltigen, technisch enorm aufwändigen Eingriffen ins Geschehen die Dynamik nach unseren Vorstellungen wenden. Unbestreitbar würden die nicht kalkulierbaren Nebeneffekte ins Gigantische anwachsen, die tatsächliche Richtungsänderung lässt sich nicht zuverlässig ausrechnen. All dieses würde sich, wie der jetzt schon vorangetriebene Klimawandel, in Zeiträumen abspielen, die nicht nur über unser individuelles Erleben, sondern über unser Vorstellungsvermögen vom Zukünftigen weit hinausreichen. Will sagen: Wir müssen in dem, was wir jetzt tun, auf eine für den globalen Naturzusammenhang – und damit vielleicht auch für die Spezies Mensch – günstige Tendenz in dem selbsttätigen Naturgeschehen hoffen. Diese Hoffnung übersteigt das rechnerische Veranschlagen bekannter Gesetze für die natürlichen Prozesse und bekannter Eigenschaften lebender und nicht lebender Systeme. Wir haben allen Grund, Modellrechnungen ernst zu nehmen, dass die in Gang gesetzten Eigendynamiken in allernächster Zeit bestimmte Kipp-Punkte in klimatischen Schlüsselkonstellationen erreichen, so dass die jetzt schon bedenklichen Entwicklungen in eine kaum vorhersehbare Wucht komplexer Geschehenszusammenhänge umschlagen.[196]

Alle die skizzenhaft zusammengestellten Konkretionen der entworfenen Problematik laufen auf die Frage hin, wie wir uns das unabdingbare und unaufhebbare Zusammenwirken der menschlichen Subjekte mit den Strebungen und Dynamiken des Natürlichen so vorstellen können, dass eine konkrete, produktive Vermittlung statthat, nicht ein letztlich neunmalkluges ›Überlisten des immanenten Agens‹ im Naturgegebenen und eine destruktive, gewaltförmige Aneignung. Ernst Bloch hat für ein sich produktiv entwickelndes, lebendig vermitteltes Verhältnis zu den natürlichen Potenzialen den Begriff der ›Naturallianz‹ vorgeschlagen.[197]

## Dritte Unterbrechung: Der Eigensinn der Olivenbäume

Ölbäume gehören zu den ältesten Nutzpflanzen der Menschen. Die biblische Taube, die nach dem Ende der Sintflut einen Ölbaumzweig zur Arche Noah zurückbringt – Zeichen für den Frieden, den Gott mit übrig gebliebenen Menschen und Tieren schließt –, hat den kleinen Zweig womöglich gar nicht von einem regelrechten Baum abgebrochen, sondern von einem Busch, der mit Dutzenden und Aberdutzenden von Sprossen aus einem knorrigen Wurzelstock wuchs. Wir können das Naturereignis einer gigantischen Überschwemmung im ›fruchtbaren Halbmond‹ des Vorderen Orients, trotz aller Bemühungen der Archäologen, nicht näher datieren. Und wir wissen auch nicht, wann das Olivengewächs in Kultur genommen wurde. Versteinerte Funde von Zweigen und Blättern weisen ein Alter von mindestens 50.000 Jahren auf, aber die frühesten, gesicherten Zeugnisse der Nutzung von Oliven, die von Kulturformen der Pflanze stammen können, werden in die frühe Bronzezeit datiert, ins vierte, höchstens fünfte Jahrtausend vor Christus. Damals wurde Holz von Olivenbäumen, zum Beispiel auf Zypern, für die Schmelzöfen genutzt, in denen man Bronze herstellte.

Das heißt: Damals muss der wilde Ölbaum – in erster Linie *Olea europaea ssp. sylvestris* –, der von Natur aus keinen hochgewachsenen Stamm ausbildet, schon von Menschenhand zu eben einem regelrechten Baum kultiviert worden sein, dessen Holz man dann auch verfeuern konnte. Heute wird der Echte Olivenbaum als eigene Unterart von *Olea europaea* betrachtet, die sich relativ leicht zu einer baumartigen Wuchsform ›erziehen‹ lässt. Kultiviert wurde das Gewächs vor allem durch die Auslese ertragreicher Varianten der Wildform, nach der Größe, dem Ölreichtum oder einem besonderen Geschmack der Oliven. Vermehrt wurden die ausgelesenen Varianten ausschließlich mit Stecklingen, durch die Bewurzelung von abgeschnittenen, jungen Trieben. Die Olivenbäume, so wie sie uns aus den alten Hainen im Mittelmeerraum vertraut sind, entstehen durch Beschnitt: Beinahe vom ersten Austrieb an, wenn der bewurzelte Steckling sich verzweigt, müssen alle niedrig ansetzenden Zweige und alle weiteren Sprossen, die aus dem sich langsam ausbreitenden Wurzelstock aufschießen, weggeschnitten werden, so dass die Wuchskraft in den einen Trieb geht, der zum Baum werden soll.

Olivenbäume wachsen sehr langsam und bilden ein extrem hartes, verzwirbeltes Holz aus. Es dauert also viele Jahre, bis ein Trieb zu einem Baum wird, dessen knotiges Wurzelwerk in tiefere Erdschichten reicht und der aromatische Früchte trägt. Die Blüten, aus denen die Oliven entstehen, bilden sich nur an jungen Trieben, was wiederum bedeutet, dass der Baum jedes Jahr beschnitten werden muss, damit Jungtriebe an den gewünschten Stellen aus Wuchsknospen entstehen, so dass sich ein gut belüfteter, möglichst ›erntefreundlicher‹ Baum herausbildet. Beschnitte man den Baum nicht regelmäßig, entstünde ein verfilztes Gewirr von jungen und alten, oft schon abgestorbenen Zweigen in einer formlosen Krone, und aus dem Wurzelstock würden viele neue Sprossen aufschießen, die sich zu einem Busch um den knorrigen Stamm schlössen, aus dem hie und da auch noch Triebe herauswüchsen.

Olivenbäume können sehr alt werden. Die ältesten Exemplare, auf Kreta, in Umbrien, in Andalusien, von denen man sichere Daten gewonnen hat, sind über eintausend Jahre alt, manche über zweitausend, vereinzelt sogar über dreitausend Jahre. Diese Methusalems unter den Olivenbäumen wurden wahrscheinlich schon zu Zeiten der sagenhaften mykenischen Kultur gepflanzt und erzogen. Ihr Stamm, mit Umfängen von sechs, acht oder auch zehn Metern, gleicht einer wulstigen, zerklüfteten Holzskulptur – der Stamm teilt sich gleichsam in eine Vielzahl von Strängen, die von mehr oder weniger dickem Splintholz und Rinde umschlossen sind. Das führt dazu, dass sehr alte Olivenbäume oft in mehrere Stämme aufgespalten, zumindest tief zerklüftet sind.

Die Überlebenskraft von Olivenbäumen ist legendär. Auch radikal gekappte Stämme treiben wieder aus, und wenn ein Frosteinbruch die Stämme hat aufplatzen lassen, so dass die Leitungsbahnen zerstört sind, entstehen meistens aus dem Wurzelstock wieder junge Sprossen. Aus der Baumruine wieder einen nutzbaren Olivenbaum heranzuziehen, dauert dann allerdings sehr lange. Vielleicht hat man in den Erzählungen des Alten Testaments auch deswegen den Olivenzweig zum Symbol des erneut aufblühenden Lebens auf der verwüsteten Erde gewählt: Der Olivenstrauch bzw. -baum ist sozusagen nicht totzukriegen.

Weshalb setze ich an diese Stelle des Essays eine sehr verknappte Schilderung seiner Eigenart? Alte Olivenbäume geben beinahe einzigartige Beispiele für die Kooperation, die Allianz zwischen menschlichem Wollen und natürlichen Strebungen. Man kann diese Allianz unterschiedlich interpretieren. Sie ließe sich als ein fortwährender menschlicher Gewaltakt auffassen, mit dem das Ölbaumgewächs – entgegen seinen in ihm angelegten Strebungen, buschartig oder höchstens mit einem kurzen, wulstigen Stammansatz zu wachsen – durch ständiges Beschneiden gezwungen wird, die Gestalt eines mitunter fünf, sechs, sieben Meter hohen und ausladend verzweigten Baums auszubilden. Der schier unbändige Lebenswille der Pflanze wird dadurch umgebogen und in eine den Menschen genehme, nutzbare Form gelenkt, gegen die der Baum eigentlich ständig anarbeitet. Nicht umsonst verdeutlicht ein Fachausdruck, dass auch diese Pflanze ›erzogen‹ werden muss, um zur dienstbaren Nutzpflanze zu werden. Diese Erziehung ist gegen den ›Eigensinn‹ des Ölbaums gerichtet.

Eine andere Deutung für die Naturallianz, die in den Olivenbäumen sichtbar (und genießbar) geworden ist, würde die harten

›Erziehungsmaßnahmen‹ nicht leugnen, mit denen das lebendige Gewächs veranlasst wird, eine übrigens regional unterschiedliche Baumgestalt anzunehmen und die Absichten der Menschen für seine Nutzung zu begünstigen. Aber diese umgestaltende Zähmung des Olivenbaums begünstigt die Pflanze auch: Schädlinge werden möglichst ferngehalten, bei extremer Trockenheit wird unter Umständen gewässert, Totholz wird entfernt, Wuchskonkurrenz reguliert. In alten Hainen wurden zudem Olivenbäume in Mischkultur gepflanzt: Aprikosen- und Mandelbäume waren untergemischt, manchmal gab es und gibt es auch noch Birn- und Nussbäume, Johannisbrotbäume, in Italien manchmal auch Zypressen. Und eingestreut waren früher kleine Weinkulturen, Gemüse- und Kräuterbeete, am Rand wuchsen gelegentlich Opuntien. Vieles davon diente der bäuerlichen Selbstversorgung, es machte die Olivenkulturen aber auch widerstandsfähiger, weil sich Schädlinge und Krankheiten nicht so gut ausbreiten konnten.

Vor allem aber: Bei traditioneller Pflege und Ernte wurden die Bäume gut behandelt. Sie galten als ehrwürdige Gewächse, die oft eine lange familiäre Tradition und eine lokale Geschichte repräsentierten. Olivenbäume durch eine sorgsame Behandlung am Leben zu halten und an die nächste Generation zu übergeben, war ein ungeschriebenes Gebot.[198] Die Bedeutung von Respekt und Fürsorge lässt sich auch aus mythischen Erzählungen über den Ursprung und die soziale, vor allem die religiöse Bedeutung der Ölbäume ablesen. Nicht nur, weil Olivenöl als Salböl verwendet wurde, sah man die Bäume mit den Göttern verbunden.

Die Bäume waren Nutzpflanzen, Olivenöl stellte im Mittelmeerraum über Jahrtausende eines der wichtigsten Handelsgüter dar, wurde wahrscheinlich von den Minoern auf Kreta bereits in der Bronzezeit bis zu den Nordseeanrainern transportiert. Die Allianz mit den unglaublich langlebigen Bäumen ist auch ein kulturelles Verhältnis, das von regelrecht religiöser Verehrung bis zu einer festen emotionalen Verbindung zwischen Mensch und Baum reichen konnte.

Zeitgemäße, ›fortschrittliche‹ Olivenöl-Produktion negiert diese kulturelle Komponente in der Naturallianz völlig. Vielfach werden Olivenbäume heute als geschlossene Reihen von Halbstämmen gepflanzt. Einige wenige Sorten werden in riesigen Monokulturen angebaut. Mit hochrädrigen Fahrzeugen, ähnlich wie im agro-industriellen Weinbau, werden Ernte und Beschnitt in einem Arbeitsgang erledigt. Das führt zu einer nicht mehr austarierten Mischung von Oliven verschiedener Reife, die zudem abgeschlagen und nicht geschüttelt werden. All das mindert die Qualität des Öls entscheidend, erlaubt aber, mit wenig Personalaufwand in kurzer Zeit große Mengen zu gewinnen. Weil die Bäume weder Zeit noch Anlage haben, ihre Wurzeln tief in den Boden wachsen zu lassen, erreicht der Stoffaustausch die tiefen mineralischen Schichten nicht, von denen die Aromabildung abhängt. Der maschinelle Schnitt unterscheidet nicht nach alten und jungen Trieben, achtet nicht auf Durchlüftung und Belichtung, kupiert, statt sorgfältig an den Gabelungen und Triebansätzen zu schneiden. Kurz: Die Olivenbäumchen werden, wie die Spindelbäume im Obstanbau und die Weinreben in der maschinellen Kultur, zum lebendigen Industrieprodukt, für das Sensibilität, Respekt, Kennerschaft, Sorgfalt und ein sinnliches Verhältnis nicht vorgesehen sind.

Seit Jahren bin ich, von meinen Kenntnissen und Fähigkeiten aus, mit einem mittelständischen, alternativen Unternehmen verbunden, das einerseits die traditionellen, kleinen und meistens familiären oder kooperativen Olivenöl-Manufakturen im Mittelmeerraum durch eine kluge Strategie ohne Zwischenhandel zu unterstützen und weiterentwickeln sucht. Fast alle beteiligten ›Oliviers‹ (und ›Oliverières‹) bewirtschaften alte und sehr alte Haine, weil nur alte Bäume mit ihren Tiefenwurzeln die volle Aromavielfalt der verschiedenen Sorten erbringen, und alles bis zur Verarbeitung der geernteten Oliven beruht auf Handarbeit, weil nur sie eine artgerechte, schonende und qualitativ hochwertige Olivenbaumkultur ermöglicht. Auf der anderen Seite wird in dem

Unternehmen für die avancierteste Technik der Olivenölerzeugung mit zum Teil völlig neuen Maschinen gearbeitet, die sowohl die Unabhängigkeit von den großen, auf Massenproduktion ausgerichteten Ölmühlen ermöglichen sollen als auch die penibelste Kontrolle und Steuerung der Prozesse. Immer wieder kommen die Erzeugerinnen und Erzeuger mit Fachleuten zu Weiterbildungen zusammen. So entsteht eine kleine Gemeinschaft von tatsächlich weltweit führenden Manufakturen, fast alle der erzeugten Öle gewinnen hohe und höchste Auszeichnungen. Inzwischen hat der Gründer das Unternehmen einer Genossenschaft übergeben. Sie bildet aus Gewinnanteilen einen Fonds, mit dem Projekte in Gang gesetzt werden, die ökologisch fundierte Strategien entwickeln, um die Haine widerstandsfähig gegen die Folgen des Klimawandels werden zu lassen. Denn die Wetteranomalien im Mittelmeerraum sind keine seit jeher beobachteten Einzelerscheinungen mehr, sondern sozusagen abnormale Normalität geworden, mit gravierenden, auch ökonomischen Folgen für die Manufakturen. Den immer häufiger zu verzeichnenden Verlusten, bis zu Totalsaufällen der Ernte, kann man nur begegnen, wenn man das traditionelle Wissen von den Olivenbaumkulturen mit den fortgeschrittensten Erkenntnissen zu Mikroklimaten, Bodenpflege, Mischbepflanzungen, Wasserhaushalten, Wuchs- und Erntezyklen und anderem mehr verbindet. Zugleich aber zeigt sich immer unabweisbarer, dass beinahe regelmäßig Ausfälle bei Ernte und Qualität eintreten, die von den Erzeugerinnen und Erzeugern nicht allein getragen werden können. Deshalb fungiert die Genossenschaft – in der inzwischen mehrere hundert Kundinnen und Kunden sich zusammengeschlossen haben – auch als eine Solidargemeinschaft, die im Einzelfall, etwa durch kollektiv beschlossene Sonderabgaben auf den Verkaufspreis, Manufakturen vor dem drohenden Ruin bewahrt – man könnte sagen: ein Musterfall für die notwendige Verbindung von Naturallianz und sozialer Allianz.

Das Intermezzo zur traditionellen und zur technisch avancierten Olivenkultur, ein denn doch flüchtiger Durchgang durch ein weit in viele Richtungen führendes Thema, hebt das Selbstverständliche ins Bewusstsein: Naturallianz enthält zwangsläufig auch kulturelle Energien und Impulse, die Menschen können die Bewegungen ihres Willens und Strebens nur in der kulturellen und sozialen Praxis formen. Ohne Kultur- und Sozialgeschichte ist Naturallianz ebenso wenig konkret zu verdeutlichen wie ohne ökologische und naturgeschichtliche Einsicht. Dass selbst damit noch nicht alles Notwendige gesagt werden kann, sollen die Unterbrechungen in diesem Essay bezeugen.

# IV. Subjekt und Allianz

## Ernst Blochs Utopie der Naturallianz – eine Anknüpfung

In seinem großen Werk *Das Prinzip Hoffnung* beschäftigt sich der Philosoph im zweiten Band mit dem Naturverhältnis, das bislang die neuzeitlich-abendländische Kultur beherrscht. Es sei zutiefst geprägt von einem Unterwerfungswillen der planerisch, manipulativ, technisch begabten Menschen gegenüber einer als bloße Ansammlung von Objekten verstandenen Natur. Bloch zitiert Francis Bacon, einen der Vordenker und maßgeblichen Theoretiker eines auf ›exakte Wissenschaft‹ gegründeten und mit der Technik praktisch werdenden Umgangs mit der Natur. Bacon – der bereits Anfang des 17. Jahrhunderts das wiederholbare, strengen Regeln unterliegende Experiment an und mit Naturphänomenen als einzige Möglichkeit bestimmte, sicheres Wissen über die Naturerscheinungen zu gewinnen – formulierte die berühmte Maxime, man müsse die Naturgegebenheiten ›auf die Folter spannen‹, damit sie ihre Beschaffenheit und ihre inneren Gesetzmäßigkeiten preisgäben.[199] Recht verstandene Wissenschaft werde nicht »eine Werkstatt für die Gewinnsucht und den Wucher, sondern ein reicher Warenbehälter, eine Schatzkammer zu Ehre des Werkmeisters aller Dinge und zum Heil der Menschheit.«[200]

Bloch weist darauf hin, dass für Bacon zwar »das Heil der Menschheit«, begriffen als das biblisch legitimierte *regnum hominis*, das befriedete Reich einer gelungenen Naturbeherrschung, das vorläufig utopische Ziel auch der Wissenschaft sei. Aber für Bacon bedeute Naturbeherrschung noch, dass eine Erkenntnis und eine Aneignung des Naturgegebenen den Bewegungen und

Kräften der *natura naturans*, der eigentätigen, schöpferischen, sich selbst weiterentwickelnden Natur folgen, ja regelrecht gehorchen müsse. Bloch führt Bacons Lehrsatz an: »›*Natura parendo vincitur*‹, Natur wird durch Gehorchen besiegt [...]«.[201] In der Theorie und Praxis der entfalteten bürgerlichen Naturbeherrschung werde aber das Bewusstsein, auf die Eigengesetzlichkeit und Eigentätigkeit der Naturerscheinungen angewiesen zu sein, von einem ausbeuterischen und gewalttägigen Umgang mit dem Natürlichen abgedrängt. Damit erzeuge das vorherrschende, für Wissenschaft und Technik verbindliche Naturkonzept ein völlig abstraktes Naturverhältnis, weil dem erkennenden und tätigen menschlichen Subjekt keine selbst agierende, allenfalls eine mechanisch funktionierende Naturentität gegenübertrete.[202] In der abendländisch-neuzeitlichen, spezifisch bürgerlichen Wissenschaft und Technik werde jeder »inhaltliche Bezug«, das heißt: jedes auf lebensweltliche Erfahrung von Wechselwirkung, unabdingbares Angewiesensein, auch auf Vertrauen in die Naturgegebenheiten gegründetes Verhältnis zur natürlichen Mitwelt ausgeblendet und im Handeln negiert.[203]

Sogar nicht-menschliche Lebewesen – Pflanzen, Tiere – werden dadurch zur bloßen Sache, wie es uns das Bürgerliche Gesetzbuch heute noch vorbuchstabiert. Dies ist der Springpunkt der spezifisch neuzeitlichen Entfremdung von der Natur. Das aber bedeutet, nach Bloch, den Verlust des vorwärtsweisenden Potenzials auch der Technik für eine wahrhaft humane Gesellschaft. In der Perspektive auf eine »konkrete Utopie« dieser Bestimmung der Gesellschaftsentwicklung müsse daher ein Naturverhältnis entworfen werden, in der »das Subjekt mit dem Naturobjekt, das Naturobjekt mit dem Subjekt vermittelt werden und beide sich nicht mehr zueinander verhalten als zu einem Fremden.«[204]

Wie kann das gedacht und angestrebt werden? Bloch führt den Grundgedanken Schellings von dem ständig in Bewegung gehaltenen Wechselbezug des Auseinandergetretenen, aber durch das eine ›Subjekt-Prinzip‹ aufeinander Bezogenen hinüber in einen gesellschaftstheoretischen Entwurf, der auch eine Emanzipation vom ›verdinglichten‹ Naturverhältnis enthält. Er setzt für diese Utopie den leicht misszuverstehenden Begriff eines ›Natursubjekts‹ an. Die den Menschen objektiv, das heißt: in einer nicht zu überspringenden Andersheit gegenübertretenden Naturerscheinungen sollen mit dem ihnen innewohnenden ›Agens‹ erkannt und anerkannt werden. Scheint es bei diesem Ansatz zunächst um ein ›Subjekt dem Begriff nach‹ zu gehen, in der kategorialen philosophischen Bestimmung, so ist für Bloch die konkrete Immanenz des Wollens, der sich entfaltenden Potenz in den Naturerscheinungen immer zugleich gemeint. Das Verhältnis des menschlichen Subjekts zu ihnen sei zu begreifen als das einer konkreten Wechselwirkung von menschlicher Absicht, Rationalität, Planung, Handlung und natürlichen Strebungen, Potenzialen, Kräften, Entwicklungen. Damit hätte das Hegelsche Postulat vom »blinden Tun« der Natur endgültig ausgedient, und mit ihm die gängige Vorstellung, erst die »List« im menschlichen Ausnutzen der Naturkräfte verwandle die »eigene Tätigkeit der Natur« zu einem »zweckmäßigen«, und das meint: im Gang der Weltgeschichte bestimmungsgemäßen Geschehen.[205] In trivialisierter Form regiert eine solche Auffassung ja nicht nur in großen Bereichen der so genannten exakten wie der angewandten Wissenschaften – bis hin zur Gen- und zur Nanotechnologie, zur Atomphysik, zur Reproduktionsmedizin –, sondern auch beispielsweise in Theorien der ›Inwertsetzung von Natur‹, in der Praxis vieler alternativer Technologien, ohnehin auf krasse Weise in der globalisierten Ökonomie und Politik.

Bloch sah schon während des Zweiten Weltkriegs klar voraus: »So wird das Problem des zentral vermittelten Naturbezugs das dringendste; die Tage des bloßen Ausbeuters, des Überlisters, des bloßen Wahrnehmers von Chancen sind auch technisch gezählt.«[206] Und er führte – mit einigen durchaus problematischen Begriffen – die lange menschheits- und auch philosophiegeschichtliche Präsenz der ›anderen‹ Positionierung von *Homo sapiens* im Zusammenspiel des Naturgeschehens an:

Jeder technische Eingriff enthält Wille zum Verändern, ohne daß jedoch dem bloßen Überlister das X des zu Verändernden bekannt, ja auch nur vorhanden sein müßte. Ein Agens der Erscheinungen wird zwar zugegeben, doch nur als ein schlechthin uns unverwandtes, entfremdetes, als eines ohne Subjekt. Kinder und Primitive fügen noch ein Subjekt, ihrem eigenen Ich entsprechend, ohne weiteres in physische Vorgänge ein. Und weniger naiv, weniger unmittelbar dem eigenen Ich analog findet sich ein Subjekt auch in späteren nicht-animistischen Naturauffassungen, sofern sie nur keine quantitativen sind.[207]

Sogar in Kants notwendig transzendentalem, mithin nur gedachtem und nicht in den Naturvorgängen erscheinendem Subjekt erkannte Bloch ein Aufscheinen der Frage nach dem Natursubjekt in der mit der Natur vermittelten Absicht und Tätigkeit des Menschen.

Die naturtheoretische Überlegung läuft also nicht auf eine simple Analogie von menschlichem Subjekt und Natursubjekt oder auf einen neuen Animismus hin, auch nicht auf eine ›Spiegelung‹ menschlicher Subjektivität in der Natur. Die vielen in indigenen Kulturen hoch entwickelten Annahmen von einem der menschlichen Sozialität analogen, verwandtschaftlichen Verhältnis zu den verschiedensten Naturerscheinungen müssen übrigens anders verstanden werden denn als bloß erkenntnistheoretisch unbedarfte Übertragung vertrauter interpersoneller Bezüge, als eine wahnhafte Projektion ›unterentwickelter‹ Subjektivität und Personhaftigkeit auf die nicht-menschliche Mitwelt. Sie sind *eine* je kulturell geformte Ausprägung des nicht hintergehbaren »epistemischen Anthropozentrismus«[208], der gleichwohl die Andersheit der begegnenden Naturphänomene nicht aufhebt, sondern ausdrücklich deren Eigenwillen und Eigentätigkeit, ja deren potenzielle Übermacht und Unberechenbarkeit anerkennt. Es lässt sich ja selbst in unseren westlichen, wissenschaftlich und technologisch so hoch elaborierten Naturauffassungen das Abstrahlen eines geheimen Animismus sehr wohl aufspüren, zum Beispiel in dem gängigen sprachlichen, zumeist unbedachten Personalisieren von Naturgewalten oder in einigen Denkfiguren des Naturschutzes.[209]

So strikt Bloch die Annahme eines quasi personellen Natursubjekts ebenso zurückweist wie die eines spekulativen transzendentalen, so sehr besteht er auf der Notwendigkeit, im klassischen Begriff der *natura naturans*, der schöpferischen und eigentätigen Natur, jenseits der »halbmythischen« ursprünglichen Beimischungen, das nicht-menschlich Subjekthafte auszumachen und zu beerben. In der Auseinandersetzung mit Leibniz' Monadologie verdeutlicht er am Konzept der Energie beispielhaft das ›subjekthaft Treibende‹ der Naturvorgänge. Sofort setzt er hinzu, es müsse »das als Natur-Subjekt hypothetisch Bezeichnete noch Anlage und Latenz sein«[210], könne erst mit der geschichtlichen Verwirklichung des humanen Subjekts aus solcher Latenz in die gesellschaftliche Realität hinaustreten. Aber der seit Urzeiten in den verschiedensten Formen mitgedachte Begriff des Natursubjekts sei eben keine lediglich begrifflich-abstrakte, philosophische Konstruktion, sondern suche die im Materiellen angelegte, wirksame Triebkraft des Natürlichen zu erfassen: »In dieser Schicht also, *in der materiell immanentesten, die es überhaupt gibt*, liegt die Wahrheit des als Subjekt der Natur Bezeichneten.«[211]

Ein solches generelles Agens, das dem natürlich Gegebenen immanent ist, nicht nur gedanklich anzuerkennen, sondern in der gesellschaftlichen Realität als ein insbesondere für die menschliche Arbeit Unabdingbares und in ihr Mitwirkendes zur Geltung kommen zu lassen, würde, der Argumentation Blochs folgend, die Perspektive für den Umgang mit dem Naturgegebenen ganz grundsätzlich verändern. »An Stelle des Technikers als bloßen Überlisters und Ausbeuters steht konkret das gesellschaftlich mit sich selbst vermittelte Subjekt, das sich mit dem Problem des Natursubjekts wachsend vermittelt.«[212] Weiter: »Der Wille, der in allen technisch-physischen Gebilden haust und sie gebaut hat, muß gleichzeitig sowohl ein gesellschaftlich erfaßtes Subjekt hinter sich haben: zum konstituierenden Eingriff, jenseits des bloß äußerlich-abstrakten, wie ein damit vermitteltes Subjekt vor sich: zur Mitwirkung, zum konstitutiven Anschluß an den Eingriff.«[213] Somit sind für Bloch in der Utopie einer humanen Gesellschaft »Willenstechnik und konkrete Allianz mit dem Herd der Naturerscheinungen und ihrer Gesetze, das Elektron des menschlichen Subjekts und die vermittelte Mitproduktivität eines möglichen Natursubjekts« unabdingbar verbunden.[214]

Naturallianz als Grundlage jeder Technik, ja allgemein der Arbeit als »Stoffwechsel des Menschen mit der Natur«[215], soll und muss einen unleugbar bedrohlichen Umgang mit dem Naturgegebenen ablösen, der seit einigen Jahrhunderten immer rücksichtsloser und immer gewaltförmiger in die Natursubstanzen eingreift und die Naturprozesse ummodelt, indem vorgeblich nur das in der Natur Angelegte ›listig‹ ausgenutzt, mit Hilfe des Naturimmanenten für menschliche Zwecke angeeignet wird. Blochs Vision einer »Technik ohne Vergewaltigung«[216] bedeutet eben nicht smarte Naturausbeutung oder gar Ablösung der Technik von der Naturbasis, wie viele Verlängerungen der Beherrschungstechnik in die Zukunft als Lösung der offenkundigen Krise des abendländischen Naturverhältnisses es vorgaukeln. Dass uns heute das materiell Immanente des Natursubjekts, das sich mit dem menschlichen Wollen verbunden hat, in Form globaler ›Unfälle‹ entgegentritt – Klimawandel, Meeresversauerung, Bodendegradation, Artensterben, Plastikverschmutzung bis ins Innerste der Stoffkreisläufe usw. usf. –, lässt sich mit Bloch als notwendige Folge der gesellschaftlichen Negation einer Vermittlung mit dem Natursubjekt verstehen. Diese Vermittlung, darauf wollen meine Überlegungen hinaus, bedeutet mehr als ›Naturverträglichkeit‹ von Wirtschaft und Industrie, von Alltagspraxis und Freizeitbetätigung, mehr auch als prohibitiver Naturschutz und als ausgreifende Renaturierung.

## Ein erweiterter Subjektbegriff?

Dass es sich heute lohnt, Blochs utopisches Projekt einer Naturallianz in der gesellschaftlichen Entwicklung neu zu bedenken, zeigt sich nicht nur an den massiven aktuellen Krisenerfahrungen, allen voran an den schon deutlich spürbaren Auswirkungen des Klimawandels und an den erschreckenden Wahrnehmungen des rasanten Artensterbens. Für beide Naturvorgänge, so die inzwischen fast einhellig akzeptierten Forschungsergebnisse, gilt die Menschheit – regional, sozial und wirtschaftlich sehr unterschiedlich – als entscheidender Verursacher.[217] Gerade aber dass maßgebliche menschliche Allokationen über Jahrzehnte, teilweise Jahrhunderte hin die natürlichen Systeme und Prozesse unabsichtlich so tiefgreifend beeinflusst und umgesteuert haben, dass gravierende, global wirksame Gefährdungen der lebensfreundlichen Naturregulationen eingetreten sind und sich intensivieren werden – gerade das Nicht-Intendierte an der erdgeschichtlich singulären Beeinflussung des Naturgeschehens durch den Menschen zwingt zu Fragen nach dem Agens im Naturgeschehen, nach der Eigenmacht der natürlichen Akteure. Populistische Interpretationen hantieren dann formelhaft und vereinfachend mit diffusen Subjektivierungen der komplexen Naturvorgänge nach dem Muster ›Die Rache der Natur‹ oder ›Die Natur schlägt zurück‹. Es kann aber – wie bei Blochs Begriff des Natursubjekts schon angemerkt – nicht die Aufgabe sein, den Naturprozessen und ihren Auswirkungen eine der menschlichen Intentionalität vergleichbare Willensbewegung des Naturganzen oder aufeinander abgestimmter Naturakteure zu unterlegen.[218] Und theologische

Deutungen, die einem Schöpfer und Lenker des unendlich sinnreichen Naturzusammenhangs eine zwar unbegreiflich überlegene, aber menschlichem Urteilen und Handeln vergleichbare Willensbildung zuschreiben, verfangen in der säkularisierten, global verbindlich gemachten Weltsicht nicht mehr. Dass aber alte, nach allgemeinem Dafürhalten längst entkräftete religiöse Interpretamente noch nachwirken, wenn etwa krisenhafte Folgeerscheinungen menschlicher Eingriffe in sich selbst regelnde Naturkomplexe als Quittung für Fehlverhalten der menschlichen Akteure verstanden werden, lässt sich nicht übersehen. Unter dem Firnis abstrakt-kausaler Erklärungen aus den durchschaubaren Organisationsprinzipien natürlicher Systeme schimmert die subrationale Annahme durch, es gebe so etwas wie eine Absicht im Naturgeschehen, die jenseits des Berechenbaren und kausallogisch Dechiffrierbaren zu suchen wäre.[219]

Dass uns die aufsummierten Auswirkungen des nicht Beabsichtigten, nicht Bezweckten, allerdings oft achselzuckend als Restrisiko in Kauf Genommenen an der zielgerichteten menschlichen Ver- und Bearbeitung des Naturgegebenen inzwischen als existenzbedrohendes *Naturgeschehen* begegnen, stellt gedanklich eine der größten Herausforderungen an das abendländisch-neuzeitliche Verständnis von Rationalität, Willensbildung und Reflexionsvermögen, mithin auch des Subjektbegriffs dar. Denn wenn wir uns eingestehen, dass wir prinzipiell, nicht bloß aus noch unvollkommener wissenschaftlicher Erkenntnis oder unzureichender technologischer Durchdringung des Gewollten und Hergestellten, die ungewusst mit bewirkten Effekte unseres durchkalkulierten, zweckbestimmten Tuns in und an dem Naturgegebenen nicht überblicken und beherrschen können, dann müssen wir schon unser Erkennen, Urteilen, Entwerfen und Planen, noch viel mehr aber unser praktisches Tun selbst in der künstlichsten Technik auf eine bislang kaum denkbare Weise als ›mitbewirkt von natürlichen Kräften‹ sehen. Diese Kräfte sind insofern ein Anderes zu unserer Subjekthaftigkeit im üblichen Begriff, dass sie unabhängig von uns, aber *mit uns zusammen* in unserem Erkennen, in unseren Absichten und Handlungen tätig sind. Das meint keineswegs nur die irrationalen, affektiven, ungesteuerten Anteile in noch so strenger methodischer Erkenntnisbildung und Reflexion, also das im Freudschen Sinne Ungewusste in unserem Wissen, Urteilen, Kommunizieren, Handeln. Sondern zur Debatte steht *die notwendige Beteiligung des Anderen*, das wir pauschal als uns gegenüber stehende Natur verstehen, noch an den Kernvermögen unserer Subjekthaftigkeit.

Nehmen wir solche Überlegungen ernst, dann ist diese Natur eben nicht das vom Menschensubjekt völlig Getrennte, das uns in Gestalt belebter und unbelebter Objekte umgibt – der heute gern benutzte Begriff ›Umwelt‹ enthält auf verräterische Weise diese Trennung in das zentrierende, die Wahrnehmung bestimmende Menschliche und die ›darum herum‹ befindliche und wirkende Natur. In unseren abendländischen Denktraditionen ist es außerordentlich schwierig, ein menschliches Subjekt als bis ins Innerste verwoben mit dem mitwirkenden Naturhaften zu begreifen, das doch unabhängig von diesem Subjekt vorhanden und tätig ist. Allzu schnell gleiten wir in die klassischen Entgegensetzungen von menschlichem Bewusstsein und nicht bewussten Naturerscheinungen oder von menschlicher Autonomie und naturhafter Heteronomie. Neuere Einsichten aus Neurologie und Physiologie geben uns inzwischen unabweisbar eine Ahnung von den Herausforderungen, die wir mit einer Negation des Verwobenseins menschlicher Wahrnehmung und Willensbildung mit dem tätigen Anderen, das für uns das Naturhafte bleibt, uns selbst bescheren. Allein der glaubhafte Befund, dass etwa neunzig Prozent der Wahrnehmungen, die unsere Sinnesorgane vermitteln, die Schwelle zum Bewusstsein gar nicht überschreiten, aber über die autonomen körperlichen Prozesse sehr wohl das bewusst Wahrgenommene, Reflektierte, rational Verarbeitete mit bestimmen, erledigt nicht nur die alte cartesianische Spaltung in *res cogitans* und *res extensa* vollends.[220] Er wirft auch die Frage nach einer –

um es paradox zu formulieren – naturhaften Vernunft und Willensbildung in uns auf, die weder mit dem psychoanalytisch getönten Begriff des Unbewussten noch gar mit Entsprechungen zu den Instinkt-Konzepten der Ethologie erfasst sind.

Es hilft also nichts – wie weiter oben dargelegt –, vitalistisch eine ganz und gar im Anderen der Naturerscheinungen wirkende Kraft anzunehmen, sei es in den Lebewesen oder auch der abiotischen Materie. Wir müssen noch über die objektivierend zugeschriebene Eigenmacht und Eigentätigkeit des Anderen hinaus. Jane Bennetts erklärtes Absehen von der menschlichen Subjektivität im Wahrnehmen, im Denken und Reden von der ›lebhaften Materie‹ gab die Ausblendung zu erkennen, die eine Frage nach dem Verwobensein mit dem unbestreitbar Anderen bis ins Innerste der menschlichen Sinneswahrnehmung und Reflexion ausschloss. Deshalb steht nicht nur zur Debatte, wie einerseits *innerhalb* des menschlichen Individuums die Öffnung von Subjektivität (Ich-Bewusstsein, Reflexivität, Urteilsvermögen) hin zu den nicht-bewussten Vorgängen und Regungen erschlossen werden könnte.[221] Andererseits kann *außerhalb* der menschlichen Subjekte ein wirksames Streben, Wollen und Agieren gedacht werden, das auch jenseits etwa von tierischer Instinktsteuerung oder quasi mechanischen Reiz-Reaktionsschemata bei Pflanzen anzunehmen ist. Dass noch Teile unseres reflexiven Bewusstseins, ja des kontrollierten Denkens und des Sprechens verschränkt sein könnten eben mit einem solchen ›naturhaften‹ Streben, Wollen und Agieren – wohlgemerkt: abgesehen von allen im psychologischen Sinn unkontrollierten und unbewussten Regungen –, diese definitive Aufhebung der kategorialen Grenze von rein geistiger Subjekthaftigkeit zu unbewusst-körperlichen Prozessen und Zuständen des Individuums müsste dann in der Tat bis zu einer schwer auszuformulierenden Durchlässigkeit der Ich-Grenze führen.[222]

Dieses zu erörtern, bedeutet eben nicht, ein fühlendes Verbundensein mit den Naturdingen zu proklamieren und in Akten der sinnlichen Verschmelzung erleben zu wollen.[223] Und dass uns in den westlichen Kulturkreisen nicht ohne weiteres offensteht, die Realität jener Verschränkung der Subjektivität im emphatischen Sinn mit dem eigenmächtigen und agierenden Anderen der Natur aus dem Weltverständnis fremder, zum Beispiel animistisch denkender Kulturen zu übernehmen, habe ich bereits betont.

Und ein Zweites ist hier anzumerken: Das Andere, als das wir uns in den abendländischen Kulturkreisen ›Natur‹ vorstellen, kooperiert jede Sekunde unseres Daseins mit uns als Menschenwesen in einer Intensität, die wir in der Regel umstandslos voraussetzen, meistens gar nicht bemerken und in vielfältiger Weise durch unser Tun sogar negieren. Ohne diese Kooperation, diesen unablässigen Austausch mit dem Natürlichen können wir aber nicht leben.[224] Das ist einerseits eine Selbstverständlichkeit, aber wir schlagen sie dem bloß Körperlichen unserer Existenz zu, arbeiten immer entschiedener daran, uns aus Formen dieser Kooperation mit Hilfe von Technik zu lösen und geraten eben dadurch in die Strudel sozusagen negativer Kooperation.

Dazu nur einige wenige Hinweise. Natürliche Medien der Kooperation sind unter anderem Luft, Licht, Wasser, Erde, Schwerkraft, Magnetismus. Beispiel Luft: Ohne Luft würden wir schnell ersticken, ohne Luft würden wir nichts hören, kaum etwas riechen, keinen Regen abbekommen, von der Sonnenstrahlung beschädigt werden usw. Schaut man sich nur die Atemluft an, muss eigentlich sofort vor Augen stehen, dass wir über sie ständig mit den Pflanzen ›kooperieren‹: Sie erzeugen einen großen Teil des Sauerstoffs, den wir mit unseren Lungen aufnehmen müssen. Wir scheiden $CO_2$ und andere Stoffe aus, die Pflanzen für ihr Wachsen und Gedeihen brauchen.[225] Das sind nur die einfachsten Elemente einer Naturallianz, die wir – vermeintlich nur unsere Körper, wie automatische Maschinen – unablässig vollziehen, an die wir aber nur denken, wenn unser Handeln oder auch nicht-anthropogene Vorgänge diesen Austausch massiv beeinträchtigen. Solches bis ins Subtilste geregelte Verwobensein mit dem Naturgeschehen erklären wir stofflich, prozessual, ökosystembezogen aus chemischen, physikalischen, physiologischen, mikrobiologischen Befunden und leiten die Sinnhaftigkeit der Naturerscheinungen und -prozesse aus dem Spiel der evolutionsgeschichtlichen Entwicklungen ab. Die Frage nach einem immanenten Agens in diesen Entwicklungen und in dem beständigen lebendigen Austausch wird entweder mit dem Hinweis auf die abstrakte Selbstregulation der natürlichen Systeme erledigt oder mit ebenso abstrakten, hypothetischen Kräften wie einem ›Élan vital‹ (Henri Bergson)[226] oder einem elementaren ›Lebenswillen‹ (Andreas Weber)[227] oder einem ›Prinzip der Selbstbehauptung und Selbstorganisation‹ (Francisco Varela)[228] eher verschoben als beantwortet.

Es könnte nun so scheinen, als dürfe Blochs Begriff der Naturallianz für solche Austausch- und Kooperationsprozesse wie mittels der Atemluft nicht eigentlich gelten. Denn auf den ersten Blick fehlt das entscheidende Merkmal der ›Willensenergie‹ in solchen Formen der »Mitproduktivität«, sowohl auf Seiten des Menschensubjekts wie auf Seiten »eines möglichen Natursubjekts«.[229] Aber bezieht man die erwähnte, unverzichtbare Erweiterung eines angemessenen Subjektkonzepts auf die nicht reflexiven, nicht bewussten Dimensionen der menschlichen Existenz ein, ändert sich das Urteil: Philipp Thomas hat gerade am Erleben des Atmens aufgezeigt, wie das nicht willentliche Atmen einerseits als ein Geschehen erlebt werden kann, das sich zwar ›von selbst‹ vollzieht, dennoch zum erlebenden Subjekt gehört – eine Weile kann man willentlich atmen oder nicht atmen –, andererseits wird der Atem als ein eben ›von selbst‹ in den Leib einströmendes und aus ihm ausströmendes Naturstoffliches wahrgenommen (der Atemrhythmus »ist kein cogitatum meines cogito«), so als rühre die Atembewegung von einem wirkenden »Es« her. Unter Umständen stellt sich das nicht willentlich zu erzeugende Gefühl ein, »daß ›es mich atmet‹«.[230] An diesem Beispiel wird noch einmal ganz offensichtlich, dass der Begriff eines noch in der Latenz befindlichen Natursubjekts nichts von einer personalen Größe hat – wie übrigens auch das menschliche Subjekt für Bloch, geschichtsphilosophisch betrachtet, ›noch nicht ganz bei sich selbst ist‹.

Erweitert man nun die Naturqualität der Atemluft mit Emanuele Coccia, so dass mit dem Atmen ›die Welt in uns hineinkommt‹ – in Gestalt eines überall vorhandenen, auch ›für uns‹ erzeugten Naturstofflichen – und wir etwas von uns ›in die Welt hinauslassen‹[231], dann kann einsichtig werden, weshalb bei solchen Austauschprozessen von einer Naturallianz gesprochen werden kann. Eine solche Allgemeinheit des Konzepts, weit über den Technik-Komplex hinaus, hatte Bloch allerdings nicht mitgedacht, weil seiner Naturphilosophie ein leibphilosophisch und naturtheoretisch erweiterter Subjektbegriff nicht zu Grunde lag.

## Naturallianz – kritische Aneignung

Eine produktive Kritik muss an mehreren essenziellen Punkten ansetzen: zunächst, wie eben schon ausgeführt, an der Engführung des verwendeten Subjektbegriffs hinsichtlich des planenden und technisch bewerkstelligenden Willens in der Arbeit an der Natur; weiterhin an dem auffälligen Primat von Technik in Blochs Entwurf und an dem utopischen Charakter der realisierten Naturallianz. Die problematischen Komponenten hängen miteinander zusammen.

Eine erste, zunächst nur begrifflich aufscheinende Schwierigkeit steckt in der grammatikalischen Form des Terminus ›Subjekt‹: Er wird bei Bloch, der geschichtstheoretischen Traditionslinie von Hegel her folgend, fast ausschließlich im Singular verwendet – ›das gesellschaftliche bzw. menschliche Subjekt‹, ›das Subjekt der Natur‹. Damit wird entschieden markiert, dass es nicht um eine personelle ›Inkarnation‹ des Subjekts geht, um die etwa psychologisch oder mentalitätsgeschichtlich beschreibbare Subjektform der einzelnen menschlichen Individuen oder vergleichbare Manifestationen bei den natürlichen Entitäten. Vielmehr ist das Subjekthafte als eine Bestimmung menschlichen Daseins generell angesprochen. Dabei realisiert sich ein solches Subjekt nur in der Entwicklung des gesellschaftlichen Zusammenhangs – deshalb ist, Marx' Theorie aufnehmend, davon die Rede, dass das menschliche Subjekt erst in der wahrhaft humanen Gesellschaft ›zu sich selbst komme‹. Entsprechend ist von einem Subjekthaften im Naturgegebenen die Rede, nicht von Subjektqualitäten der einzelnen, diversen Naturerscheinungen.

Damit aber nicht das Missverständnis aufkommt, es handele sich um transzendentale Subjekte, jenseits der erfahrbaren Realität von Gesellschaft und Natur, muss eine Erscheinung des Subjekthaften in den konkreten, gesellschaftlich interagierenden Subjekten mitgedacht werden, ebenso in den Einzelwesen des natürlichen Gesamtzusammenhangs. Dieses Subjekthafte realisiert sich für unsere Selbstwahrnehmung entscheidend in Bewusstsein, Urteils- und Willensbildung, Reflexionsvermögen der Menschen, was wiederum nur durch die und in der sozialen Interaktion ausgebildet und bewährt wird. Insofern muss das allgemeine Subjekthafte, sofern es als Apriori der erfahrbaren Realität gesetzt ist, allemal als das historisch und kulturell zu Vermittelnde gedacht werden. Anders formuliert: Der Begriff des Subjekts selbst, im philosophischen Sinn, muss als eine historisch und kulturell je unterschiedlich erscheinende Kategorie verstanden werden. Das mag wiederum als eine Binsenweisheit gelten, ist aber im Rahmen der konkreten konzeptionellen Relativierung des uns vertrauten, abendländisch-neuzeitlichen Subjektkonzepts nur schwer zu akzeptieren.[232]

Eine konzeptionelle Schwierigkeit ergibt sich in analoger Weise, wie oben knapp ausgeführt, wenn wir zu veranschlagen suchen, dass auch das Subjekthafte der Menschen mit dem Natürlichen ihrer selbst vermittelt ist. Sobald der gedankliche Schritt von einem ›Subjekt dem Begriff nach‹ zum Subjekthaften der lebendigen Menschen vollzogen wird, muss ein ›Mitwirken‹ der natürlichen Potenziale und Prozesse in der menschlichen Subjektivität anerkannt werden. Dieses Mitwirken geschieht im Leib, in dem eben das Vermittelte seinen Ort hat: Auch das Subjekthafte, das wir in unserer Kultur bislang einzig den menschlichen Potenzialen zuschreiben, bildet sich in einer ›Naturallianz‹, so dass die Verortung der Subjektqualität allein in Reflexivität, Vernunft und Willensbildung aufgebrochen werden muss. Wie gesagt, die Kränkung unseres Selbstverständnisses, die mit Einsichten aus der Psychoanalyse die Vernünftigkeit von Reflexion, Urteils- und Willensbildung relativierte, ist damit nicht gemeint. Vielmehr besteht die Herausforderung darin, *in die Vorstellung des menschlichen Subjekts das Mitwirken des Naturhaften zu integrieren.* Damit steht auch zur Debatte, wie genau das Wirken des Willens im menschlichen Subjekt wie im hypothetischen Natursubjekt bestimmt werden kann – und ob das Subjekthafte, wie Bloch es vornimmt, entscheidend in der Willensbildung, wenn auch im erweiterten Sinn, zentriert werden kann und soll. Diese schwierige Frage überspringen ja Postulate eines ›spontanitäts-technisch gemeinten Willens‹[233] in den Naturerscheinungen, sei es mit dem ›Élan vital‹ oder dem grundlegenden ›Lebenswillen‹ oder dem ›Selbsterhaltungstrieb‹ – der zuletzt genannte Begriff verdeutlicht, wie schnell damit das bloß noch Triebhafte übernimmt.

Mit einem solchen, hier nur knapp umrissenen Ansatz wird Blochs Entwurf einer Naturallianz in doppeltem Sinn erweitert und transformiert: Er verliert, als Projekt in der konkreten gesellschaftlichen Entwicklung, nicht die Qualität der Utopie, aber Naturallianz erscheint auf der Ebene des Naturgeschehens – und damit auch in und mit dem Menschen als ›Teil der Natur‹ – als das sich immer schon Vollziehende, auch wenn die Menschen in unterschiedlichen kulturellen Formationen das nicht erkennen oder es negieren. Naturallianz ist damit Existenzbedingung auch der Menschen, und die von Bloch proklamierte, anzustrebende ›Kooperation‹ mit den Strebungen und Potenzialen des Natürlichen, eben im Sinn einer vermittelnden Allianz und nicht einer Vergewaltigung, ist dann die praktisch werdende Anerkennung und der Vollzug des Allianzprinzips im gesellschaftlichen Handeln.

Bloch hat in einem längeren Kapitel die Notwendigkeit einer Erweiterung des Willensbegriffs erörtert und Paracelsus als den einzigen ernstzunehmenden Vorläufer einer Überzeugung angeführt, die in der europäischen Tradition »gleichsam [ein] Subjekt der Natur im Menschen« ansetzt.[234] Er überschreite damit eine bloß magische oder naiv-voluntaristische Ausweitung der

Willensbildung, und er lande auch nicht bei einer rituell-meditativen oder »aus lauter Subjektpathos objektlos gewordenen Weise« des Wirkens menschlicher Willenskraft.[235] Dass freilich das mögliche »Subjekt der Natur im Menschen« ganz auf das Tätigsein von »Wille und Imagination als Naturfaktoren sui generis«[236] zentriert werden soll, bleibt ein Problem.

Blochs Begriff des Natursubjekts, auch wenn es als ein vorläufig Latentes verstanden werden soll, verlangt also nach weiterer Klärung. Es erscheint insofern tatsächlich als ein »hypothetisches Subjekt der Natur«, als wir – in unserem inzwischen weltumspannenden Kulturkreis – uns eine naturhafte Intentionalität bislang nur mit zwei gleichermaßen problematischen Analogiebildungen vorstellen können: entweder, mit einem mehr oder weniger offenkundigen Anthropomorphismus, in einer Entsprechung zu menschlicher Urteils-, Planungs- und Willensbefähigung, oder aber als Wirken quasi mechanischer, blinder Intentionalität nach dem Muster genetisch programmierter Instinkte. Lernfähigkeit und fürs Überleben zweckvolles Handeln bei Tieren und auch Pflanzen werden dann als bewusstlose Adaptionsleistung auf der Basis der genetischen Ausstattung oder als unwesentliche Ergänzung der instinktgesteuerten Aktivitäten interpretiert.[237]

Neue Forschungen zu Vermögen und ›Strategien‹ pflanzlicher Organismen richten beispielhaft das Problem unserer begrenzten Möglichkeiten vor uns auf, mit herkömmlichen Deutungen die Grundlage und das Walten nicht menschlicher Intentionalität und Willensbildung jenseits von Instinkt und von Reiz-Reaktions-Schemata zu begreifen: Pflanzen weisen keine Bestandteile ihres Körpers auf, die Nerven, Ganglien oder gar Gehirnen vergleichbar wären. Dennoch sind sie zu Reaktionen und Aktivitäten befähigt, die wir vorläufig nur mit Begriffen für unsere menschlichen Ausstattungen und Vermögen bezeichnen können – Pflanzen können sich offensichtlich in mancher Hinsicht erinnern, sich strategisch verhalten, können ›lernen‹, kooperieren, optische, akustische und andere Eindrücke verarbeiten und anderes mehr. Ob es vertretbar ist, ihnen eine Intelligenz oder ein Bewusstsein zuzuschreiben, wie es in populären Sachbüchern derzeit vielfach geschieht, mag mehr als fraglich sein.[238] Aber augenscheinlich befinden wir uns noch ganz am Anfang von Bemühungen, eine uns völlig fremde leibliche Struktur von Pflanzen und vielleicht auch eine von der unseren fundamental verschiedene Intentionalität zu begreifen und anzuerkennen.

Gäbe es dergleichen, wäre damit nicht ein Natursubjekt im Sinne Blochs empirisch bewiesen. Der sehr verkürzte, methodologisch gar nicht kommentierte Hinweis auf Forschungsbeiträge der Pflanzenkunde sollte auch nur ein wenig anschaulicher machen, in welche begrifflichen und konzeptionellen Schwierigkeiten wir geraten, wenn wir im Bezugsrahmen unserer kulturellen Prägungen sinnvoll von einem Natursubjekt sprechen wollen, das mehr bedeutet als eine zum menschlichen Subjekt analoge Konstruktion. Wie mehrfach betont, muss zunächst das konventionelle Verständnis des menschlichen Subjekts aufgebrochen und neu gefasst werden. Damit wird sich auch die Füllung von Begriffen wie ›Willen, Absicht, Planung, zweckrationales Handeln‹ verändern. Blochs Fokussierung auf den »allen technisch-physischen Gebilden« innewohnenden »Willen« verengt die Konzeption einer realen Vermittlung von menschlichem Subjekt und Natursubjekt in der gesellschaftlich organisierten Kooperation auf nur einen Bereich des Handelns, ja des Daseins.

Denn Bloch entfaltet in einem großen Teilstück von *Das Prinzip Hoffnung* ein weites Panorama historischer Sozialutopien von der Antike bis fast zu seinen Lebzeiten, und er entwickelt aus der Triebkraft des ›Uneingelösten‹ solcher Entwürfe einer besseren Vergesellschaftung seine sozialphilosophische Proklamation des geschichtlichen Wegs in eine ›Beheimatung des menschlichen Subjekts‹ – das Buch endet ja mit den berühmten Sätzen: »Die Wurzel der Geschichte aber ist der arbeitende, schaffende, die Gegebenheiten umbildende und überholende Mensch. Hat er sich erfaßt und das Seine ohne Entäußerung und Entfremdung in realer Demokratie begründet, so entsteht in der Welt etwas, das allen in die Kindheit scheint und worin noch niemand war: Heimat.«[239]

Aber dieses schaffende Subjekt in seiner sozial und auch politisch gefassten Tätigkeit wird eben nicht insgesamt auf eine Vermittlung mit dem »immanenten Agens« des Naturgegebenen hin entworfen. Solche Vermittlung zielt für Bloch auf eine notwendig mit der sozialen Utopie verbundene ›Allianztechnik‹, nicht auf die im Lebensvollzug schon hier und heute generell unaufhebbare und umzugestaltende Mitwirkung des Natürlichen, die noch in die Subjektbildung selbst integriert ist. Insofern bleibt die nicht entfremdete, umgebildete Realisierung des Naturbezugs Bestandteil des utopischen Projekts, aber die Anerkennung der vermittelten Naturbasis auch in Begriff und Vollzug der menschlichen Subjekthaftigkeit gilt – gegen ihre Negierung und Entkräftung im gegenwärtig vorherrschenden Naturverhältnis – schon jetzt. Anders formuliert: Die hier vorgeschlagene Modifikation und Weiterführung des Konzepts der Naturallianz wendet diese, als eine fundamentale Bewegung im Naturgeschehen, *auch* auf den Menschen in seiner Leiblichkeit wie seiner Subjekthaftigkeit hin. Damit erhält die so oft gebrauchte Sentenz, der Mensch sei ›ein Teil der Natur‹, eine Füllung, die über eine Zuschreibung an das bloß Körperliche weit hinausreicht.

Damit rückt Naturallianz aus ihrer schieren Zukünftigkeit in das Immerschon einer Grundbedingung menschlicher Existenz überhaupt. Sie war immer schon gegeben und musste praktiziert werden, auch wenn die menschlichen Bestrebungen darauf abzielten, sie mit dem Tun umzuwandeln durch Arbeit im Aneignen und Umschaffen des Gegebenen. Mit anderen Worten: Solche Naturallianz hat nichts Festgeschriebenes, sie enthält in Materie und Energie vielerlei Potenziale, mit denen sich die menschliche Arbeit – und Technik – verbindet und neue, nicht mehr einfach mit dem Vorhandenen zu ergreifende Erzeugnisse, Stoffe, Prozesse hervortreibt. Allerdings bleibt das Hervorgetriebene labil, lässt sich letztlich nur durch Arbeit, hinzugezogene Energie und hereingeholte Materie eine mehr oder weniger lange Zeit in einer mehr oder weniger naturähnlichen Austarierung halten: bei einem Apfelbaum alter Sorte oder bei einer noch wenig hochgezüchteten Kuh mit begrenztem Aufwand immerhin für eine fast natürliche Lebensdauer, bei einer Sojapflanzen-Plantage oder einem Dachgarten mit einem enormen, ständig erneuerten Ressourcen- und Arbeitseinsatz nur für eine ziemlich kurze Zeit. Und auch in diesen kurzen Zeiten, in denen wir das Gemachte – zumindest das ›tote‹ Material, die erzeugte Energie, den in Gang gesetzten Prozess – ganz dem Zivilisatorischen zuschlagen wollen, bleibt dieses Artifizielle in das Naturgeschehen eingebunden. Sobald Arbeits-, Energie- und Materieaufwand aufhören, fällt das durch menschliche Tätigkeit Hergestellte über kurz oder lang in das nichtmenschliche Naturgefüge zurück, löst sich gewissermaßen in ihm auf. Das gilt übrigens nicht nur für materielle und energetische Hervorbringungen, Artefakte, Zustände, sondern auch für das Immaterielle der menschlichen Kulturtätigkeit – eine Sprache, die nicht mehr gesprochen wird, eine Musik, die nicht mehr erklingt, ein Ritual, das nicht mehr vollzogen wird, verschwindet aus den jeweils lebendigen Geräuschen und Klängen, aus den zu beobachtenden Bewegungen und Formationen, auch wenn es mehr oder weniger haltbare Dokumente und Aufzeichnungen davon gibt. Der Tod ganzer Kulturen ist *auch*, nicht bloß mit dem Verschwinden eines bestimmten, praktizierten Naturverhältnisses, ein Moment in den naturgeschichtlichen Prozessen, selbst wenn die Auslöschung gerade in unseren Zeiten immer stärker von menschlichem Handeln forciert wird.[240]

Es gibt unendlich viele, in ihrer Beständigkeit und ihrem Ressourcenhunger abgestufte Zustände und Prozesse des menschlich Angeeigneten und Bewerkstelligten. In allen wirkt, ob wir es beachten und tätig anerkennen oder ob wir in der Überhebung des technisch Machbaren wähnen, es völlig im Griff zu haben, eine Naturallianz, und sei es eine, die wir als destruktiv erfahren, weil die mitwirkenden Naturpotenziale unbegriffen blieben oder gewalttätig negiert wurden. Selbst in der gewaltförmigen Negation sind noch Naturallianzen enthalten, ihre Energien und Resultate begegnen dann oft als kleinere oder größere ›Naturkatastrophen‹.

›Naturallianz‹ muss demnach als ein Begriff gefasst werden, der eine ganz elementare Verbindung der Menschen zu ihrer nichtmenschlichen Mitwelt und zu sich selbst benennt. Sie gehen diese Verbindung nicht erst ein, wenn sie das Naturstoffliche ergreifen und seine Potenziale nutzen, um ein absichtsvoll geschaffenes Gebilde beziehungsweise einen gelenkten Prozess als Werk in die Welt zu setzen. Blochs utopische Perspektive auf ›Allianztechnik‹ erfasst nur *einen*, wenn auch historisch geradezu übergewichtig gewordenen Bereich menschlicher Tätigkeit, in dem die Mitwirkung des »immanenten Agens« der ergriffenen Naturformationen bei der Realisierung menschlicher Willensakte im ›Objekt‹ anerkannt und einbezogen werden soll.

## Gesellschaftstheoretischer Seitenblick: Menschliche Geschichte der Natur?

Die vorangetriebene Naturferne der modernen Technik ist, gegen allen Augenschein und entgegen den Überzeugungen der technisch-wissenschaftlichen Ideologie, in Wahrheit eine illusionäre, wie wir unter anderem am Zustandekommen und an den Auswirkungen des Klimawandels feststellen könnten. Es finden Verschiebungen, Verlagerungen, Transformationen, Umsteuerungen der naturgegebenen Materien und Prozesse statt, aber nicht eine Ablösung von der Naturbasis, weder bei den tätigen Menschen noch bei den ergriffenen Naturbeständen. Serge Moscovici hat in seiner großen Studie *Versuch über die menschliche Geschichte der Natur* eine Stufenfolge der Verschiebungen, Verlagerungen, Transformationen, Umsteuerungen entworfen. Beim Übergang von der handwerklichen Arbeit zur mechanisierten Naturaneignung etwa beschreibt er die Verschiebung der unmittelbar eingesetzten Kenntnis, Kraft und Geschicklichkeit hin zu einer Kette von »mechanischen Reproduktionsorganen«. Er formuliert:

> Die allerersten Organe des Menschen vermehren sich, insofern sie zu Elementen der materiellen Kräfte werden, die sie nachahmen, ersetzen, verändern und integrieren, um sie schließlich in passive Bestandteile einer Kette von festen Körpern zu verwandeln. [...] Das Reproduktionsorgan ist nun Träger von Geschicklichkeit und Arbeitskraft, während die menschliche Sensibilität in diesen Organen nur die Rolle eines Faktors unter vielen spielt.[241]

Dabei erörtert Moscovici weder, wie sich die analysierte Verschiebung und Verlagerung auf die entwerteten natürlichen Vermögen der Menschen und deren Eigenwillen auswirkt, noch widmet er dem nur scheinbar völlig verwandelten Agens der in Dienst genommenen »materiellen Kräfte« irgendeine Aufmerksamkeit. Das oft plötzliche und destruktive Erscheinen dieses auch in der transformierten Materie enthaltenen Agens beim Funktionieren der mechanischen Technik wird meistens als Unfall wahrgenommen, der auf unzureichende, fehlerhafte Transformation oder auf menschliches Versagen zurückgeführt wird.

In der »kybernetischen Natur« nun sieht Moscovici eine völlig neue Stufe des menschlichen Naturverhältnisses erreicht, indem die Menschen Zustände, Prozesse, Kräfte herstellten, die in der Natur nicht bereits »real« vorhanden seien und ergriffen werden könnten.

> In der organischen Natur produziert der Mensch sich selbst vor allem, indem er reproduziert, was bereits geschaffen ist; in der mechanischen Natur ist das Ganze durch eine beständige und determinierte Erfindungstätigkeit assimiliert und durchsichtig gemacht. In einem Falle gilt dem Menschen als real nur, was auch als möglich angesehen wird; im anderen gilt ihm als möglich nur, was bereits real ist. Keiner dieser Naturzustände gesteht dem Menschen zu, gleichzeitig und im vollen Sinne des Wortes Schöpfer von Möglichkeiten und von natürlicher Realität zu sein. Erst der dritte Zustand, die kybernetischen Natur, eröffnet ihm solche Horizonte.[242]

Das Revolutionäre, so die Deutung, liegt darin, dass nun nicht mehr das Naturgegebene als Materielles angeeignet und transformiert wird – durch handwerkliche Arbeit oder in der mechanischen Technik durch die Delegation von Arbeit an die Maschinen mittels umgeleiteter bzw. übersetzter natürlicher Energien. Das Revolutionäre liegt vielmehr darin, dass die Menschen die

»Steuerungen« der im Materiellen enthaltenen natürlichen Systeme ausnutzen und verändern, die »in der Form von Strukturen und Ordnungen« vorhanden sind, »die sich durch ihre physikalischen, chemischen und biologischen Eigenschaften definieren lassen.«[243] Die wissenschaftlich-technische Arbeit ziele auf »Permutation der Elemente oder Umgestaltung der Strukturen«, um durch Eingriff ins Innere des Materiellen »Grenzen, innerhalb deren die Phänomene hervorgebracht werden können, elastisch zu machen oder [...] völlig neue Phänomene hervortreten zu lassen.«[244] Konkrete Arbeit der Menschen verlagere sich immer mehr auf die Regulation bzw. Überwachung schließlich »selbsttätiger« Systeme, sie habe mit der direkten Bearbeitung des Naturgegebenen so gut wie nichts mehr zu tun. Es entstünden die »Grundlagen einer neuen Naturordnung«[245], indem die Menschen herstellen und in Gang setzen können, was in den Ordnungen und Strukturen der natürlichen Systeme gewissermaßen nicht vorgesehen ist. Es hat den Anschein, dass aus den immanenten Potenzialen des Naturgegebenen eine völlig artifizielle ›Natur‹ entsteht, indem die Menschen nicht die Materialität dieses Gegebenen ergreifen, umarbeiten, ausnutzen, sondern die inneren Ordnungen, Strukturen, Triebkräfte. Genau so werden die Errungenschaften von Gentechnologie, Digitalisierung und Künstlicher Intelligenz, Reproduktionsmedizin, Automatisierung, Entwicklung künstlicher Lebenswelten ja allgemein interpretiert.

Moscovici veröffentlichte seinen voluminösen Entwurf 1968. Er hatte ihn also zu einer Zeit geschrieben, in der eine ›Beherrschung der Natur auf höherer Stufe‹ sich nicht nur beschleunigt, sondern unbegrenzt zu entfalten schien. Denn diese Entwicklung, so sah es Moscovici, bedeute nicht Entfernung von der Natur, sondern »Einfügung in den Naturzustand«, indem das menschliche Subjekt in der historisch neuen Vergesellschaftung gewissermaßen in den Kern des Naturgeschehens eintritt. »Die Gesellschaft ist daher nicht im Begriff, aus der Natur herauszutreten, sondern deren Inneres zu werden.«[246] So könne schließlich in der offenen

Kommunikation aller voneinander abhängigen Lebensbereiche sich »die Gesellschaft als Form der Natur« konstituieren.[247] Die alte Entgegensetzung von menschlichem Subjekt und Naturobjekt werde aufgehoben, indem das vergesellschaftete menschliche Subjekt nun als Subjekt der Natur tätig werde.

Der philosophische Optimismus einer solchen Vision war erkauft mit dem Ausblenden der nicht aufhebbaren, gigantisch gesteigerten Ausbeutung und Zerstörung der ›ersten Natur‹ – dass solche gewaltförmigen Intensivierungen der Naturaneignung, die krassesten Formen gesellschaftlicher Ausbeutung nicht abschaffend, sondern nur auslagernd und das materielle Substrat des Lebens immer deutlicher gefährdend, in jenen Jahren zum ersten Mal als Begrenzung der Reproduktionsfähigkeit natürlicher Systeme einschließlich der Gattung Mensch diskutiert wurden, fand keinen Platz in Moscovicis Gesellschaftsgeschichte als Naturgeschichte. Dass aber das vorgebliche Agieren des menschlichen Subjekts ›im Inneren der Natur‹ zu Resultaten führen könnte, mit denen der vermeintlich gesellschaftlich aufgehobene ›Eigenwillen‹ der materiellen Natur in Form von existenziell bedrohlichen Naturvorgängen den auf neue Stufen der Naturbeherrschung getriebenen Gesellschaften entgegentritt, diese destruktive Dynamik des menschlichen Herrscherwillens schien für Moscovici – der hier ja stellvertretend aufgerufen wurde – nicht einmal ferne am Horizont auf.

## Naturallianz und das Andere

Eine Naturallianz also, mit der ein nach wie vor hypothetisches Subjekt der Natur sozusagen vom menschlichen Subjekt übernommen werden soll, muss nicht nur gedanklich scheitern. Ihr forcierter Optimismus der Naturaneignung und der ›Selbsterlösung‹ des vergesellschafteten Naturwesens Mensch befördert auch ein geradezu blindes Vertrauen auf »Wissenschaft und Technik als Ideologie«[248], auf ein seiner realen Bedingungen nicht bewusstes Denken, dem jede Begrenzung seines Wollens ausgetrieben wird. Naturallianz heißt zu allererst, als Prämisse eines besseren Naturverhältnisses anzuerkennen, dass die Reichweite der erkennenden wie der praktischen Durchdringung des Naturgegeben prinzipiell begrenzt ist, sowohl im Hinblick auf unsere eigene Naturhaftigkeit als auch auf eine mitwirkende Natur, die wir nicht sind. Solche Begrenzung hat nichts mit einem Abdanken vor der Komplexität des Gesamtzusammenhangs der Natur zu tun, sondern mit der nicht zu übersteigenden Einsicht, dass unser Erkennen, Wollen und bewusstes Tun nur den deutlich kleineren Teil unseres Selbst ausmacht – und dass wir deshalb auf das Mitwirken eines wiederum nur begrenzt zugänglichen Anderen angewiesen sind, das wir, alle Erscheinungsformen und Wirkkräfte begrifflich zusammenfassend, ›Natur‹ nennen.

Freilich bleibt zu bedenken, dass ein allemal vorläufiger Entwurf von Naturallianz in ihren verschiedensten Formen und Prozesshaftigkeiten die Zwiespältigkeit des abendländischen Naturverständnisses in sich trägt, auch wenn er gegen die forcierte, destruktive Zuschärfung des Zwiespalts in der Moderne aufgeboten wird: Auf der einen Seite sucht er in ihrem Begriff wiederzugewinnen, dass die Menschen auch in der zivilisatorischen Entfremdung vom Natürlichen eingebunden sind in das Naturgeschehen, dass sie sich ständig, unaufhebbar, elementar und bis in das Subjekthafte ihrer selbst hinein in einem Austausch mit den Naturkräften, -stoffen und -erscheinungen befinden. Der »Stoffwechsel des Menschen mit der Natur«, von dem Karl Marx im ersten Band des *Kapital* sprach, vollzieht sich eben nicht nur durch Arbeit – die geplante, zweckgerichtete, transformierende Aneignung des Naturgegebenen mittels Kenntnis, Kraft, Geschicklichkeit. Sondern dieser Stoffwechsel vollzieht sich noch im Ungewussten des Lebensvollzugs, noch im Unbegriffenen der gesellschaftlichen Praxis. Das scheint zunächst eine Binsenweisheit zu sein, solange man den Austausch entweder als buchstäblichen Stoffwechsel oder aber als bloße Metapher für den symbolischen Bezug zu den Naturerscheinungen versteht. Die ›Mitwirkung‹ des Naturhaften in unserem Dasein erfasst eben, es sei wiederholt, die Konstituierung unseres Selbst. Die häufig benutzte Formel, dass der Mensch ›ein Teil der Natur‹ sei, kann und darf, wie gesagt, nicht nur seiner Leiblichkeit gelten. Es erscheint unserem Denken zunächst als ein Paradox, dass unser Selbst, mit dem wir uns der Natur gegenübergestellt sehen, bis ins Innerste seines Zustandekommens und Bewährens von den Strebungen und Wirkkräften des Natürlichen ›mitgestaltet‹ sein soll.[249]

Denn auf der anderen Seite setzt ja die Konzeption einer Naturallianz voraus, dass sich zwei tief unterschiedene Wirkkräfte in zu bestimmenden Hinsichten zusammentun, auf ein Ziel hin verbinden – mit Bloch formuliert: Das menschliche Subjekt und ein zumindest in der Latenz fassbares Natursubjekt, das menschliche Wollen und das »immanente Agens« im Naturgegebenen sollen in ihrem Unterschiedensein sich vermitteln, freilich nicht nur in einer technischen Hervorbringung, sondern ebenso in der menschlichen Existenz überhaupt.

Insofern weist der erweiterte, gleichsam geerdete und konkret werdende Begriff der Naturallianz auch zurück auf Schellings transzendentalphilosophisches Postulat von dem im Objekthaften der Natur mit sich selbst vermittelten Subjekthaften, der ›absoluten Natur‹. Die ›Einheit in der Zweiheit‹, die Subjekt und Objekt in ständiger Bewegung hält, bedeutete seinerzeit die spekulative Aufhebung einer bloßen Gegenüberstellung von Subjekt und Objekt, die immer noch unser Alltagsbewusstsein prägt. Die kühne Setzung Schellings soll, durchaus mit der Aneignung von Einsichten aus den modernen Wissenschaften, sozusagen in die Lebenswirklichkeit hinübergeholt werden, indem die Differenz von Selbst der Menschen (Bewusstsein, Geist) und ihrem Natur-Sein (Leiblichkeit, Körper) nicht als »garstiger Graben« (Lessing), als quasi ontologische Gegenüberstellung begriffen wird, sondern als ein unaufhörlich miteinander Vermitteltes, zusammen Wirkendes. Das erfordert allerdings eine Re-Interpretation des tradierten Subjekt-Begriffs wie ein noch weiter zu entwickelndes Leibverständnis.[250]

Der präzisierte Begriff des Natursubjekts selbst bleibt ein vorläufiger, abzulösender, aber als solcher erscheint er notwendig. Denn mit ihm wird Einspruch erhoben gegen jede Vorstellung von einer Verschmelzung mit jenem Anderen, als das die Naturerscheinungen erfahren werden. Andreas Weber etwa wird nicht müde zu behaupten, dass uns Menschen eine Energie des ›Fühlens‹ – sich als je besonderes Lebewesen zu fühlen und erhalten zu wollen – mit anderen Lebewesen verbinde, so dass es zu Steigerungen solchen Verbundenseins in Verschmelzungserfahrungen kommen könne. Der eindeutig erotische Unterton derartiger Proklamationen ist Programm.[251] Was wir Natur nennen, erscheint uns aber unaufhebbar immer *auch* als das Andere, das Fremde, nicht selten sogar als das Bedrohliche – davon wird noch zu sprechen sein. Solches Nicht-Identische überspringen zu wollen in einem verbindenden ›Fühlen‹, stellt, nach der praktischen und der ästhetischen Usurpation der Naturbestände, denn doch nur eine neue, eine affektive Überwältigung des Natürlichen dar, das wir nicht sind. Die Andersheit des Naturhaften betrifft, noch einmal sei es betont, auch uns selbst, nicht bloß mit fremder Materie, etwa den zahllosen Bakterien, die wir für unsere Verdauung brauchen, sondern sogar mit der ureigensten Beschaffenheit noch des Mentalen, das untrennbar mit dem Leiblichen verbunden ist.

Und es ist bereits angemerkt, dass ein angemessener Begriff des Natursubjekts auch Einspruch erhebt gegen moderne Varianten des Animismus[252], bei denen beispielsweise nicht-menschlichen Lebewesen eine ›Seele‹ oder eine Geist-Inkarnation zuerkannt wird oder indem naivistisch oder populärwissenschaftlich den Lebewesen eine der menschlichen gleichende Kommunikation, Fürsorge, Verbundenheit, Empfindsamkeit zugeschrieben wird. Solche anthropozentrischen Übertragungen werden im eigentlichen Begriff des Natursubjekts selbstredend zurückgewiesen. Dem allemal vorläufigen, in der Blochschen Latenz verbleibenden Natursubjekt kommen ja gerade zentral Andersheit, Eigenmacht, nicht menschliche Verfasstheit und Strebung zu. Insofern bleibt die Subjekthaftigkeit in dem, was wir als Natur ansehen, begrifflich heikel.

## Vierte Unterbrechung: Die Fugen der Mauer[253]

Der große Kräuter-Schaugarten bei unserem alten Hof, am Rand eines winzigen Dorfes im äußersten nördlichen Zipfel des früheren Bistums Verden, entstand zwischen Herbst 2009 und Frühling 2010. Ich hatte dafür eigens eine gemeinnützige GmbH gegründet, Freunde halfen mir dabei, die gesetzlich vorgeschriebenen 25.000 Euro Kapital aufzubringen. Es gelang, eine ziemlich hohe Summe an Fördergeldern zu beschaffen. Dann rückten die Maschinen an: zuerst ein großer Schaufelbagger auf Kettenraupen, der bald ein Drittel der Wiese südlich des uralten Fachwerkhauses bis auf den Ortstein aushob – die obersten Erdschichten der Ausläufer der Zevener Geest bestehen oft aus magerem, sandigem Boden, Podsol sagen die Fachleute, unter dem sich der stark eisenhaltige Ortstein bildet, selbst für die Baggerschaufel ist er nicht leicht zu durchbrechen.

Der magere Mutterboden wurde abgefahren, auf die sumpfige Wiese eines benachbarten Bauern geschüttet. Ich ließ eine Schicht sterilen Quarzsandes auf die freigelegte Fläche einbringen. Die riesenhafte Sandgrube, aus deren Tiefe diese Drainageschicht stammte, lag wenige Kilometer entfernt, in einer schwach erhöhten Kuppe der Landschaft, vermutlich ein Teil der eiszeitlichen Endmoränen.

Ich hatte in meinem Gartenplan, an dem ich viele Monate getüftelt hatte, im südlichen Teil des Schaugartens einen Lavendelhügel vorgesehen, eine leichte, gebogene Erhöhung mit einer gut hüfthohen Kante nach Süden zu: Der konkave Bogen dieser Kante sollte als ›Sonnenfalle‹ dienen, er war mittig über die Nord-Süd-Achse gelegt und würde so das Maximum an Sonnenwärme einfangen – Mittelmeerkräuter brauchen extrem durchlässigen, kalkhaltigen Boden und viel Wärme.

Dass der Lavendelhügel, für den ich etwa 250 Lavendelpflanzen von fast 30 verschiedenen Sorten eingeplant hatte, ein Experiment darstellen würde, war mir bewusst: eine Schicht aus grobem Kalkschotter, die Körnung etwa wie bei dem Bett von Eisenbahngleisen, in der die Lavendelbüsche mit einer kleinen Beigabe aus magerem Boden wurzeln müssten, und darunter noch rund 30 Zentimeter Quarzsand – wie dies den Schönheiten aus der Provence (und aus Bulgarien) bekommen würde, war nirgends zu lesen. Ich setzte auf die Fähigkeit der Zwergsträucher, mit wenig Feuchtigkeit auszukommen, auf ihre ›Allianz‹ mit dem Kalk im Boden und auf ihr Wärmebedürfnis: der Schotter würde die Sonnenenergie speichern. Ich wollte ihnen so viel wie möglich von dem geben, was sie mögen, und nichts von dem, was sie verabscheuen: fetten, bindigen, womöglich leicht sauren Boden.

Der Bagger schob also noch eine niedrige Sandaufschüttung an den abgesteckten Bogen des späteren Lavendelhügels und häufte darauf einen mehr als kniehohen Damm aus dem groben Schotter, Kalkgestein vom Weserbergland – die Drainageschicht aus Quarzsand und den Kalkschotter konnten wir erst auf dem Hügel verteilen, wenn die Mauerkante nach Süden hin stünde. Dann wurde das gelbe Ungetüm abgeholt. Dem Lavendelhügel seine zugedachte Gestalt zu geben, lag nun bei der Jugendgruppe, die ich für den Bau engagiert hatte – eine Fördereinrichtung, die benachteiligten Jugendlichen eine reguläre Berufsausbildung verschaffte –, und bei mir.

Als erstes musste die etwa 25 Meter lange Trockenmauer gebaut werden, die den Bogen des flachen Hügels nach Süden abgrenzen und die eigentliche ›Sonnenfalle‹ bilden sollte. An ihren Enden hatte sie nur zwei Spannen hoch zu sein, an ihrem höchsten Punkt, in der Mitte des Bogens, wo drei Steinstufen auf ein kleines, rundes Plateau führen würden, war sie bis auf etwa 70 Zentimeter Kantenhöhe aufzuschichten.

Für den Bau dieser Mauer hatte ich Diabas-Brocken geordert. Diabas, ein Lava-Gestein, das unter anderem den Harz durchzieht, ist schwarzgrün gefärbt, oft auch anthrazitfarben bis regelrecht schwarz. Es wird viel als Schotter verwendet, in groben Brocken auch für Uferböschungen und Straßendämme. Ich wollte ein dunkles Gestein verbauen, das möglichst viel Sonnenwärme aufnimmt, und Diabas aus den gewaltigen Steinbrüchen im Harz gibt es relativ billig.

Ein fünfachsiger, langer Muldenkipper schaffte einen fast mannshohen Haufen von etwa 25 Tonnen Diabas-Brocken heran. Die kantigen, ganz unregelmäßig geformten Steine besaßen meistens wenigstens eine ziemlich ebene, glatte Seitenfläche. Ich wusste, dass die Geduldsprobe, über viele Tage hin aus ihnen eine stabile, halbwegs sauber geschichtete Doppelmauer aufzubauen, nicht nur die Kräfte beanspruchen würde – manche Steine kamen auf Kantenlängen von 30 Zentimetern und wogen acht oder neun Kilogramm.

Ich steckte den Bogen des Geländeversprungs noch einmal genau ab und begann, die ersten dunklen Brocken in die Schubkarre zu hieven. Mehr als sechs bis acht von ihnen mutete ich mir nicht zu, ich musste die Karre ja über den gesinterten Sand voranbringen. Die Steine am niedrigen Anfang des Bogens zu setzen, war ziemlich einfach: eine Basisschicht mit möglichst ebener Unter- und gerader Vorderseite, und auf dem ersten Längenmeter nur eine zweite Schicht mit zunächst flacheren, dann höheren Bruchsteinen, um die Oberkante der Trockenmauer allmählich ansteigen zu lassen.

Ich arbeitete mit dicken, gummierten, innen gefütterten Handschuhen. Die scharfen Kanten der Diabas-Brocken spürte ich kaum. Aber schon beim zweiten, dritten, vierten Stein der oberen Schicht zeigte sich, wie schwierig es war, auf die in den unterschiedlichsten Winkeln abgeschrägten, oft völlig unebenen und verspringenden Auflageflächen der unteren Steine einen genau passenden oberen Bruchstein einzusetzen, sodass eine möglichst dünne Fuge entstand und die Brocken einen maximalen Halt aneinander fanden. An der Rückseite der vorderen Schicht lehnte sich zur Stabilisierung eine zweite, weniger passgenau aufgebaute Schicht an, die Zwischenräume füllte ich mit kleinen Brocken und mit Sand. So entstand eine Doppelmauer, und an der Oberkante würde der schmale Zwischenraum mit magerem Mutterboden gefüllt: die Pflanzrinne für die vielen Thymiane, kriechende und aufrechte, die ich schon seit Jahren versammelt hatte.

Ich bat einen der Betreuer der Jugendlichen darum, mir beim Bau der Mauer zu helfen, und einer der kräftigen jungen Männer sollte Steine aus dem großen Haufen heranschaffen. Aber nach wenigen Stunden sah ich, dass der Betreuer nicht die Geduld aufbrachte, eine ordentlich gefugte Trockenmauer mit stabil aneinander gepassten Steinen zusammenzufügen, und der junge Steintransporteur stand meistens herum, weil es ziemlich lange dauerte, bis vier, fünf Steine endgültig eingesetzt waren und neue gebraucht wurden. Ich entschied, die Mauer allein hinzustellen.

Sie wuchs sehr langsam. Wenn ich es fertigbrachte, zwei oder zweieinhalb Meter Länge gut gebauter Trockenmauer an einem Arbeitstag aufzuschichten, war ich mit mir sehr zufrieden. Die schweren, scharfkantigen Steine aneinander, ja beinahe ineinander zu fügen, wurde für mich schon nach wenigen Tagen zu einer geradezu meditativen Tätigkeit. Immer wieder stand ich vor der Stelle, an der ich gerade weiterbauen musste, und besah die Winkel und Kantenlängen der Leerräume, die an den bereits platzierten Steinen entstanden waren, schätzte die optimale Größe der einzufügenden Brocken ab, überlegte, welche neuen Winkel und geneigten Flächen für die nächsten Anschlüsse am günstigsten wären, versuchte zu veranschlagen, welche Schichtung mir die Linie der Mauerkrone am leichtesten fortzusetzen erlauben würde. Dann wendete ich mich zu den Diabas-Bruchstücken um, die hinter mir und neben mir schon im Sand lagen, schätzte ab, welcher von den verstreuten Steinen am ehesten in die zu füllenden Leerräume passen könnte, und wenn ich es mit keinem von ihnen versuchen wollte, schob ich die Karre zu dem großen, abgekippten Haufen, nahm nacheinander Steine in die Hand, die der benötigten, in meinem Kopf als Vorstellung mitgebrachten Form am besten entsprachen und füllte die Blechschale der Karre mit den günstig erscheinenden Kandidaten.

Wenn ich sie einen Schritt vom Mauerbogen entfernt abgekippt hatte, begann die langwierigste, anstrengendste Arbeit: das Ausprobieren. Um einen einzigen, gut passenden Stein an der vorgesehenen Stelle einfügen zu können, musste ich vier, fünf, sechs, sieben, manchmal zehn von den massiven Brocken anheben, probeweise einsetzen, immer wieder auch drehen, erneut einsetzen, hin und her rücken, weglegen, mit dem nächsten und dem nächsten und dem nächsten ebenso, bis schließlich einer saß, sich mit den Auflageflächen an die schon gesetzten Steine fügte, mit seinen eigenen, nun freien Flächen günstige Anschlüsse versprach und dem imaginierten Bild der Trockenmauer ein kleines Stück mehr zur Wirklichkeit verhalf.

Manchmal rief ich in einem solchen Augenblick »Ja!« oder »Passt!« oder »Warum nicht gleich?« oder »Endlich!«, als müsste ich den anderen, die irgendwo auf der Fläche des entstehenden Gartens arbeiteten, meinen kleinen Fortschritt beim Puzzeln mit den schweren Bruchsteinen laut mitteilen. Oder ich atmete mit einem erleichterten »Poh!« etwas vernehmlicher aus. Meistens aber trat ich nur ein, zwei Schritte zurück, um besser beurteilen zu können, wie sich der eben gesetzte Stein in die langsam, sehr langsam wachsende Erscheinung der Trockenmauer einfügte. Wenn ich einverstanden war, nickte ich ein paar Mal oder ballte kurz die Fäuste oder genoss, unmerklich für jeden, der zugesehen hätte, die kleine Genugtuung nach einigen gelungenen Handgriffen.

Je länger ich arbeitete, desto vertrauter wurde ich mit den Steinen, ihren Gestalten, ihren schimmernden Flächen, die, im Steinbruch mit Gewalt voneinander getrennt, gespalten, gebrochen, wieder an ihren zufällig entstandenen Außenseiten zueinander finden, sich aneinander schmiegen sollten und auf deren Fähigkeit, einander Halt zu geben, ich vertrauen musste, ihren Kanten, die ein Fugenmuster ergeben würden mit kleinen Hohlräumen, wo Eidechsen und Käfer und Wildbienen und Hummeln Unterschlupf finden würden. Und wenn ein probeweise eingesetzter Stein nicht passte, nicht hinreichend Auflage fand und keine günstigen Flächen für Anschlüsse bot, erschien mir das wie ein Widerstand des Materials gegen meine Absichten, ja wie eine Verweigerung, geradezu Sabotage, zumindest wie eine lässige Ablehnung eines zugemuteten Dienstes.

Wenn ich mich jetzt an diese stundenlange Geduldsarbeit erinnere, kann ich es nicht anders hinschreiben: Ich begann, mit den Steinen zu reden. Eine Rede nach innen, keine vollständigen Sätze, eher ein Gebrabbel, ein stummes Ausprobieren auch von Wörtern, aber nicht das, was man einen Bewusstseinsstrom in Sprache, noch weniger treffend einen inneren Monolog nennt, sondern ein in mir an die Steine Gerichtetes, eine unmögliche, aber deutliche Zwiesprache, als wären die menschengemachten Wörter oder Wortbruchstücke noch nicht zum Aussprechen geeignet, müssten noch probeweise in mich hinein geredet werden, wären aber ohne jedes Bedenken für die Steine gedacht. Es brauchte keine durchdachte Absicht für dieses beiläufige und wie von selbst entstehende Gebrabbel, dieses innerkörperliche Hantieren mit Verständigungsmaterial. Was ich wusste, war nur: Ich muss mich mit den Steinen verständigen, mich ihrer Bereitschaft versichern, sich passgenau in die Trockenmauer zu fügen, oder auch ihre Weigerung akzeptieren, an genau dieser Stelle, wo ich einen von ihnen hinsetzte, an ihm wackelte, ihn wendete und noch einmal wendete, bereitwillig Halt zu finden, sich zu benachbaren, sich mit seinen Flächen für den nächsten, anliegenden Stein anzubieten.

Man kann dieses stumme, wortsprachlich defizitäre Gebrabbel als eine Art Kompensation für das Alleinsein bei der langwierigen Arbeit deuten, als eine psychische Ableitung für die anhaltende, immer wieder mit Anstrengung verbundene Aufmerksamkeit, auch für den sich anstauenden Unmut bei den immer neuen

Fehleinschätzungen, Fehlgriffen, wenn von sieben Versuchen, einen sich einschmiegenden Felsbrocken zu platzieren, sechs misslangen. Projektionen also, Übertragungen aus zurückgehaltenen oder überreizten Affekten, die Steine als anthropomorphisierte Gegenüber, denen ich Schuld oder Widerspenstigkeit oder Gemeinheit mit Sprachlichem vergelten konnte, selbst brabbelnd der Überlegene, weil sie in keiner Weise sprechen können.

Ich kann solche Interpretationen nicht widerlegen. Und wenn ich bei den Hantierungen einmal halblaut vor mich hinredete: »Der könnte es sein« oder »schade, ein bisschen zu spitz« (zu lang, zu uneben, an der Unterseite zu stark geneigt, nicht anschlussfähig, an der Vorderseite zu buckelig) oder »wäre doch zu schön gewesen« oder »zum Teufel auch« oder »na gut, dann eben nicht« oder »der nächste bitte« oder »jetzt aber« oder »nicht schlecht, aber nicht gut genug« oder »zum Mäusemelken« oder »wollen wir wetten?« oder beim abgekippten Steinhaufen: »der geht mit« oder »so in etwa« oder »der da, ja der, genau der« oder – einen Brocken beiseite werfend – »immer diese Enttäuschungen« oder – ein schweres Stück in den Händen drehend – »so vielleicht oder so oder auch so«, wenn ich also die Wörter, wie um mich zu besänftigen, zu entlasten oder zu ermuntern, in die Luft hinausließ, dann kam ich mir kindisch vor, regredierend, weil mich über Stunden hin die Tätigkeit, die mit so viel sinnlichem Aufwand und so viel handgreiflichem Misslingen durchmengt war, insgeheim überforderte.

Wie gesagt, alle solchen Erklärungen liegen bereit und mögen jemandem, der oder die diese Zeilen liest, hinreichen und vielleicht einen kleinen Lacher wenigstens bis in den Rachenraum schicken. Aber für mich bleibt die Erfahrung – so viel kann ich zu sagen riskieren, ohne mich erinnernd zu überheben oder interessant zu machen – heute noch unabweisbar, die sozusagen ohne den Gebrauch von Klugheiten und Plausibilitäten und Wissensbeständen unmittelbar einleuchtende Wahrnehmung, die mir durch die Handschuhe in den Fingerkuppen und unter dem Hemd in den Rückenmuskeln und am Gürtel in den Lendenwirbeln und in den ohne mein Zutun befeuchteten Augen versicherte: Ich müsse mich mit den Steinen gutstellen, mit ihnen verständigen, ihnen ihre Eigenheiten und ihre eigenmächtige Beteiligung zugestehen. Der nach innen geredete, ohne Vorsatz und Bedacht entstehende, nur ab und zu registrierte Wortfluss, der mir beinahe so selbstverständlich erschien wie mein Atem, lief gleichsam neben meinen Fähigkeiten, Gedanken zu fassen und Sätze zu bilden, als etwas Richtiges und Angemessenes und Unerlässliches her. Das Gebrabbel bewies nichts und demonstrierte nichts und rechtfertigte nichts. Es war da, weil meine Arbeit mit den Steinen es verlangte.

Und heute könnte ich darauf verweisen, dass von Meistern des Geigenbau-Handwerks berichtet wird, dass sie die sehr lange und sorgfältig gelagerten Hölzer, aus denen ein Instrument entstehen sollte, oft und, je näher die Verwendung bevorstand, immer öfter betasteten, beklopften, betrachteten, in der Hand wogen, weil sie das dem Holz Innewohnende erspüren und erkennen wollten, um zu entscheiden, wann und wie und wozu das vorgeblich tote Stück Holz verwendet werden wollte. Da ist dann manchmal von der ›Seele des Holzes‹ die Rede, eine hilflos ergriffene Floskel, weil wir in unserer abendländischen Kultur keine Vorstellungen und keine Ausdrucksmöglichkeiten mehr dafür besitzen, von einem Eigenwillen der Naturdinge, von ihrer Verweigerung oder ihrer Anmutung oder ihrer Bereitschaft zur Kooperation zu sprechen.

Virtuose Geigenspielerinnen und Violonisten sind überzeugt, dass ihre wertvollen Instrumente so etwas wie eine ›Persönlichkeit‹ besitzen, aber solche metaphorische Rede gestehen wir ihnen nur zu, weil angeblich in der Sphäre der Kunst andere Rationalitäten gelten als in der biederen Alltagswelt. Zu formulieren, dass jedem der Felsbrocken, die ich in die Hände nahm, um aus ihnen eine Trockenmauer aufzubauen, eine ›Individualität‹ zu eigen war, würde man mir vielleicht als eine kurzatmige, übertragene Ausdrucksweise durchgehen zu lassen, als eine uneigentliche Verwendung des Wortes, die verknappt angibt, dass jeder Stein aus einer schier unfassbaren Summe von Einzelereignissen bei seiner Verfertigung eine ganz und gar unverwechselbare, einzigartige äußere Erscheinung erhalten hatte.

Ich spreche hier nicht von solcher Individualität und auch nicht von einer ›Wesenhaftigkeit‹ oder einer ›Beseelung‹ jedes Steins, nicht einmal von einem irgendwie erkennbaren und benennbaren Eigenwillen und einer Verständigungsbereitschaft der Diabasbrocken. Was ich aber, gegen alle Zweifel eines akademisch trainierten Autors und mit aller Nüchternheit eines gelegentlich ziemlich pragmatisch vorgehenden Handwerkers, vorbringe, ist die damals mit allem, was ich bin, erlebte Gewissheit, dass ich mit den Steinen kooperieren, auf sie ›hören‹ und mich mit ihnen abstimmen musste, wenn eine haltbare Trockenmauer zustande kommen sollte.

Noch eines, was ich hier hinzusetzen muss: Während des Arbeitens dachte ich wieder und wieder an die Textstücke von Christian Enzensberger, die vor ein paar Jahren in den *Akzenten* abgedruckt worden waren, irritierende Berichte vom Zwiegespräch mit den Steinen, Prosa-Miniaturen, die einen zwangen, sich zu entscheiden, ob man den eigenwilligen Anglistik-Professor für nicht mehr ganz zurechnungsfähig halten wolle. Der Herausgeber der Zeitschrift, der mit ihm befreundete Michael Krüger, hätte dann die merkwürdigen kleinen Nacherzählungen als hilfreichen Beweis der unverbrüchlichen Freundschaft veröffentlicht. Oder ob man diese erfundene Wechselrede zwischen einem Menschen und den nicht näher beschriebenen mineralischen Wesen als eine den Verstand durchdringende, ins Innerste hineinreichende Fantasie von einer Nähe zu den stummen Naturdingen annehmen solle, eine Traumschrift von dem Unmöglichen, in dem sich verschobene, unbegriffene Wünsche zeigten, als ein Kunststück also, das der kruden Wirklichkeit widerspreche. Das wäre aber etwas anderes als eine nur ausgetüftelte andere Wirklichkeit. Dass die Steine zu dem von ihnen Belehrten in einem derben, lautschriftlich wiedergegebenen Bayerisch sprachen, ist mehr als ein artistischer Kunstgriff.

Oder auch, aus der Nähe gesagt: ba uns muäsd eeä schaung, dossd midn neemä nochkimmsd, sieh eher zu, daß du dich in deiner Fähigkeit (oder auch Bereitschaft) zu sein, alle und alles zu sein, nicht verhebst und überschätzt – sie meinen so etwas wie seine Mögenskräfte, mit denen er tatsächlich, edz konni nimmä seufzend, öfters sich an seiner Grenze wähnte, und dann doch nicht war: denn erstens kann Mögenswillen (gottlob) Mögenswillen wecken, und zum anderen springt, wo der eigene versiegen will, der Leib ein, der keine solche Grenze kennt, solange sie ihm nicht gezogen wird: wenn man ihn läßt.
Im Inänondä sai is geem und neemä oäns (als geduldige Belehrung für den Neuling) war wieder so ein Satz, und wieder haben sie ein ausbrobiiän nachschallen lassen (wie zuvor schon), und wieder ist ihm (wie zuvor schon, wie andauernd) beim Nachspüren anders geworden, weil beim Ausprobieren dem auch so war, weil sich im Ineinander Geben und Nehmen nicht mehr auseinander halten ließen, weil er zwar hauptsächlich ein Nehmen und Bekommen wahrnahm (einer Fülle und des Einstroms), aber doch nicht leugnen konnte, daß dabei etwas auch aus ihm hinausging, also gab, er wußte nur nicht recht, woraus hinaus und was, so daß er hilflos rief es gibt, nicht ich – und doch darüber froh war wie über ein, zuvor nur nicht, oder nur für Augenblicke, und dann wieder nicht mehr, gewecktes eigenes Vermögen. Darauf die Steine miiä geems doo aa, worum ned du, woäsd eem ned woosd konsd woosd bisd, in der Abkürzung das bist schon du, du kennst dich eben nicht.[254]

# V. Allianz und Naturgeschichte

## Naturallianz und Symbiose – Klärungen

Beginnend in den sechziger Jahren, präsentierte die Mikrobiologin Lynn Margulis Einsichten aus ihrer Forschung, die unsere Vorstellungen von der Evolution der Lebewesen grundlegend veränderten. Sie konnte durch die Analyse von Abdrücken, die sehr einfache Organismen in Gesteinen aus der frühen Erdgeschichte hinterlassen haben, immer überzeugender darlegen, dass der Beginn der evolutionären Entwicklung auf der Verschmelzung von unterschiedlichen Einzellern beruhte, vor allem aus der Einverleibung von Bakterien – ›prokaryotischen‹ Zellen, in denen das Erbgut sozusagen im Zytoplasma flottiert – in andere einzellige Lebewesen. Durch die Integration des genetischen Materials der eingelagerten Zelle in den Corpus der aufnehmenden war, so machte sie wahrscheinlich, der Typus der ›eukariotischen‹ Einzeller entstanden, die einen Zellkern mit den artspezifischen Genen besaßen. Diese frühen Einzeller vermehrten sich zwar auch, wie die Bakterien, durch Abschnürung des gesamten Zellkörpers, aber die Teilung ging immer von den sich aufteilenden, gedoppelten Chromosomensträngen im Zellkern aus (Mitose), die Teilung der Gesamtzelle folgte nach. Durch die Mitose entstehen ›Tochterzellen‹ mit identischen Chromosomensätzen. Von dieser hier extrem vereinfacht angeführten Mitose unterscheidet sich die Meiose, eine andere Art der Zellteilung, bei der durch die Halbierung der Chromosomensätze Tochterzellen mit nicht völlig identischem Genmaterial entstehen.

Indem die vermehrten eukariotischen Zellen dann irgendwann nicht mehr frei im Meerwasser drifteten, sondern beieinander blieben und sich nach und nach funktional differenzierten, entstanden erste mehrzellige Lebewesen. Komplex organisierte, vielzellige Lebewesen bildeten zur Vermehrung des Gesamtorganismus in der Meiose spezielle Zellen aus, in deren Zellkernen halbierte und an entscheidender Stelle unterschiedene Chromosomensätze enthalten sind – bei Tieren Spermien und Eizellen, die in geschlechtlich unterschiedenen Individuen erzeugt werden. Aus der Vereinigung von Eizelle und Spermium mit jeweils halbiertem Chromosomensatz entsteht als erstes Stadium eines neuen Lebewesens eine teilungsfähige Zelle mit wieder komplettem (meist diploidem) Chromosomensatz (Zygote). Erst ab einem bestimmten Stadium der Teilungen differenzieren sich dann aufgrund der Erbinformationen beim Embryo organisch und funktional unterschiedliche Zellen des Gesamtorganismus aus.

Die geschlechtliche Vermehrung hat sich im Lauf der Erdgeschichte mit der Mehrzahl der Lebewesen durchgesetzt. Es gibt – nicht nur bei Einzellern – ungeschlechtliche Vermehrung, und manche Moose, Pflanzen, Tiere können zwischen beiden Formen der Reproduktion wechseln.[255] Über den evolutionären ›Vorteil‹ geschlechtlicher Vermehrung findet immer noch eine wissenschaftliche Diskussion statt.[256] Diese Form der Weitergabe von Erbgut wurde erst möglich, als mit den eukaryotischen Einzellern ein Zelltyp vorlag, in dem die entscheidenden Erbinformationen in einem separaten Zellkern versammelt waren.

Lynn Margulis sah in den uranfänglichen Formen der Entwicklung von einzelligen Lebewesen zu Zellen mit Zellkern (und mit anderen einverleibten organischen Bestandteilen wie etwa den Mitochondrien), aus denen noch die komplexesten Organismen und auch die vernunftbegabten Menschen bestehen, das Grundprinzip der Symbiose als den eigentlichen Treiber der Evolution: Es begann mit der unauflöslichen Verschmelzung zweier selbständiger, je von einer Membran umgebener Organismen zu einem, in dem die erblichen ›Errungenschaften‹ von beiden, gänzlich verschiedenen lebendigen Einheiten durch die Integration des einen in den anderen ein neues, komplexeres Lebewesen entstehen ließen.

Dieses symbiontische Prinzip bildet nach Margulis[257] die Grundlage der Entfaltung des Lebens auf dem Planeten. Auch die sogenannten höheren Tiere (Tintenfische, Walartige, Vögel, Säugetiere) existieren nur mit Hilfe von Symbiosen, die sie zumeist mit verschiedenen Bakterien, aber auch mit anderen Lebewesen eingehen. Symbiose findet sich auch in vielen weiteren Bereichen der Tier- und Pflanzenwelt, der Algen- oder Flechten- oder Pilzpopulationen. Dabei gibt es Symbiosen, die auf der festen organischen Verbindung verschiedenartiger Lebewesen beruhen, und solche, bei denen die Partner unabhängig voneinander bleiben, aber durch Osmose (Austausch von Stoffen über Zellmembranen) oder andere Stoffwechsel-Verquickungen oder auch enge, wechselseitig begünstigende Partnerschaften aufeinander angewiesen sind.[258]

Das definitorische Prinzip von Symbiosen liegt in der wechselseitigen Begünstigung der Entfaltung des Lebens von zwei (oder mehr) aufeinander abgestimmten Arten, die unter Umständen ganz verschiedenen Stämmen, Klassen oder Ordnungen der taxonomisch gruppierten Lebewesen zugeordnet sind: Bakterien und Säugetiere, Blumen und Vögel, Algen und Moose, Polypen und Fische, Ameisen und Blattläuse, Pilze und Bäume usw. Von einer Symbiose im strengen Sinn (*Eusymbiose*) spricht man dann, wenn die Arten in Körperbau, Stoffwechsel, Verhalten, sozialer Organisation, Gestaltung der Umgebungen – in einem oder mehreren von diesen und weiteren Faktoren – so aufeinander angewiesen sind, dass das individuelle oder kollektive Leben der Beteiligten gefährdet ist, wenn die Kooperation verhindert oder beendet wird.

Das heißt: Die Eusymbiose als der Inbegriff des symbiontischen Prinzips ist eine Form der lebensnotwendigen Kooperation zwischen evolutionär genau aufeinander abgestimmten Arten. Fällt der eine der Partner, aus welchen Gründen auch immer, definitiv aus, ist es auch um den anderen geschehen – wenn der Schnabel einer Kolibri-Art genau so geformt ist, dass der Vogel als einziges Lebewesen die Blüten einer bestimmten Orchidee beim Nektartrinken bestäuben kann, dann wird die Orchidee aussterben, sobald der Kolibri verschwunden ist. Und eine Kuh wird verhungern, wenn in ihrem Pansenmagen die Bakterien, andere Einzeller und Pilze fehlen, die das heruntergeschluckte Gras aufschließen können. Die beteiligten Partner, wie verschieden auch ihre Artung sein mag, sind so – im Wortsinn – existenziell aufeinander angewiesen, dass sie ohneeinander nicht leben und sich nicht fortpflanzen können.

Von der Eusymbiose unterschieden ist der *Mutualismus*: eine regelmäßig auftretende, andauernde und wechselseitige Bevorteilung der Partner, ohne dass eine stoffliche oder organische oder auch habituelle, lebensnotwendige Verbindung besteht. Ein bekanntes Beispiel gibt das Zusammenleben des Einsiedlerkrebses in seinem Muschel- oder Schneckengehäuse mit der darauf angehefteten Seeanemone – deren Nesselgift kann den Krebs vor Fressfeinden schützen, und die Fortbewegung des Krebses mit seinem Gehäuse verschafft der Seeanemone bessere Möglichkeiten, selbst Beute zu machen. Beide Tiere sind aber auf diese wechselseitige Begünstigung nicht unbedingt angewiesen.

Die schwächste Form von Symbiose wird als *Protokooperation* oder auch *Allianz* bezeichnet: Kleine Vögel, die ›Krokodilwächter‹ genannt werden, haben sich darauf spezialisiert, die Zähne der Großechsen zu reinigen, wie ähnlich die sogenannten Madenhacker auf den Rücken von Antilopen oder anderen großen Pflanzenfressern, wo sie Insekten und Parasiten wegpicken. Solch eine Partnerschaft findet nur gelegentlich statt und ist jeweils kurz befristet. Auch dass viele Fischarten Schutz in den Höhlungen von Korallenriffen suchen, kann man nicht eigentlich als Symbiose bezeichnen, im Unterschied zu einer stofflich und habituell eng abgestimmten Beheimatung einer speziellen Fischart in den Tentakeln einer Seeanemone.[259] Der Begriff der ›Allianz‹ (Protokooperation) in den biologischen Symbiose-Klassifizierungen hat nur partiell etwas mit dem Konzept der Naturallianz zu tun.

Die Grenzen dessen, was landläufig als Symbiose bezeichnet wird, sind unscharf. Wenn das Kriterium der wechselseitigen Begünstigung der Partner entscheidend sein soll, lässt sich der Parasitismus ziemlich klar abgrenzen, bei dem nur der parasitäre Partner Vorteile aus der Beziehung gewinnt – bis hin zu dem Extremfall, bei dem der Parasit das Wirtstier buchstäblich vertilgt wie etwa bei vielen Schlupfwespen, wo die am oder im Körper des Wirtes platzierten Eier sich zu Larven entwickeln, die den beherbergenden Körper von innen auffressen.[260]

Es gibt aber auch sehr viele enge, lebenswichtige Verbindungen zwischen Lebewesen, ohne dass man von einer regelrechten Symbiose sprechen kann. Zeigt der Umstand, dass die Raupen bestimmter Schmetterlingsarten auf eine einzige Futterpflanze angewiesen sind (sogenannte ›monophage‹ Arten), so wie das Tagpfauenauge oder der Admiral auf die Brennnessel, bereits eine Symbiose an? Handelt es sich um eine Symbiose, wenn Sperlinge oder andere kleine Singvögel in den großen Reisighorsten von Raubvögeln nisten? Wann wird eine ökologische Lebensgemeinschaft von verschiedenen Pflanzen in einem Habitat, etwa einem Moor oder einer Steppenheide, zu einer Symbiose – erst mit der analytisch nachweisbaren, direkten stofflichen Wechselwirkung zwischen einzelnen Arten oder schon, wenn die Pflanzen sich auf unterschiedliche Weise an der Erhaltung des begünstigenden Milieus beteiligen?

Die Antwort auf solche Fragen kann hier den zuständigen Wissenschaftsdisziplinen überlassen werden. Ein kurzer Blick auf die biologische Bestimmung von Symbiosen soll nur dabei helfen, den Ansatz und die Reichweite des Begriffs der ›Naturallianz‹ deutlicher hervortreten zu lassen. Auf der Ebene der biologischen Klassifikationen ließe sich sagen: Die verschiedenen Spielarten von Symbiosen können als Sonderfälle von Naturallianzen verstanden werden, weil die jeweiligen Kooperationen mehr oder weniger festgelegt sind, als Ergebnisse evolutionär entwickelter, wechselseitiger Anpassungen. Das ›Agens‹ der Beteiligten in der symbiontischen Kooperation, von einem vorübergehenden, verhaltensgesteuerten Austausch bis hin zum speziellen, genau aufeinander bezogenen Körperbau und Stoffwechsel der interagierenden Partner, ist in hohem Maß genetisch festgeschrieben. Indem aber bei dieser Betrachtung das ›Programmierte‹ des Wechselbezugs hervorgehoben wird, entfernt sich die Deutung vom Konzept der Naturallianz: Nicht ein quasi mechanisches Reagieren, über scheinbar automatische, im Bauplan der Beteiligten angelegte Kooperationen – im Stoffwechsel, in der Interaktion, in der körperlichen Entwicklung usw. –, hebt die Denkfigur der Naturallianz heraus, sondern ein Wollen, ein Treibendes, eine Strebung, die eben womöglich auch noch im genetisch Angelegten (mit)wirkt.

Diese Verlagerung des Ansatzes lässt die Symbiose in ihren verschiedenen Spielarten, jenseits einer Frage nach der konkreten Steuerung von Symbiose, als einen biologischen Sonderfall dessen erscheinen, was mit dem Allianzprinzip auch in dem viel größeren Bereich der abiotischen Naturerscheinungen angesetzt wird. Symbiose beschränkt sich, wie der Terminus selbst angibt, auf die Sphäre der Lebewesen. Naturallianz beteiligt konzeptionell aber auch die angeblich leblose Materie.[261] Das bedeutet, wie schon erläutert, eben nicht, dass eine im üblichen Verstande vorgestellte Intentionalität vermutet wird, die gemeinhin ja auch eine zumindest relative Entscheidungsfreiheit voraussetzt, womit die bereits erwähnten erkenntnistheoretischen Probleme aufscheinen, die unvermeidlich sind, sobald wir Menschen über Formen der Intentionalität bei nicht-menschlichen Lebewesen sprechen.[262] Um wieviel größer werden diese Probleme bei Aussagen über abiotische Materie.

## Evolutionstheoretische Überlegungen: Allianz und »Kampf ums Dasein«

In diesem Essay vertrete ich die Überzeugung, dass unser menschliches Leben wie das Überleben der Gattung *Homo* (deren letzte, ›siegreiche‹ Vertreter die verschiedenen Ethnien der Art *Homo sapiens* sind), dass mithin unser physisches wie unser soziales Dasein davon abhängt, ob wir die Naturallianzen wahrzunehmen und anzuerkennen in der Lage sind. Selbst unser technisch transformiertes, scheinbar naturfernes Wirken und Walten auf dem Globus haben wir zu begreifen als ein Tätigsein, das wissentlich oder unwissentlich, aber unmittelbar in Naturallianzen eingebunden ist, noch wenn wir das durch unser Gebaren herrisch und destruktiv negieren.

Allianzen als eine Grundtatsache im Naturgeschehen, so auch für die menschliche Existenz anzusehen, rückt ein Zusammenwirken der Lebewesen und auch der abiotischen Beteiligten, eine Kooperation in den verschiedensten Formen, von der engen Symbiose bis zum freien stofflichen Austausch, von den energetischen Bündnissen bis zu den atmosphärischen Begünstigungen, in den Vordergrund.

Damit aber gerät das Allianzprinzip auf den ersten Blick in eine unvermeidliche, fatale und entkräftende Opposition zu jenem Grundprinzip des evolutionären Geschehens auf der Erde, das eine versimpelnde Interpretation als ›Motor‹ nicht bloß der erdgeschichtlichen Entwicklung aller Lebewesen, sondern auch als einen Imperativ allen individuellen wie vergemeinschafteten Lebens annimmt: zum Prinzip der *Konkurrenz* von Individuen wie Lebensgemeinschaften um lebensnotwendige Ressourcen wie Raum, Licht, Wasser, Nährstoffe, förderliche Habitate, kurz: um physische wie soziale oder verhaltensspezifische Entfaltungsmöglichkeiten. Das Konkurrenzprinzip erscheint einer solchen Auslegung der Evolutionsgeschichte als der die Entfaltung der Arten, ja alles Leben bestimmende Treiber individuellen wie kollektiven Daseins. Dabei beruft man sich auf die unbezweifelbare Autorität von Charles Darwin.[263]

Darwins klassische Evolutionstheorie ist, um die *Entstehung der Arten* zu erklären, zentriert um die Prinzipien der Anpassung und der Selektion, auf der Grundlage einer Auswahl von genetischen Veränderungen, die durch die ständig stattfindenden Mutationen im Erbmaterial eröffnet werden. Dabei versteht Darwin Anpassung in Relation zu veränderten externen Lebensbedingungen, zum Beispiel wenn eine Schar Vögel durch Winde auf eine ihnen völlig unbekannte Insel verdriftet und die Tiere sich dort auf die neuen Gegebenheiten einrichten müssen. Zur treibenden Dynamik der Mutationen tritt das Prinzip der Selektion, das über die genetische Weitergabe günstiger Mutationen entscheidet.[264] Denn Darwin ging davon aus, dass alle Individuen und Populationen in einer mehr oder weniger ausgeprägten Konkurrenz um Lebensräume und notwendige Ressourcen stehen. Dabei spielte für Darwin die relative Isolation einer solchermaßen erfolgreichen Anpassung, etwa durch lebensräumliche Trennungen von Populationen, eine wichtige Rolle. Der Vorteil durch eine eingetretene Mutation muss sich also in einer erfolgreicheren Nutzung bestehender bzw. veränderter externer Lebensmöglichkeiten in Differenz zu anderen Nutzern bewähren. ›Erfolgreich‹ bedeutet dabei nicht die Langlebigkeit und Fortpflanzungsfähigkeit eines Individuums, sondern die – statistisch gesehen – potenzielle Durchsetzungs- und Fortpflanzungsfähigkeit im Hinblick auf die Entwicklung einer Population.

Ein Vorteil kann jedoch vor allem dadurch eintreten, dass mutierte Individuen bereits vorhandene Lebensmöglichkeiten in ihren Umgebungen entdecken und ausgestalten, also in der Vielfältigkeit des Vorhandenen gewissermaßen noch ungenutzte Nischen besetzen und so durch eine Korrespondenz zwischen den genutzten Faktoren und der Anpassung eine ›konkurrenzfähige‹ Lebensmöglichkeit entwickeln.

Das *survival of the fittest* bezieht sich primär auf die artprägende *Anpassung* an gegebene Lebensbedingungen, die eben auch auf spezifische Naturallianzen hinausläuft. Die These lautet also: *fittest* bezeichnet, im Hinblick auf die statistisch definierte beste Chance, durch ›passende‹ Mutationen an einen vorfindlichen bzw. entdeckten Lebensraum begünstigte Möglichkeiten zu erhalten, die Erbinformationen weiterzugeben und so allmählich eine begrenzte Population zu verändern. Eine eigenständige Art – die dadurch definiert ist, dass nur die Individuen einer bestimmten Population sich miteinander (dauerhaft) fortpflanzen können – entsteht also durch eine Auslese von vererbten, begünstigenden Mutationen und weiteren Faktoren. Indem sich evolutionär durch bereits erfolgreiche Anpassungen und Selektionen entstandene Individuen einer Art an veränderte oder neuartig genutzte Lebensbedingungen spezifisch anpassen, entstehen neue Naturallianzen, die eine solche veränderte Population begünstigen.

Nun enthält aber das verbreitete Verständnis von Darwins Evolutionstheorie eine scharfe, scheinbar entkräftende Spitze gegen ein ins Spiel gebrachtes, diskursiv noch zu konsolidierendes Allianzprinzip. Die Formel *survival of the fittest*, die eigentlich ein statistisch fassbares Ergebnis der *natürlichen Selektion* meint, stammt nicht von Darwin selbst, sondern von dem Sozialphilosophen Herbert Spencer, der diese folgenreiche Formulierung 1864 in seinen *Principles of Biology* benutzte. Darwin übernahm sie in die fünfte Auflage der *Origin oft Species*, ohne auf den von Spencer schon in sozialphilosophischen Werken angelegten, eben auf die sozialen Bewegungen (*Theory of Population*, 1852) bezogenen Unterton zu achten.[265]

In den evolutionstheoretischen Debatten bereits des 19. Jahrhunderts wurde darauf hingewiesen, dass die Umdeutung der Formel *survival of the fittest* zu ›Durchsetzung des höher Entwickelten, Stärkeren‹ (nicht ›des am besten Angepassten‹) ein Missverständnis von Darwins Konzept bedeute.[266] Aber genau diese Umdeutung spielte und spielt eine zentrale Rolle in der Geschichte des Darwinismus, mit extremer Akzentuierung in auch politisch wirksamen Formen des Sozialdarwinismus.[267] So wird in weit verbreiteten, dann auch neoliberal in Dienst genommen Auffassungen der Darwinschen Evolutionstheorie die grundlegende Dynamik im Dasein aller Lebewesen als eine treibende Konkurrenz ums Überleben von Individuen wie von Populationen bzw. sozialen Gruppierungen gesehen. Dieser angeblich unaufhebbare, biologisch angelegte ›Kampf ums Dasein‹ sei, mit dem ›Überleben des bzw. der Stärkeren‹, nicht nur für die evolutionäre Entwicklung, sondern für die Lebenswirklichkeit überhaupt, mithin auch für die gesellschaftlichen Verhältnisse einschließlich des wirtschaftlichen Agierens maßgeblich. Allianzdenken muss sich auch gegen solche vulgärdarwinistischen Umdeutungen der Evolutionstheorie behaupten.

Versteht man die Ausbildung und das Bewähren von Allianzen als eine grundlegende Bewegung nicht nur im Beziehungsgeflecht des Lebendigen, sondern im Wechselspiel aller natürlichen Entitäten – bis hin zum ›Wirken‹ eines Flusses, des Winds, eines Gletschers, einer Gesteinsformation, eines Totholzes –, dann bestreitet dies nicht, dass es eine allgemeine Konkurrenz um Präsenz, um Lebensmöglichkeiten, um allemal begrenzte Ressourcen, um Verbündete, um sexuelle Partner und anderes mehr gibt. Aber auch Konkurrenz beruht auf Allianzen. Denn Konkurrenz um die Etablierung von Lebensmöglichkeiten bedeutet – anders, als man das oft versteht – nicht einfach Verdrängung und Beeinträchtigung anderer, sondern das Finden und Nutzen einer je besonderen Lebensmöglichkeit. Anders ausgedrückt: Es kommt weniger darauf an, sich in einer Art Kampf gegen rivalisierende Populationen oder Individuen durchzusetzen. Vielmehr geht es darum, vorhandene oder neu gebildete Allianzen in einer Weise zu nutzen, die sozusagen einen Platz durch *Unterscheidung*, durch ein eigen-artiges Set von Allianzen zu behaupten erlaubt. Und – was den Blick auf evolutionäre Prozesse wesentlich verschiebt – auch Konkurrenzen ruhen gewissermaßen einer Vielzahl von Allianzen auf, wenn man so will: Die ›Alleinstellungsmerkmale‹ einer Art bilden sich als Spezifika auf einem großen Sockel allgemeinerer, weiterbestehender, mit anderen geteilter Allianzen.

Die Dimensionen, in denen sich Allianzen ausbilden, reichen dabei vom elementaren Stoffwechsel bis hin etwa zur Mimikry, von der körperlichen Formung und Ausstattung bis hin zum sozialen Verhalten, von der Beschaffenheit des engeren oder weiteren Lebensraums bis hin zu Kommunikation und Interaktion. Entscheidend ist, dass in den Allianzen sich Strebungen unterschiedlicher Beteiligter aufeinander beziehen, ins Verhältnis setzen. Die Bandbreite der Möglichkeiten reicht von der sozusagen unkündbaren Verbindung – wie im Fall der beiderseits lebensnotwendigen Eusymbiose – bis zum ebenso notwendigen, aber negierenden Bezug, so bei der nährenden Zerstörung oder Tötung eines bzw. einer Beteiligten. Es fällt uns sehr schwer, beispielsweise die monophage Ernährung bestimmter Lebewesen von einem Allianzdenken her zu begreifen. Aber wenn die Raupen der Monarchfalter sich nur von Seidenpflanzen ernähren können, denen sie womöglich den Garaus machen, dann müssen die Raupen mit der Beschaffenheit ihres Körpers, ihrem Stoffwechsel, ihrem Verhalten eine subtilste Abstimmung, eine in vielen Dimensionen genau austarierte, wechselseitige Bezugnahme entwickelt und verfestigt haben, die durchaus einem Allianzprinzip entspricht. Denn die Pflanze ist keineswegs bloß das passive Opfer eines auf sie angewiesenen Fressfeindes. Nicht nur im größeren Zusammenhang eines Ökosystems ist die womöglich für eine Seite letale Allianz in das regulierende und erhaltende Zusammenspiel verschiedener Allianzen eingebettet.[268] Es sind auch die verschiedensten Abwehrstrategien von Pflanzen gegen tierische Fressfeinde bekannt, sozusagen gegenläufige Allianzen wie zum Beispiel das spektakuläre Wechselspiel zwischen Akazien und Kudu-Antilopen.[269]

Auch das weiter oben besprochene »symbiontische Prinzip«, in dem Lynn Margulis eine fundamentale Bestrebung lebendiger Einheiten nicht nur in der frühen Erdgeschichte erkennt, kann zumindest als eine Relativierung des Arten bildenden ›Mechanismus‹ der natürlichen Selektion im *survival of the fittest* verstanden werden, schon gar wenn der »Kampf ums Dasein« im Sinne der allwaltenden Konkurrenz gedeutet wird.[270] Denn Margulis' Untersuchungen ergeben: Schon die anfängliche Vereinigung verschiedener prokaryotischer Zellen zu den ersten eukaryotischen Zellen kommt zumindest nicht primär durch Mutationen und durch Auslese mittels natürlicher Selektion zustande. Vielmehr vollzieht sich die Extremform der Naturallianz: die Steigerung der Entfaltungsmöglichkeiten des Lebendigen durch *Zusammenschluss*, durch die physische Verbindung verschiedener, jeweils gut lebensfähiger Bakterien bzw. Zelltypen. Nicht *Konkurrenz durch Aussonderung*, nicht das Durchsetzen eines Überlegenen (im Sinne eines an veränderte Umgebungen besser Angepassten) im Kampf ums Dasein ist da am Werk als Treiber der evolutionären Entwicklung.[271] Vielmehr geht eine Allianz als ›Steigerungsmöglichkeit‹ so weit, dass die selbständigen, verschiedenen Lebensformen sich gewissermaßen in ihrer elementaren inneren Beschaffenheit zusammentun: Die eine Zelle löst sich in der andersartigen nicht völlig auf, sondern bleibt als Ermöglichung eines Zellbestandteils – bis hin zur evolutionär entscheidenden Bildung eines Zellkerns – in ihr erhalten, und so eröffnen sich schließlich ganz neuartige Formen der Vermehrung und der Vererbung.[272] Ähnlich verhält es sich mit der Einverleibung weiterer Zelltypen, die als verwandelte, distinkte Bestandteile der ›ertüchtigten‹ Zellen weiterhin zu identifizieren sind.[273] Weder lösen sich die einverleibten Zellen einfach in den neuartigen eukaryotischen Lebensformen auf, noch kann man davon sprechen, dass sie als schlechter angepasste in der Konkurrenz um Entfaltung verschwinden, indem sie das Schicksal im ›großen Gefressen-Werden‹ ereilt. Lynn Margulis' Fokussierung auf die frühen Ausdifferenzierungen von einfachen Arten macht deutlich, dass die Allianz, im Extremfall der körperliche Zusammenschluss, mit dem Herstellen neuer Entfaltungsmöglichkeiten des Lebendigen von Anfang an neben die Generierung neuer Arten aufgrund von vorteilhaften Mutationen und der natürlichen Selektion getreten ist, so dass eben nicht das *Konkurrenzprinzip* allein hinter der Vervielfältigung der Lebensformen steht.

Fast möchte ich sagen: im Gegenteil. Denn die Vielfalt der Arten beruht ja im Zusammenspiel der mannigfaltigen Beteiligten wesentlich darauf, dass immer neue Allianzen zwischen immer wieder anderen Beteiligten erprobt und bewährt werden. Biodiversität ist das Resultat des Suchens und Findens immer neuer Allianzen – dass viele Versuche scheitern, sprich: dass viele Mutationen und die mit ihnen verbundenen Veränderungen dysfunktional, also ›vergeblich‹ sind, gehört zu den Regeln der genetischen Kombinatorik bzw. der Komplexität im Gefüge der vielen Beteiligten.[274] Dass aber neue Arten nicht *prinzipiell* besser angepasst an bestimmte, entstehende oder gegebene Lebensbedingungen sind, sondern genau genommen *anders angepasst*, in neuartigen und dann tragfähigen Allianzen, erhellt auch der erdgeschichtliche Befund: Viele sehr urtümliche Lebewesen, Einzeller und Vielzeller, haben über hunderte von Millionen Jahren überlebt, obwohl es die Konkurrenz mindestens ebenso reproduktionsfähiger, höher entwickelter und beherrschender Arten gab. Was in der Konkurrenz artspezifischer Allianzen sich als erfolgreicher, widerstandfähiger, anpassungsbereiter erweist, lässt sich weder an der bloßen Vermehrung, an der Ausbreitung oder an der ›Schlagkraft‹ einer Art noch an der Sinnfälligkeit der spezifischen, kennzeichnenden Mutationen ablesen. Der Zusammenhang von Naturallianz und Biodiversität ist aber viel zu komplex, als dass ich ihn hier abhandeln könnte.

Naturallianz als eine Ermöglichung wie als ein Resultat von Anpassung zu verstehen, könnte also in einigen Aspekten auch das evolutionstheoretische Modell einer modifizierten Darwinschen Provenienz bereichern, es greift aber nicht die Grundlagen der klassischen Evolutionstheorie oder ihrer modernen Neufassungen an. Das Allianzprinzip erweitert ein eher mechanistisch ansetzendes Konzept der evolutionären Anpassung – und reicht zugleich über eine nur evolutionstheoretische Erweiterung hinaus.

Es kommt hier nicht darauf an, in Richtung auf begriffliche und konzeptionelle Weiterungen der allgemeinen Evolutionstheorie zu argumentieren. Dazu bräuchte es eine profunde Auseinandersetzung mit den längst vollzogenen Veränderungen der Darwinschen Theoriekomponenten (etwa in der Synthetischen Evolutionstheorie), insbesondere auch mit den neuen Einsichten der Genetik (vor allem der Populationsgenetik), der Arten-Definition sowie mit der gesamten Debatte über das Konzept der Anpassung womöglich auch jenseits des Wirkens ›blinder‹ Mutationen.[275] Das ist im Rahmen des Essays nicht zu leisten. Ich möchte zunächst eine Verständigung darüber anregen, ob eine ganz neuartige Fassung des von Bloch ins Spiel gebrachten Allianzprinzips nicht einen dringend notwendigen, veränderten Blick auf das Leben eröffnende und Leben erhaltende Zusammenspiel der verschiedensten biotischen und abiotischen Teilhaberinnen und Teilhaber an den erdgeschichtlichen Prozessen und den aktuellen Entwicklungen ermöglichen könnte.

Darwin hat Begriff und Prinzip der Naturallianz keinen Stellenwert in seiner Theorie beigemessen. Denn mit seinem grundlegenden evolutionären ›Mechanismus‹ der Anpassung wird der ›Akteur‹ der treibenden Veränderung ganz bei den mutierten Individuen einer Population gesehen. Dass Anpassung in diesem Sinn ein *Gegenüber* von physisch vorhandenen Naturerscheinungen – je besonderen abiotischen Allokationen von Erde, Stein, Wasser, Wind, Licht usw. und je besonderen Vegetationselementen, benachbarten Lebewesen u. a. m. – zu den sich verändernden Populationen voraussetzt, war so selbstverständlich, dass der Gedanke, Anpassung könnte auf einem *Wechselspiel der Beteiligten* beruhen, gar nicht in Betracht kommen musste.

Ein Weiteres kommt hinzu: Darwin zielte mit seinem evolutionstheoretischen Entwurf, wie der Titel seines Hauptwerks schon angibt (*On the Origin of Species*), auf die Entstehung einzelner Arten ab, freilich in einer stammesgeschichtlichen Entwicklung. Die schließlich genetisch manifeste *Unterscheidung* einer neuartigen Spezies von den anderen war der alles beherrschende Gesichtspunkt seiner Darlegungen. Und die Unterscheidung hatte sich in der alles fordernden Konkurrenz um Lebensmöglichkeiten zu bewähren. Dass die unterscheidende Neuerung im Gefüge der Arten und Lebensbedingungen aber auch dadurch erfolgreich werden könnte, dass sie eben nicht bloß in der *Konkurrenz* – also der Abstoßung von anderen Mitgeschöpfen und Ressourcennutzungen – sich bewährt, sondern auch durch neuartige *Allianzen* mit vorhandenen Lebewesen und abiotischen Gegebenheiten, das gehört im Darwinschen Modell nicht zu den *Prinzipien* der Evolution. Wenn, mit einem einfachen Beispiel, eine neue Spezies von Fischen sich herausbildet, indem eine vorhandene Art genetisch (durch Mutationen) die Möglichkeit findet, mit einer eigentlich giftigen, lebensbedrohlichen Seeanemonen-Art eine beherbergende ›Kooperation‹ einzugehen, dann verändert das unter Umständen an vielen anderen Stellen das *Gefüge*, das Beziehungsgeflecht der Arten und Lebensbedingungen am Korallenriff. Neue Arten sind also nicht nur in der Konkurrenz zu vorhandenen erfolgreich, sondern auch, indem sie über ihre artspezifischen Allianzen hinaus andere, im Gefüge des Lebendigen vorhandene erweitern oder sogar neu stiften.[276] Eine sich neu entwickelnde Hirschart besteht in der Konkurrenz zu verwandten Spezies eben nicht nur, indem sie ›ungenutzte‹ Allianzen mit vorhandenen oder mit ihrerseits veränderten Pflanzen, Landschaftselementen usw. eingeht. Sondern sie schafft unter Umständen auch neue Allianzen etwa mit Pflanzen, Dungkäfern oder Zecken, die womöglich zu neuen Arten mutieren. Mit anderen Worten: Konkurrenz ist nur *ein* Treiber in der evolutionären Auslese, dem *survival of the fittest.* Bei der ›Optimierung‹ vorhandener und der Entwicklung neuer Arten mindestens ebenso bedeutsam ist die Erweiterung und Vertiefung von Allianzen mit den biotischen und abiotischen Umgebungen bzw. die Entstehung neuer Allianzen.[277]

Dass Anpassung – in Verbindung mit natürlicher Selektion nach der klassischen Evolutionstheorie der entscheidende ›Mechanismus‹ für die Artenentwicklung – so wenig als Bildung von begünstigenden Allianzen verstanden wird, hängt wie gesagt damit zusammen, dass sich die Aufmerksamkeit im theoretischen Ansatz ganz auf die Art bzw. die Population als den *Akteur* im Geschehen richtet, der sich auf der Grundlage von scheinbar ziellosen, zumeist aussortierten Mutationen im Verhältnis zu den sozusagen fokussierten Umgebungen ›optimiert‹, bis hin zur genetisch manifesten Bildung einer neuen Art. Dabei könnte die Relation zu den Umgebungen aber heißen, dass eine *Wechselbeziehung* zu bestimmten Partnern – Lebewesen oder unbelebte Elemente bzw. Formationen – ausgebildet wird, dass also mehr Akteure als nur die sich verändernde Art beteiligt sind und bei der Betrachtung der Prozesse einbezogen werden müssen. Diese veränderte Sicht auf das evolutionäre Geschehen wird inzwischen unter Stichworten wie ›Koevolution‹ in der modernen Evolutionstheorie in die Debatten einbezogen. Ein kurzer Blick auf diese veränderte Perspektive zeigt aber, dass sie nur in sehr eingeschränktem Maß auf ein Allianzprinzip hinläuft.

Neuere Modifikationen der klassischen Evolutionstheorie suchen das *Wechselspiel* bei der Entstehung neuer Arten einzubeziehen: Das symbiontische Prinzip in den verschiedenen Spielarten eines prägenden Bezugs zwischen unterschiedlichen Spezies – von der Eusymbiose bis zum Mutualismus – wird in Theorien der *Koevolution* zu einem grundlegenden Muster bei der evolutionären Entwicklung erhoben.[278] Eine artprägende Veränderung entsteht nach dieser Deutung in einem oft sehr langen

Prozess einer allmählichen Anpassung zweier Partner aneinander. Die Abstimmung in der Daseinsweise der Beteiligten kann dabei von einer engen stofflichen Abhängigkeit – etwa durch osmotischen Austausch und dergleichen – oder einer Passung von Körperbau, Verhalten, Nahrungsaufnahme bis zum festgelegten Bezug zwischen Beutegreifer und spezifischer Beute bzw. zwischen Nahrungsspezialisten, beispielsweise monophagen Schmetterlingsraupen, und der streng definierten, ernährenden Spezies reichen. In dem sich immer enger entwickelnden Bezug der beiden beteiligten Arten entstehe ein starker *Selektionsdruck*, hin auf eine immer genauere, schließlich artprägende Anpassung.[279] Der evolutionäre Vorteil solcher unterschiedlich engen Anpassungen – im Sinne eines recht verstandenen *survival of the fittest* – besteht dann darin, dass im besten Fall keine andere Art eine solche, womöglich zum Leben notwendige Passung streitig machen kann. Das klassische Beispiel dafür liefert die extrem spezialisierte Passung zwischen bestimmten Orchideen bzw. deren Blüten und einer einzigen Schmetterlingsart. Das Augenmerk richtet sich also nicht mehr auf die Herausbildung einer einzelnen Art, deren Anpassung an eine sozusagen passive Umgebung betrachtet wird, sondern die Anpassung selbst wird als ein Prozess gesehen, in dem sich im Wechselspiel zwei Partner immer besser aufeinander abstimmen. Dabei werden mutualistische Koadaptationen, bei denen die Beteiligten sich wechselseitig begünstigen, von antagonistischen Koadaptationen unterschieden, bei denen die Abstimmung für einen Partner nachteilig ist, vor allem wenn sich ein parasitäres Verhältnis entwickelt oder eine Passung zwischen Beutemachern und Erbeuteten. Dieser Bezug ist außerordentlich verbreitet, weil er bei allen Arten vorliegt, die auf ganz bestimmte Nahrungslieferanten angewiesen sind.[280]

Die Theorie der Koevolution veranschlagt also durchaus eine Art Allianzprinzip: Die evolutionären ›Strebungen‹ zweier ›Akteure‹ – Individuen bzw. Populationen verschiedener Arten – zielen darauf, ein spezifisches Wechselverhältnis zu optimieren, um einen von anderen nicht nutzbaren Vorteil in der Nutzung von Lebensräume, Ressourcen und Austauschmöglichkeiten zu erreichen. Der Vorteil verfestigt sich dann gewissermaßen, indem sich zwei aufeinander abgestimmte *Arten* etablieren. Diese evolutionstheoretische Modellierung fokussiert aber erstens sehr stark auf den Wechselbezug zwischen *zwei* Beteiligten. Dass die Passung in einem hochkomplexen Prozess womöglich eine Vielzahl von ganz unterschiedlichen Beteiligten einbezieht – vielleicht gar über die Sphäre der Lebewesen hinaus –, geht nicht in die Fragestellung ein, weil Wechselseitigkeit im Hinblick auf die Entstehung von (neuen) Arten zur Debatte steht, nicht die *neuartige Nutzung* von Bezügen zwischen vorhandenen Akteuren. Nicht jede neuartige Bildung von Allianzen muss zur Entwicklung neuer Arten führen.[281]

Und zweitens werden, ganz entsprechend zur klassischen Evolutionstheorie, für die Mechanismen der Artenbildung auch im Ansatz einer Theorie der Koevolution ausschließlich diejenigen aus Anpassung entstehenden Merkmale ins Auge gefasst, die in der Entwicklung des Wechselbezugs zur artspezifischen *Unterscheidung* von anderen Akteuren bzw. Beziehungen führen. Das erscheint zwingend, weil die Evolutionstheorie nach wie vor in erster Linie die »Entstehung der Arten« erklären will, nicht aber die Entstehung und den Fortbestand komplexer ökologischer Beziehungssysteme über die Bildung neuer, womöglich aus Koadaptionen entstandener Arten hinaus. Auch die Systematik der Verwandtschaften von Arten – früher nach dem Schema evolutionärer Stammbäume modelliert – läuft immer darauf hinaus, *Unterscheidungen* in den Abstammungslinien zu definieren.

Das Allianzprinzip hebt sozusagen gegenläufig die Verschränkungen, das Zusammenwirken auch sehr unterschiedlicher Arten und Elemente in der natürlichen Welt hervor, vom direkten stofflichen Austausch oder energetischer Wechselwirkung bis zu atmosphärischen Beeinflussungen. Koevolutionäre Prozesse können daher als ein eng fokussierter, auf die Artenbildung eingeschränkter Fall von Naturallianz verstanden werden, aber das Allianzprinzip ist nicht evolutionstheoretisch ausgerichtet. Das Konzept sucht eine grundsätzliche Organisationsform in der Ökosphäre des Planeten zu fassen, die Notwendigkeit von Verbindung, Austausch, Zusammenwirken selbst in einer antagonistischen Konstellation. Dies gilt noch für die technischen Machenschaften der Menschen, auch wenn gerade die modernen technologischen Imperative sich davon zu lösen scheinen.

## Haraways Fantasien von ›Verwandtschaften‹ – eine Kritik

Die weltweit bekannte, gefeierte Philosophin, feministische Wissenschaftskritikerin und Futuristin Donna Haraway hat in ihrem jüngsten Buch *Staying with the Trouble*[282] im Schlussteil *Camilles Geschichten* veröffentlicht, eine Folge von futuristischen Erzählungen, die sie 2013 in einem Schreib-Workshop ihrer Kollegin Isabelle Stenger begann. Die durchnummerierten fünf Erzähltexte geben um Jahrhunderte auseinanderliegende Episoden im Leben von Individuen wieder, die alle Camille heißen und – so will es der einleitende Text *Die Welt der Camille imaginieren* – in »wandernden Gruppen« geboren werden. Deren Mitglieder »waren es [...] leid, auf externe Lösungen (die sich nie materialisierten) für ihre gleichermaßen lokalen wie systemischen Probleme zu warten.« Sie sind unterwegs, »um das irdische Leben für eine Epoche neu zu gestalten, die den tödlichen Diskontinuitäten von Anthropozän, Kapitalozän und Plantagozän folgen würden.«[283]

Die Mitteilungen darüber, wie die Menschen in den »Kompostistengemeinschaften« – die »Mitglieder stammten aus jeglicher ökonomischen Klasse, Hautfarbe, Kaste, Religion, Säkularität und Region« – ihr Leben organisieren und ordnen, ohne »so zu tun, als könnten sie bei null anfangen«, bleiben im Einleitungstext vage: »Die Praktiken waren äußerst infektiös. Die Gemeinschaften durchliefen in ihrer sympoietischen Kreativität voneinander abweichende Entwicklungen, wurden aber durch klebrige Fäden zusammengehalten.«[284]

Aber sofort kommt Haraway auf ihr Hauptthema: »Die verbindenden Praktiken erwuchsen aus dem Selbstverständnis, dass es für Wiederherstellung und Kontinuität an ruinierten Orten erforderlich ist, sich auf innovative Art und Weise verwandt zu machen.«[285] Das gesamte, umfangreiche Werk der Philosophin ist durchzogen von Proklamationen einer notwendigen zukünftigen ›Durchlässigkeit‹ der Grenzen biologischer Arten. Zunächst sind es vor allem Fantasien von der ›Verschmelzung‹ der Menschen mit avancierten Technikerzeugnissen in den entstehenden Cyborgs.[286] Die schon heute praktizierten, vor allem medizinisch induzierten Implantationen von maschinell hergestellten ›Ersatzteilen‹ in menschliche Körper – vom künstlichen Hüftknochen bis zum Herzschrittmacher, von der Prothese bis zum injizierten Hormondepot – sollen transformiert werden zur quasi-biologischen Integration des technisch Erzeugten in die Definition der Art *Homo sapiens*. In späteren Werken, so auch pointiert in *Unruhig bleiben*, widmet sich Haraway vorrangig einer Öffnung der Artgrenzen in einer prognostizierten ›Verschwisterung‹ der Menschen mit anderen Lebewesen. In der Einleitung des Buchs erklärt die Autorin umstandslos, »in unruhigen Zeiten, in aufgewirbelten Zeiten, in trüben und zerstörenden Zeiten«, wie sie längst angebrochen sind und sich noch intensivieren werden, bestehe die Aufgabe darin, »sich entlang erfinderischer Verbindungslinien verwandt zu machen und eine Praxis des Lernens zu entwickeln, die es uns ermöglicht, in einer dichten Gegenwart und miteinander gut zu leben und zu sterben.« Das erfordere, »unruhig zu bleiben«, was bedeute, »zu lernen, wirklich gegenwärtig zu sein. Gegenwärtigkeit meint hier nicht einen flüchtigen Punkt zwischen schrecklichen oder paradiesischen Vergangenheiten und apokalyptischen oder erlösenden Zukünften, sondern die Verflechtung von uns sterblichen Krittern [= Getier] mit unzähligen unfertigen Konfigurationen aus Orten, Zeiten, Materien, Bedeutungen.«[287] Solche »Verflechtungen«, die nur durch Verflüssigung fester begrifflicher Zuschreibungen, konzeptioneller Abgrenzungen, praktizierter

Entgegensetzungen ermöglicht werden, sollen insbesondere auch durch die Öffnung der mentalen wie physischen Grenzen der biologischen Arten verwirklicht werden.

Haraway greift bei dieser Vorstellung pointiert und programmatisch auf Lynn Margulies' ›symbiontisches Prinzip‹ bei der Entwicklung eukaryotischer Zellen zurück und überträgt es auf eine analoge »Symbiogenese« auch hoch entwickelter Lebewesen.[288] Sie zieht neuere wissenschaftliche Diskussionen über die ›Auflösung‹ einer biologischen Definition von Individuen heran, theoretische Überlegungen, die aus der Analyse der ungeheuer vielfältigen Symbiosen vor allem mit Bakterien in komplexen Organismen, so auch in den Menschen, abgeleitet werden.[289] Haraway versteht, auf die entsprechenden mikrobiologischen Forschungen verweisend, hochkomplex organisierte Lebewesen als »Holobionten«, aus dem Zusammenwirken unterschiedlicher Lebewesen entstehende ›ganzheitliche‹ (also auch als biologische Art erscheinende) Wesen – »ganz unabhängig von ihrer Größe sind alle PartnerInnen, die den Holobionten ausmachen, füreinander Symbionten«.[290]

In diesem Halbsatz steckt der argumentative Trick, der Haraway die Erweiterung des symbiontischen Prinzips auf die innere, auch biologische Verschmelzung hochorganisierter Lebewesen wie den Menschen mit anderen Säugetieren, Insekten oder Tintenfischen zu postulieren erlaubt: Lynn Margulies hatte die Eröffnung der Evolutionsgeschichte hin zur Entwicklung komplexer, aus dem Zusammenwirken differenzierter eukaryotischer Zellen entstehender Arten darin gesehen, dass unterschiedliche Einzeller sich *innerhalb einer Zelle* zu einem neuen Typus reproduktionsfähiger Einzeller zusammentun. Die Komplexität höher entwickelter Lebewesen entsteht dann durch die funktionale Ausdifferenzierung von sehr vielen verschiedenen, ›beieinander bleibenden‹ Formen des neuen Zelltyps – bis hin zur Reproduktion mittels unterschiedlicher geschlechtlicher Zellen, die mit halbierten Chromosomensätzen ausgestattet sind. Die funktional ungeheuer vielfältig zusammenwirkenden, verschiedenen Zellen des eukaryotischen Typs *beeinflussen* in der Gesamtheit des Organismus einander hochgradig durch Stoffwechsel, energetische Impulse usw. Sie *verschmelzen* aber nicht miteinander im Sinne der zellulären Integration, die Margulis für den evolutionsgeschichtlichen Uranfang der Entfaltung aller höher organisierten Lebewesen angesetzt hatte.

Man muss also unterscheiden: Die innerzelluläre Vereinigung selbständiger, durch einfache Teilung reproduktionsfähiger Einzeller zu eukaryotischen Zellen – gewissermaßen der Schöpfungsakt vielzellig ausdifferenzierter Lebensformen – ist keine gleichartige Symbiose wie das extrem ausdifferenzierte Zusammenwirken verschiedenster eukaryotischer Zellen eines komplexen Organismus. Und sie gibt auch nicht das Modell ab für das Leben erhaltende und auch mit steuernde Zusammenwirken vor allem einzelliger prokaryotischer Partner – in erster Linie Bakterien, aber auch Viren – *im Inneren* eines komplexen Organismus. Als Beispiel dafür dient ja oft die sogenannte Darmflora im Gedärm von Säugetieren, Vögeln, Insekten usw.: Die Tiere sind, wie der Mensch, angewiesen auf die ›Verdauungshelfer‹, auf eigenständige Lebewesen, die sie in ihrem Inneren beherbergen, ohne dass dabei eine zelluläre Verschmelzung stattfindet. Inzwischen ist nachgewiesen, dass solches innerkörperliche Zusammenwirken weit über die Verdauung oder über die Funktionstüchtigkeit der Haut hinausgeht. Es hat auch hohe Bedeutung für die nachgeburtliche *Entwicklung* der Individuen, bei Menschen etwa über das vaginale Mikrobiom, das unter anderem mitentscheidend ist für die Ausbildung des Immunsystems. Aber auch bei dieser elementaren funktionalen Beziehung bleiben Wirt und beherbergte Prokaryoten *getrennte, selbständige Organismen*. Sie leben in einer spezifischen Eusymbiose, *integrieren* sich aber nicht nach dem Muster uranfänglicher Entstehung von eukaryotischen Zellen. Es wurde schon darauf hingewiesen, dass es in verschiedenen Klassen – etwa bei Algen, Flechten, Pflanzen, Schwämmen, vereinzelt auch bei anderen Tieren – tatsächlich eine regelrechte Endosymbiose gibt, bei der prokaryotische Einzeller, zumeist Bakterien, sich vollständig in den Zellverband des Wirtsorganismus integrieren. Sie bleiben aber dabei als lebendige Einzeller bestehen, verschmelzen also nicht unter Aufgabe ihrer Membran mit dem umgebenden Organismus.

Man muss folglich sehr sorgsam mit den Begriffen und den Modellen umgehen, wenn man sich auf Margulis' ›symbiontisches Prinzip‹ beruft. Haraway verfährt da mehr als großzügig: Sie erklärt mit dem zitierten Halbsatz kurzerhand erstens, dass der von Margulis untersuchte, frühe evolutionsgeschichtliche Fall der *innerzellulären Symbiose* bei der Entstehung eukaryotischer Einzeller gleichzusetzen sei mit der *extrazellulären Symbiose* innerhalb von komplexen Organismen, »unabhängig von ihrer Größe«. Und zweitens setzt sie die »biologische Gemeinschaft« *einander beeinflussender, aber physiologisch getrennter* Organismen, wie sie bei der verbreiteten Eusymbiose – insbesondere bei der nicht ›verschmelzenden‹ Beherbergung von Mikroorganismen *innerhalb* eines anderen, sehr komplexen Organismus – zu beobachten ist, mit einer artübergreifenden ›Verschwisterung‹, einer Vereinigung der getrennten Beteiligten gleich. Das ist, biologisch betrachtet, absolut unzulässig, entspricht aber Haraways prinzipiellen Verfahren, die Definitionen herkömmlicher wissenschaftlicher Verständigung im Akt eines ›befreiten Denkens‹ zu entkräften.

Es gibt tatsächlich im Tierreich Beispiele für die Verschmelzung von hoch entwickelten Individuen miteinander, die zu einem dauerhaften gemeinsamen Stoffwechsel und anderen, verbindenden Austauschprozessen führt. Etwa bei Arten einer Tiefseefisch-Gattung, den Anglerfischen, ist untersucht worden, dass und wie sich ein winziges Männchen an ein im Vergleich gigantisches Weibchen heftet, die Hautstelle der Verbindung auflöst und sich organisch direkt mit dem weiblichen Partner verbindet. Das schließlich symbiontisch sozusagen in das Weibchen integrierte Männchen ist also immer ›parat‹, wenn die Partnerin die

Eier entlässt.[291] Aber es spielt sich die symbiontische Vereinigung von unterschiedlichen Geschlechterrepräsentanten *einer Art* ab, nicht eine artenübergreifende »Symbiogenese« nach der Vorstellung Haraways.

Nun scheinen allerdings vor allem zwei Forschungsrichtungen mit ihren Ergebnissen den Ansatz von Donna Haraway zu stützen und ihm Raum zu verschaffen. Es sind zum einen Untersuchungen, die der evolutionär frühen Entstehung von vielzelligen Tieren gelten. Haraway referiert Befunde, die an Kragengeißeltierchen (Choanoflagellaten) gemacht wurden: »Kragengeißeltierchen können entweder als Einzeller oder als vielzellige Kolonien leben. Was entscheidet über die Umwandlung vom einen ins andere?« Offenbar spielt die Mitwirkung bestimmter Bakterien eine entscheidende Rolle. Haraway verwendet nun wieder einen argumentativen Trick: Sie setzt eine *Kolonie gleichartiger einzelliger Wesen* mit der *differenzierten Organisation verschiedener Zelltypen* bei Tieren gleich. »Tier zu sein heißt demnach, mit Bakterien zu werden (und, zweifellos, mit Viren und vielen anderen Arten von Krittern: ein ganz fundamentaler Aspekt von Sympoiesis ist ihr erweiterbares Set von Akteuren).«[292] Und schon hat sie ihr Ziel, die Fantasie von einer artübergreifenden Verschwisterung auch hochkomplexer Lebewesen naturwissenschaftlich zu legitimieren, durch scheinbar kleine begriffliche Verschiebungen und ›Öffnungen‹ erreicht.

Die andere, inzwischen ungeheuer wirkmächtige Forschungsrichtung ist die Gentechnologie, weil die moderne Gentechnik tatsächlich das Grundmuster der *Integration* fremdartiger Zellbestände – etwa Genombestandteile – in einen Wirtsorganismus benutzt, um dessen arteigene innere Organisation zu verändern. Haraway hat früh die Gentechnologie in jenen wissenschaftlich-technischen Machtkomplex eingegliedert gesehen, den es diskursiv, subkulturell und mit feministischen Bewegungen zu unterwandern und zu entkräften gelte. Aber in den Fantasien, die noch in *Camilles Geschichten* erzählt werden, können Errungenschaften der Gentechnologie ganz selbstverständlich und umstandslos für jene ›Verwandtschaftlichung‹ von Menschen mit nicht-menschlichen Lebewesen einbezogen werden, die eine bereichernde Befreiung von den biologischen ›Verfestigungen‹ der trennenden Artspezifika erbringen soll.

Zurück also zu *Camilles Geschichten*, deren narrativer Kern in der ausgemalten Schilderung verschiedener Zeitabschnitte besteht, in denen eine Figur Camille in einer Art Generationenfolge sich durch die Integration verschiedener biologischer Elemente der Monarchfalter – der berühmten nordamerikanischen Wanderfalter – in ihre Leiblichkeit mit den Tieren »verwandt« macht. Die fünf mit den verschiedenen Erzählstücken vorgestellten Individuen werden alle Camille genannt, wobei nicht erwähnt wird, welches (biologische und/oder soziale) Geschlecht ihnen zu eigen ist. Deshalb wird für sie keines der üblichen Personalpronomina verwendet, statt ›er‹ oder ›sie‹ (›es‹) wird ›per‹ geschrieben. Die fünf Individuen sind offenbar nicht durch eine biologische Abstammungslinie miteinander verbunden, und es bleibt auch unklar, ob sie alle der gleichen, sich fortentwickelnden »Kompositengemeinschaft« angehören.

In diesen Gemeinschaften, so die einleitenden Passagen, wird nun die ›Erzeugung‹ von Nachkommen sorgfältig geplant – sie erfolgt zudem so zurückhaltend, dass dies wesentlich dazu beiträgt, die Erdbevölkerung von etwa 10 Milliarden im Jahr 2100 auf etwa 3 Milliarden im Jahr 2435 zu vermindern. Zur Planung der Geburt eines Kindes (immerhin benutzt Haraway dieses Wort noch, obwohl sie an der Propagierung des Slogans »Make Kin not Babies« beteiligt war) gehört nun in diesem futuristischen Szenario, dass das Kind vorgeburtlich, eventuell auch noch später mit »Symbionten« ausgestattet wird: Die Föten bzw. Kinder erhalten genetische oder körperliche Bestandteile von tierischen Individuen bestimmter Arten. In der Linie der Camilles sind es, wie erwähnt, Monarchfalter, denen Teile entnommen und in den Körper des jeweiligen Kindes eingepflanzt werden. Wie diese vorgebliche Symbiose genau manipulativ bewerkstelligt wird, fantasiert die Autorin nicht aus. Dass dabei avancierte Gentechnologie ebenso eingesetzt wird wie Implantationschirurgie, kann man aber erschließen.

Die wandernde Gruppe wählt Monarchfalter als ›Symbionten‹ der Nachkommen aus, weil die Schmetterlinge legendäre Wanderungen über den Großteil des nordamerikanischen Kontinents zurücklegen. »Monarchfalter besuchen Camilles Gruppe in West Virginia im Sommer.« Die Menschen sehen sich offenbar in einer nicht näher erläuterten Beziehung zu den Faltern.

Haraway informiert nun in einem längeren Abschnitt über die aktuelle Situation der Monarchfalter. Die Falter ziehen bzw. zogen in gewaltigen Schwärmen vom Winterquartier in Nord-Mexico bis ins südliche Kanada. Dabei braucht es mehrere Generationen, bis die gesamte Wanderung in beide Richtungen zurückgelegt ist. Wie die notwendigen Informationen über die Wege und Ziele zwischen den Generationen weitergegeben werden, ist noch nicht aufgeklärt.

In den letzten zwanzig Jahren sind die großen Schwärme, die Millionen von Individuen umfassen konnten, immer stärker zusammengebrochen. Entscheidende Ursachen werden bei der nordamerikanischen Landwirtschaft gefunden: Die Raupen des Monarchfalters ernähren sich von den Blättern wilder Seidenpflanzen, auch die Adulten saugen an deren Blüten. Die agrarindustriell aufgerüstete Landwirtschaft beseitigt die Seidenpflanzen als Unkräuter. Hinzu kommt der vermutlich desorientierende und vergiftende Einsatz von Spritzmitteln auf den Feldern und Grenzstreifen.[293]

Donna Haraway stellt diesen Prozess einer bedrohlichen Dezimierung einer weltberühmten Schmetterlingsart knapp, aber informativ dar. Zentral für das Narrativ ist nun, dass am Ende der Camille-Episoden in der Zeit von 2345 bis 2435 die Monarchfalter ausgestorben sind. Ihr Verschwinden ist – in den schrecklichen Epochen des Anthropozän, Kapitalozän und Plantagozän – nicht aufzuhalten, obwohl die »Komposistengemeinschaften« auf die

»Wiederherstellung von Korridoren und von Anschlüssen« in den zerstörten Lebensräumen hinarbeiten.[294]

Bei »Camille 1«, so wird erzählt, wählte der

> gebärende[...] Elternteil [...] amerikanische Monarchfalter aus zwei prächtigen, aber schwer geschädigten Strömen als Symbionten aus: aus dem Strom von Kanada nach Mexiko und aus dem von Washington über die Rocky Mountains. Camilles schwangerer Elternteil der ersten Generation übte reproduktive Freiheit in wilder Hoffnung aus und entschloss sich, den bald zur Welt kommenden Fötus mit den westlichen und östlichen Strömungen des Flechtwerks von Schmetterlingsbewegungen zu verbinden. Die Entscheidung bedeutete, dass in Camille der ersten Generation und in den Camilles der vier weiteren Generationen das Wissen und die Kenntnisse für das Weiterbestehen dieser prachtvollen und gefährdeten Insekten wachsen würden.[295]

Die Kenntnisse, die auch »überall entlang [der] Pfade und Knoten von Wanderung und Aufenthalt« vermittelt werden, können aber offenbar das Aussterben der Schmetterlinge nicht verhindern.

Haraways Erzählungen geben zu verstehen, dass mit der ›Integration‹ von körperlichen Anteilen der Falter in die Beschaffenheit der Kinder auch nach dem Verschwinden dieser Tiere ihre Präsenz in der entleerten Welt gesichert sei. Die »Symbiogenese« der letzten Camille-Figur mit »SprecherInnen für die Toten« soll garantieren, dass sich die Gemeinschaften der Menschen weiterhin »den Monarchfaltern zugehörig fühlen«, obwohl diese Art – wie unendlich viele andere – verschwunden ist.[296] Was als körperlich manifeste Trauerarbeit aufgefasst werden könnte, soll im Gegenteil »die Energien des vergangenen, des gegenwärtigen und des zukünftigen Chthuluzäns« freisetzen zu einer »sich immer weiterentwickelnden Heimatwelt«. Im Hinblick auf weitere Camilles gilt: »Die Kinder der Komposisten werden an der vielschichtigen, neugierigen Praxis des Mit-Werdens mit Anderen festhalten.«[297]

Ich möchte hier nicht nacherzählen, wie Donna Haraway die fünf Etappen einer ›Symbiogenese‹ von Monarchfaltern und Menschen ausfantasiert. »Alle Symbiontenkinder entwickelten in ihrer frühen Kindheit sowohl sichtbare Merkmale als auch subtile sensorische Ähnlichkeiten mit ihren tierischen PartnerInnen.«[298] Das reicht von den für Monarchfalter charakteristischen Farben und Mustern, die auf der Haut von Camille erscheinen, bis zum Wandertrieb und dem unglaublichen Geruchssinn der Schmetterlinge, die driftende Duftstoffe mit wenigen Molekülen pro Kubikmeter Luft riechen können.

Haraway gibt keine Hinweise darauf, wie sie sich eine Entnahme der tierischen ›Anteile‹ für die Vereinigung mit menschlichen Körpern vorstellt. Schon das erscheint in einer Erzählung, die doch menschheitsgeschichtlich tröstliche, im wahrsten Sinn des Wortes beflügelnde Perspektiven für eine demolierte Lebenswelt entwerfen will, bemerkenswert. Noch befremdlicher wirkt die Beobachtung, dass über das Verhältnis der benutzten Tiere zu den Manipulationen nicht ein einziges Wort verloren wird. Die vermittelte Perspektive auf das zukünftige, angeblich neue Dimensionen im Miteinander von Tieren und Menschen eröffnende Geschehen stellt sich als eine krass anthropozentrische heraus: Beglückende, zumindest motivierende und aktivierende ›Erweiterungen des Daseins‹ durch die Vereinnahmung von tierischer Stofflichkeit in die menschlichen Körper erfahren allein eben die menschlichen Individuen, auf die Folgen für die Falter wird kein Gedanke verschwendet – dass sie leider aussterben, sei ohnehin nicht zu verhindern. Dass die Autorin Schwierigkeiten hätte, etwa ein ›Einverständnis‹ der Schmetterlinge mit der Hergabe von körperlicher Substanz für die artenübergreifende Bereicherung menschlicher Existenz irgendwie einleuchtend auszufabulieren, liegt bei den offenkundigen Hindernissen für eine Verständigung in der Interaktion zwischen Menschen und Insekten auf der Hand. Also bleibt, was heute schon praktiziert wird: Wenn eigens gezüchteten Schweinen das Herz entnommen wird, um es einem kranken Menschen einzupflanzen, müssen die Tiere eben ungefragt ›daran glauben‹.

Was als hoffnungsvolle Fantasie für ein erdgeschichtlich neues, versöhnendes Miteinander von Menschen und nicht-menschlichen Lebewesen angeboten wird, entpuppt sich, wenn man ein wenig nachdenkt, als eine geradezu zynische Steigerung menschlicher Usurpation nicht-menschlicher Mitgeschöpflichkeit. Nun werden in der futuristischen Fiktion, die sich als wegweisende Fortschrittsvision gibt, den symbiontisch vereinnahmten Tieren auch noch Elemente ihrer ureigensten Artdefinition, ihrer wortwörtlichen Eigenart entnommen, um in wohlmeinender, aber faktisch absolut herrischer Absicht der ›sympoietischen‹ Vereinnahmung in menschliche Existenzen zu dienen. Mich hat es bei der Lektüre geschaudert – und dann zornig gemacht.

Nun könnte man abwinken und sagen, es handele sich bei Haraways Erzählstücken um eine eigenwillige, mit hohem Anspruch daherkommende, aber ziemlich schwachbrüstige Etüde in literarischer Fantastik. Dass sie bei der wissenschaftlichen Legitimation des Ausfabulierten begriffliche und konzeptionelle Tricks anwendet, mag man dann als Ausfluss künstlerischer Freiheit abhaken. Einige hübsche Beispiele für die Aufnahme nicht nur der Camille-Geschichten, sondern auch einiger ihrer philosophischen Postulate und Metaphern in den Kunstbetrieb gibt es bereits.[299] Folgerichtig hat das Kunstmagazin *Monopol* 2021 Donna Haraway zur weltweit einflussreichsten Persönlichkeit für die Kunstwelt gekürt. In den Würdigungen dieser medialen Aufhöhung wird immer wieder der Begründungssatz angeführt, Haraway sei die »Vordenkerin« einer philosophischen und künstlerischen Bewegung, die »sich mit einer Neubewertung der Natur als Partner des Menschen und mit den Rechten verschiedener Spezies [beschäftige] und [...] unter dem Stichwort des Posthumanen auf Überwindung der zerstörerischen Ausbeutung der

Natur« ziele.[300] Auch solche Prämiierung mag man als mediales Geschwurbel im Kunstbetrieb abtun.

Aber Haraway selbst erhebt mit ihren Erzählungen und mit anderen, mehr oder weniger künstlerischen Aktivitäten – zum Beispiel ›Fadenspielen‹ – durchaus den Anspruch, die Grenzen zwischen wissenschaftlichem und künstlerischem Feld aufzulösen: »Ich bin davon überzeugt, dass wissenschaftlich-künstlerische Verweltlichungen eine wichtige sympoietische Praxis des Lebens auf einem beschädigten Planeten darstellen.«[301] Und eine gerade auch von den Camille-Geschichten regelrecht hingerissene Kritik bestätigt diesen Anspruch, indem den Fantasien eine Öffnung von Perspektiven für die »Rettung der Welt« zugeschrieben wird.[302]

Das verrät einiges über die Bewusstseinslage nicht zuletzt kultureller Eliten, die begierig nach utopischen Entwürfen greifen, die eine doppelte mentale und lebenspraktische Entlastung versprechen: zum einen den unvermeidlichen, wenn auch für zukünftige Generationen sehr unangenehmen Verzicht auf politisch-praktische Änderungen der gegenwärtigen und kommenden, desaströsen Zustände – »es ist ja eh nichts mehr zu machen«; zum anderen die Versöhnung einer Rest-Menschheit mit der Rest-Natur, zum Beispiel auch durch eine ›Verschwisterung‹ menschlicher und nicht-menschlicher Geschöpfe. Dass eine solche Verschwisterung aber die gedachte ›Steigerung‹ derjenigen Technologien impliziert, die das Desaster mit bewirkt haben, kann in der Euphorie einer fantasierten ›Erlösung‹ ausgeblendet bleiben.

Donna Haraway ist sich des Riskanten ihrer Theoreme und Narrative bewusst – ein Sammelband ihrer Gender- und Technologie-Essays trägt den Titel *Monströse Versprechen*.[303] Und sie betont eine auch politisch zu verstehende Verantwortung ihrer Narrative:

> Es gibt keine Unschuld dieser Art Verwandtschaftsgeschichten; die Rechenschaftsnetze sind umfangreich und immer

> unvollständig. Tatsächlich bedeutet Verantwortung zu übernehmen in und für jene Verweltlichungen, die in diesen Geschichten auf dem Spiel stehen, die Kultivierung einer viralen Responsabilität, die Bedeutungen und Materialien zwischen den Arten hin und her trägt, um Prozesse und Praktiken zu infizieren, die Epidemien einer artenübergreifenden Wiederbelebung anstoßen könnten; vielleicht sogar das Gedeihen auf Terra in alltäglichen Zeiten und Orten.[304]

Das ist, wie oft bei Haraway, schon terminologisch ein bedenkliches Spiel mit unscharfen und metaphorischen Bedeutungen.

In den Camille-Geschichten, die freilich im Zusammenhang von Haraways Sympoiesis-Denken gesehen werden müssen, erkenne ich solche geforderte Verantwortlichkeit gerade nicht. Aber ich habe mich an dieser Stelle so ausführlich mit den beispielhaften Camille-Geschichten befasst, nicht weil ich ihren hochproblematischen, ungut spekulativen und falsche Versprechen lancierenden Gehalt markieren will. Vielmehr sehe ich in Haraways Propagierung zukünftiger ›Symbiogenesen‹ ein Beispiel dafür, wie ein irreales Versöhnungsdenken gerade die dringlich anzustrebenden Naturallianzen konzeptionell verfehlt. Das Allianzprinzip geht von einem ganz grundsätzlichen *Respekt* gegenüber dem Andersartigen aus, das mit uns auf dem Globus da ist. Von da aus verbietet sich jede Fantasie, die auf eine sogar körperliche Aneignung von elementaren Potenzialen des Anderen zur Erweiterung und Anreicherung unserer menschlichen Daseinsoptionen hinausläuft. Dass Donna Haraway es offenbar prinzipiell ausschließt, sich mit den unerhört konfliktreichen, mühsamen, frustrierenden zivilgesellschaftlichen Anstrengungen zu befassen, die für das Überleben der Monarchfalter in den von ihnen gewählten Umgebungen und Allianzen – wie bei vielen, vielen anderen Arten – unternommen werden müssen, ist der eigentliche Skandal im Hintergrund der ausgedachten Symbiogenese-Geschichten von den Camilles.

## Und die schreckliche Natur?

Im Begriff einer möglichen Naturallianz wird nicht eine versöhnlerische Harmonie von menschlichem Willen und dem Agens im Natürlichen entworfen. Wer von ›Frieden mit der Natur‹ spricht[305] (Meyer-Abich), begibt sich in der guten Absicht, den in der abendländischen Moderne angesagten ›Krieg‹ gegen die Naturkräfte zu kontern, auf das falsche Metaphern-Feld. Es geht nicht um Krieg oder Frieden, sondern darum, in der Differenz ein tätiges Verbundensein der Menschen mit den Naturpotenzialen zu sehen und zu berücksichtigen. Und dieses Verbundensein, in dem das Unterschiedene nie in einer quasi orgiastischen, rauschhaften oder somnambulen Verschmelzung oder in einer transzendentalen *unio mystica* verschwindet, birgt stets im zweifachen Sinn unterschiedene Möglichkeiten in sich: Zum einen kann sozusagen von der menschlichen Seite der Beteiligung her sowohl ein produktives, anerkennendes, kooperatives Verhältnis im Bewerkstelligen des Gewollten zustande kommen wie auch ein destruktives, gewaltförmiges, rücksichtsloses. Der heute vorherrschende Bezug zu den Naturpotenzialen, insbesondere in der modernen Technik und Ressourcennutzung, gibt das Gewaltförmige schon darin zu erkennen, dass der Energie- und Ressourcenaufwand immer größer wird, um das Gewollte gegen die Natur zu erzwingen – von der industrialisierten Landwirtschaft bis zur Nano-Technologie, von der digitalisierten Produktion und Kommunikation bis zur apparativen Medizin. Für einen Teil der Menschheit sind die Errungenschaften dieser programmatisch erzwungenen Naturallianz zweifellos zunächst einmal segensreich. Aber die destruktive Kraft schlägt immer unverkennbarer und unvermeidlicher durch, mit den verschiedensten Arten und Dimensionen von ›Naturkatastrophen‹, ob mit den globalen Auswirkungen des Klimawandels oder mit dem lokalen Desaster eines übernutzten, erschöpften oder kontaminierten Trinkwasserreservoirs.

Manches an diesem von den Menschen stärker oder schwächer forcierten, destruktiven Geschehen gleicht den in der Erdgeschichte immer wieder und potenziell überall vorkommenden Ereignissen, die ganz und gar naturbedingt sind: Stürme, Überflutungen, Eruptionen, Dürren, Vereisungen, Pandemien, Auslöschung von Spezies und so fort. Darauf berufen sich ja zum Beispiel diejenigen, die den massiven anthropogenen Anteil am aktuellen Klimawandel leugnen. Dass sich aber in dem mit der Industrialisierung und der globalisierten Wirtschaft vorangetriebenen Klimawandel auf eine prekäre, nie vollends auseinander zu rechnende Weise menschengemachte und im genauen Sinn naturbedingte Dynamiken mischen, macht die ungewollte, aber zwangsläufig bewirkte und wirksame Art dieser Naturallianz evident: Weil das konzeptuelle, theoretisch wie praktisch zum Prinzip erhobene Naturverhältnis das einer Beherrschung ist, in der sich die tätigen Menschen das Naturgegebene mit List oder Gewalt bis in die elementaren Impulse und Stofflichkeiten gefügig machen wollen, müssen sie einen Eigenwillen der in Dienst genommenen Naturpotenziale umleiten, verdrängen oder schlicht negieren. Das Verdrängte, Negierte arbeitet aber *als* das befeuerte Unbedachte, Unbeabsichtigte weiter – die Analogie zur Psychodynamik des Verdrängten und Unbewussten ist, wie schon gesagt, an dieser Stelle nicht zu vermeiden. Die destruktive Form der Naturallianz kommt deshalb als ein gänzlich Fremdes, Bedrohliches den Menschen entgegen, eben in unbeherrschtem Naturgeschehen, in den selbsttätigen, eigenmächtigen Dynamiken von Naturphänomenen. Ein extrem desaströser Hurrikan *ist* ein Naturereignis, das von Menschen mit Bewirkte – in den komplexen Prozessen aus einer aufgeheizten Atmosphäre – hat sich vollständig mit dem natürlich in Gang Gesetzten verbunden. Solche aus unserer Perspektive katastrophischen Vorgänge als Ausfluss von Naturallianzen zu begreifen, fällt nicht nur deshalb schwer, weil sich das prozessual Verbundene nicht einfach auseinanderdividieren lässt.

Vielmehr enthält – um auf die andere Seite der Verbindung des Unterschiedenen zu kommen – die Naturallianz auch ein mögliches objektives Gefahren- und Bedrohungspotenzial des Natürlichen. Es gibt gewissermaßen auch die naturhafte Negation des konstruktiven, kooperativen Verhältnisses. Mit anderen Worten: Menschen können beispielsweise auch bloße tierische Lebewesen, ›fleischliche Objekte‹ im gewaltsamen, zerstörerischen Zugriff anderer Naturentitäten, etwa großer Raubtiere, giftiger Angreifer verschiedener Spezies oder auch schwer infektiöser Bakterien und Viren werden. So auf einmal sich selbst als schieres Nahrungsmittel oder Wirtstier wahrnehmen zu müssen, stellt das übliche menschliche Selbstverständnis insbesondere in den abendländischen Kulturen radikal in Frage. Es gibt wenige reflektierte und auch gedanklich radikale Zeugnisse von solchen Opfer-Erfahrungen. Einer der wichtigsten Texte ist der Essay *Opfer sein* der australischen Feministin und Umweltaktivistin Val Plumwood.[306] Sie wurde 1985 bei einer Tour mit dem Kanu in nordaustralischen Gewässern von einem Leistenkrokodil angegriffen und konnte, nachdem das Reptil zum zweiten Mal zugepackt hatte, aus dem Maul entkommen. Mit schwersten Verletzungen schleppte sie sich mehrere Kilometer durch den Busch, wurde von einem Ranger gefunden und 13 Stunden in einem Boot nach Darwin gebracht. Sie überlebte den Angriff und seine Folgen mit knapper Not. Erst viele Jahre später konnte sie den Text über ihr Nahtod-Erlebnis schreiben. Den letzten Teil des Berichts bilden ausgreifende naturtheoretische Reflexionen über die Erfahrung, zu einer Beute geworden zu sein, wie es anderen Tieren ständig und überall zustößt. Sie versteht diese buchstäblich in Fleisch und Blut eingegangene Erfahrung als Chance, die grundlegende Definition der menschlichen Hegemonie aufzubrechen. »Mir scheint, dass in der westlichen Kultur, mit der Behauptung der Überlegenheit des Menschen, ein beträchtlicher Aufwand getrieben wird, um zu leugnen, dass wir Menschen auch Tiere und damit Teil der Nahrungskette sind.«[307] Diese radikalste Bestätigung dafür, dass wir Menschen »Teil der Natur« sind, fasst Val Plumwood aber nicht als ›Kriegserklärung‹ seitens anderer Lebewesen auf. Vielmehr gewinnt sie durch das traumatische Erlebnis allmählich einen neuen Blick auf das Narrativ ihrer selbst: »Es war eine schockierende Reduktion: vom komplexen Menschenwesen zum bloßen Fleischstück. Das Nachdenken darüber hat mich überzeugt, dass nicht nur Menschen, sondern alle Lebewesen beanspruchen können, mehr als nur Nahrung zu sein. Wir sind essbar, aber wir sind auch noch vieles mehr.«[308] Sie geht aber noch einen Schritt weiter: Sie sieht sich durch ihre schreckliche Erfahrung gefordert, ihre »ökologische Identität« anzuerkennen. »Anhand von Krokodilen und anderen Lebewesen, die menschliches Leben beenden können, lässt sich überprüfen, inwiefern wir unsere ökologische Identität akzeptieren. Wird ihnen erlaubt, frei zu leben, dann verweist das auf unsere Bereitschaft, mit der Andersheit der Erde zu koexistieren und uns selbst auf eine von Wechselseitigkeit geprägte, ökologische Weise zu begreifen [...].«[309] Menschliches Dasein geht nicht in solcher ökologischen Identität auf, aber sie gehört unabdingbar zu unserem Selbstverständnis.

Damit erweist sich eine fürchterliche Attacke wie die auf Val Plumwood als die sehr wohl mögliche Vereinseitigung von Naturallianz, die gewissermaßen in der Negation menschlicher Absicht und bloßen Lebenswillens, in dem Gewaltakt des Beutemachens dennoch nicht völlig aufgehoben ist. Es ist wohl die stärkste Zumutung an die Narration unseres Selbst, dass die auf »Wechselseitigkeit« beruhende Vermittlung von menschlicher Subjekthaftigkeit und dem Agens in anderen Naturwesen auch dann nicht grundsätzlich suspendiert ist, wenn Überwältigung durch einen fremden natürlichen Akteur einen Menschen erfasst. Dass die Menschen auf verschiedenste Weise versuchen, derartige womöglich tödliche Überwältigung zu vermeiden oder zu verhindern – so wie andere Lebewesen dem gewaltsamen Tod oder der qualvollen Unterwerfung durch den ›Fressfeind Mensch‹ sich zu entziehen suchen –, ist eine Naturtatsache. Allerdings sind die Chancen, einer Überwältigung zu entkommen, auf den beiden Seiten einer Naturallianz sehr ungleich verteilt: Insbesondere in der Neuzeit haben die Menschen, allen voran die Angehörigen der abendländischen Gesellschaften, eine solche Übermacht beim Durchsetzen ihres allemal kulturell definierten Wollens und Strebens entwickelt, dass jene prinzipiell immer gegebene Wechselseitigkeit, das Allianzprinzip, gänzlich aufgekündigt und destruiert erscheint. Für die modernen Menschen ist ihre Übermacht und deren ›bestimmungsgemäße‹ Rechtfertigung so selbstverständlich und wird so umstandslos mit der evolutionären Sonderstellung begründet, dass der Gedanke einer weit reichenden Allianz mit dem Naturgegebenen eine unerhörte Provokation darstellt. Noch einmal Val Plumwood: »Die Idee einer menschlichen Beute gefährdet das dualistische Bild einer menschlichen Herrschaft, bei der Menschen die Natur von außen manipulieren, als Jäger, aber nicht als Beute. [...] Darin liegt ein Grund dafür, dass wir die Tiere, die wir zu unserer Nahrung machen, so unmenschlich behandeln, denn wir können uns nicht vorstellen, selbst in einer ähnlichen Lage, eben Nahrung zu sein.«[310] Der vergleichsweise sehr seltene Extremfall, in dem ein Mensch sich als ein bloß »essbares Wesen«[311] erfahren muss, wird deswegen fast immer umerzählt zum Narrativ von der mörderischen Bestie Tier, die in der gleichsam transzendentalen Differenz absolut illegitim handelt. Das geschieht nicht nur in Filmen wie *Der weiße Hai*, sondern in nahezu jedem Bericht von einer Bedrohung durch tierische oder andere Angreifer. Der Unterton einer Delegitimierung der tierischen ›Gefährder‹ schwingt beispielsweise in fast allen Debatten über die Rückkehr der großen Beutegreifer in die Kulturlandschaften mit.[312]

Andererseits gibt es auch Belege dafür, dass manche indigenen Kulturen in Lebensformen, die auf einer regelrechten Abhängigkeit von bestimmten Tierpopulationen beruhten, sogar ein Vorrecht der Tiere im Allianzverhältnis für unabdingbar hielten. Ein eindrückliches Beispiel dafür sind die traditionellen Sámi-Kulturen der nordeuropäischen Tundren.[313] Die halbnomadisch lebenden Sámi verstanden ihr Dasein als eine Kooperation mit den fast wilden Rentieren, denen in bestimmter Hinsicht Prioritäten eingeräumt wurden: Die Sámi richteten sich im Jahresrhythmus nach den weiten Wanderungen der Rentiere, denen sie folgten – im Sommer bis hinauf ins waldlose Gebirge und in die Tundra, im Winter in die weiter südlich beginnenden Wälder. Die Tiere gaben vor, wohin die Wanderungen führten. Rentiere folgen allerdings uralten Wanderungspfaden, beispielweise durchqueren sie Flüsse immer an derselben Furt.

Inzwischen haben auch die Sámi feste Häuser, ein nomadisches Leben kommt nur noch sehr partiell vor, und Schnee-Scooter, sogar Helikopter sind im Einsatz, wenn die Rene zum herbstlichen Sortieren und zur Auswahl der Schlachttiere getrieben werden. Aber einige, die noch Reste der traditionellen Kultur praktizieren, geben in einem Film zu Protokoll: »Erst kommt immer das Tier – dann du selber und zuletzt die toten Gegenstände, die man um sich hat. Selber kommt man immer erst an zweiter Stelle, nie an erster. Das ist die alte lappländische Regel.«[314]

Die Sámi waren auf die Rentiere angewiesen, die ihnen die Lebensgrundlage boten, nicht nur für die Ernährung, sondern auch für viele Gebrauchsgegenstände: Kleidung und Schuhe, Werkzeuge aus Knochen, Nähutensilien und Riemen. Fischfang und das Sammeln von Pilzen, Beeren, Nüssen, später auch im südlicheren Lappland der Anbau von Kartoffeln und ein wenig Gemüse ergänzten die Selbstversorgung, weitere Lebensmittel wurden früher bei der sesshaften skandinavischen Bevölkerung im Tausch mit Rentierfellen und Pelzen bezahlt.

Die ›Allianz‹, die die traditionellen Sámi vor allem mit den Rentieren eingingen, diente selbstverständlich der Versorgung, dem Lebensunterhalt, verkürzt: dem Überleben. Ein Teil der halbwilden Herden wurde jedes Jahr geschlachtet – für die ausgewählten Rene verwandelten sich die Menschen in tödliche Raubtiere. Die Kooperation der Sámi-Nomaden mit den Tieren enthielt immer auch ein Moment der Negation, der gewaltsamen Aufkündigung, der Überwältigung – in der naturbelassenen Tundra bildet Fleisch zwangsläufig eine entscheidende Grundlage menschlicher Existenz. Aber Basis dieser begrenzten und streng geregelten Beutegreifer-Praxis war und blieb eine sehr genau austarierte Naturallianz, die auch bedeuten konnte, dass die begleitenden Menschen die Herden vor anderen Raubtieren schützten und dass sie selbstverständlich viele Entbehrungen auf sich nahmen.

Naturallianz schließt also auch die Tötung anderer Lebewesen ein, um die Selbsterhaltung sichern zu können. Das gilt, versteht sich, im Grundsatz auch für vegetarische Ernährung. Pflanzen sind Lebewesen, deren Dasein wir meistens ein Ende bereiten, wenn wir sie ernten, um uns dadurch zu ernähren. Naturallianz enthält – wie gesagt: auf beiden Seiten – das Beutemachen oder das Beutesein, und die Menschen haben offenbar sehr früh diese Notwendigkeit in ihre mythischen und ihre religiösen Weltdeutungen einbezogen. Viele indigene Ethnien kannten die rituelle Praxis des Dankes an die ›Naturinstanz‹ – manche deuteten die Kooperation noch im Akt des Tötens und Verspeisens als eine ›Einwilligung‹ der verzehrten Lebewesen.[315] So beruhten zum Beispiel zeremonielle Praktiken bei den indianischen Bewohnern der nordwestlichen Pazifikküste Amerikas auf der Überzeugung, dass die gefangenen Lachse ›Gäste‹ seien, menschenähnliche Wesen, die sich in Lachsfleisch kleideten und zum Verzehr anböten. Sie mussten deshalb mit Respekt behandelt werden, und strenge Riten der Rückführung von nicht verzehrten Teilen in die Flüsse sollten dafür sorgen, dass die ›Lachs-Menschen‹ im nächsten Jahr zurückkehrten, aufs Neue in die Lachsgestalt gekleidet.[316]

Auch bei den Sámi wurde der erste gefangene Fisch im Jahreszyklus wieder in das Wasser zurückgesetzt, und bei ihren Wanderungen hinterließen die Rentier-Nomaden, wenn sie weiterzogen, an jedem Zeltplatz ein wenig von ihrer Nahrung, für die ›Anderen‹. Solche rituellen Praktiken und die mythischen, oftmals krass animistischen Vorstellungen, aus denen sie hervorgingen, müssen uns modernen Menschen naiv, abergläubisch und irrational erscheinen. Sie enthalten aber fast immer, wenn man sie auf ihre Funktionen für die Regulierung der Lebenspraxis hin betrachtet, ein sehr genaues, auf intensive Vertrautheit mit dem Naturgeschehen in der Mitwelt gegründetes Verständnis des Wechselbezugs, in dem die Menschen als Teil der Natur auf die Mitwirkung der Naturpotenziale angewiesen sind.[317]

## Fünfte Unterbrechung: Arbeitende Tiere

In der hiesigen, kostenlosen regionalen Werbe-Zeitung, der *Rotenburger Rundschau*, einem Blatt mit großen redaktionellen Teilen, erscheint ein Artikel auf der prominenten Seite Drei über einen Bauern in Riepe. Der Ort wird aus wenigen Häusern gebildet, liegt am Rand eines ehemaligen Moors, dicht an der Bahnstrecke Hamburg–Bremen, die Ausläufer der Lüneburger Heide sind nicht weit entfernt. Der Bauer hält zwei Kaltblutpferde, Schleswiger, große, schwere Tiere, hellbraun mit blonder Mähne und blondem Schweif und weißer Blesse. Mit ihnen pflügt und eggt er Felder, mäht Gras, striegelt Äcker, walzt nach der Einsaat. Wenn er mit den beiden Pferden vor dem alten, von ihm selbst verbesserten Balkenmähwerk langsam über eine Wiese fährt, dann, so sagt der Bauer, »haben die dort lebenden Tiere eine Chance, zu weichen, bevor das Mähwerk kommt«.[318] Die modernen, riesigen Mäh-Aggregate – bis zu neun Meter Breite – an den gewaltigen Traktoren lassen den Tieren kaum ein Entkommen, die Hochgeschwindigkeitsschneiden entfalten eine Sogwirkung, und alles geht viel zu schnell. Bis zu sechs Mal im Jahre wird eine Silowiese mit Gras-Monokultur gemäht, da kommt kein Gras, kein Kraut zur Blüte. Und kein Feldbrüter hat die Zeit, seine Jungen aufzuziehen, keine Schmetterlingsraupe kann sich verpuppen, keine Heuschrecke davonspringen.

Peter Hagel übernimmt auch Aufgaben im Naturschutz, mäht empfindliche, geschützte Wiesen, setzt die Pferde beim ›Entkusseln‹ der Heide ein, wo sie junge Bäume aus der Erde ziehen. Ab und zu werden seine Tiere auch zu Rückepferden, die gefällte

Bäume auf schonende Weise aus dem Wald transportieren. Aber nicht weil er als Bauer ein Naturschützer sein will, zieht Peter Hagel seine beiden gutmütigen, starken Pferde einem Traktor vor. Er will beim Arbeiten die Verbindung zum Boden, zu den Gewächsen, zum Getier halten. Und er will gemeinsam mit seinen Zugpferden das Tagewerk verrichten. Sie verstehen seine Kommandos genau, er muss darauf achten, wie sie ›drauf sind‹, ob vielleicht etwas am Geschirr sie stört, ob sie zu sehr schwitzen, ob etwas in der Umgebung sie irritiert. Er legt in festen Intervallen Pausen ein, damit die Tiere fressen und trinken können. Auch ihm tut die Rast gut.

›Museumslandwirtschaft‹ nennt man das. Peter Hagel bearbeitet mit den Tieren nur einen Bruchteil der Fläche, die auch bloß ein mittelgroßer moderner Betrieb bewirtschaftet. Auch wenn die Pferde im Vergleich zu einem Traktor – von den nötigen weiteren Maschinen ganz zu schweigen – ein extrem kostengünstiges ›Betriebsmittel‹ sind, könnte sich der ›aus der Zeit gefallene‹ Bauer von den Erträgen nicht ernähren. Er hat einen benachbarten Demeter-Hof gepachtet, auf dem er Getreide, Buchweizen und Kleegras anbaut. Der Roggen geht an eine Vollkornbäckerei in Hamburg, der Buchweizen an eine der letzten gewerblichen Windmühlen in Bardowick. Auf dem Pachthof muss Peter Hagel moderne Maschinen einsetzen, die Pferde haben da nur einige wenige Arbeitsaufgaben. Aber sie sind mehr als ein Hobby.

Dem Bauern kommt ein neuer Trend entgegen: Pferde werden als Arbeitstiere sozusagen neu entdeckt, in der ökologischen Landwirtschaft, für Naturschutzmaßnahmen, bei der umsichtigen Forstwirtschaft. Peter Hagel führt Auftragsarbeiten mit seinen beiden Braunen aus. Und er bietet, als »anerkannter Ausbilder der Interessengemeinschaft für Zugpferde«, verschiedene »Kurse in Sachen Arbeitspferde« an, unter anderem »Ackertraining-Schnupperkurse«. Außerdem werden seine beiden Schleswiger in der Tourismus-Saison vor die Kutsche gespannt.[319]

Eine Gemischtwirtschaft also, durch die sich der Bauer die Arbeit mit den Pferden leisten kann – romantisierendes Faible für einen vorgestrigen Umgang mit den Kreaturen, so scheint es. Denn die bei einer betriebswirtschaftlichen Rechnung dürftigen Vorteile für den Einsatz von Pferden in der Landwirtschaft sind schnell aufgezählt: kaum Bodendruck bei den Arbeiten auf Ackerflächen und Wiesen; kein Verbrauch fossiler Energieträger; günstiger Einsatz auch in schwierigem Gelände; schonende Bodenbearbeitung, schonende Mahd; partielle Ressourcenkreisläufe durch Eigenproduktion des Futters und Dungverwendung. Und ein kulturpolitischer Pluspunkt gar fällt kaum ins Gewicht: »Außerdem wird durch die Nutzung der Arbeitspferde dieses Kulturgut vor dem Aussterben bewahrt und das Wissen für nachfolgende Generationen erhalten. Wir sind ständig bemüht, neue sinnvolle Aufgaben für unsere Dicken Mitarbeiter zu finden. Dabei hat das Wohl der Pferde oberste Priorität.«[320]

Nach der Logik der ›fortschrittlichen‹, rentablen Industrie-Landwirtschaft bewertet, erscheinen die vormodernen Praktiken des Bauern in Riepe geradezu skurril, nostalgische Reminiszenzen an eine bäuerliche Lebens- und Arbeitsweise, deren größter Ertrag der Schweiß war und die das Gros der Landbevölkerung in ärmlichen Verhältnissen hielt. Dass Bauer Hagel die Arbeit mit seinen beiden Pferden mehr oder weniger aus dem Surplus seiner durchgreifend modernisierten, immerhin bio-dynamischen Bewirtschaftung lohnender Flächen ermöglicht, erledigt, so das kurzatmige Urteil, jeden Gedanken an keimhaft Zukünftiges in der musealen Verbindung von menschlicher und tierischer Arbeit.

Aber wenn man die Erzeugung des Destruktiven in der agroindustriellen Landwirtschaft – sie steht in diesem Essay *pars pro toto* – mit in den Blick nimmt, dann weist einiges an Bauer Hagels Kooperation mit den Zugtieren auf notwendig Kommendes: auf das Ende des extrem hohen Bodendrucks durch die immer gewaltigeren Maschinen – die neuesten Gülle- oder Silogras-Gespanne wiegen fast so viel wie ein Panzer; auf die Wiedergewinnung hochwertigen Heus, das die vorherrschende Silage-Fütterung ablösen muss; auf die Teilung der riesigen Getreide- und Mais-Schläge durch Gehölz- und Blühstreifen; auf die drastische Reduktion des Energie- und Ressourceneinsatzes – die konventionelle, technisierte Landwirtschaft verbraucht ein Vielfaches der Energiequanten, die sie mit ihren Produkten erbringt. Diese aufgereihten sektoralen Umorientierungen sind verkoppelt mit weiteren: dem Vorrang der Humusbildung auf den Ackerflächen; der Begünstigung von Mikroklimaten durch Windschutz und Randbepflanzungen; der Verpflichtung auf Fruchtfolge; dem Ende der Kasernierung von Milch- und Schlachtvieh – vieles weitere müsste benannt werden, und bei der Lösung von den globalen Zwängen wäre man noch nicht angelangt.[321]

Nur einiges davon ließe sich überzeugend in erster Linie dadurch anstreben, indem man in traditioneller Weise mehr mit Pferden als Arbeitstieren kooperierte. Wohl könnte zum Beispiel eine leichte, auf neue Funktionen wie das Unterziehen von Beiwuchs oder das Ausbringen von Mulchmaterial hin entworfene Maschinentechnik auch für den Einsatz von Zugtieren ausgelegt werden. Aber welche Technik für welche Aufgaben zu konzipieren und zu erproben wäre, kann nicht fantasierend vorausgenommen werden. Und ob es eine buchstäblich auf die Erde geholte – und eben nicht in den Weltraum ausgreifende[322] – ›Allianztechnik‹ würde, kann nur in der Umgestaltung der gesellschaftlichen Lebensentwürfe entschieden werden, mithin nicht am Gerät allein, sondern am Gerät im sozialen Gebrauch.[323]

Das vorwärts weisende Prinzip allerdings, das in der gelassenen Leidenschaft des Bauern Hagel für seine Schleswiger erlebt werden kann, geht auf das hin, was zu gewinnen wäre: die Kooperation des Lebendigen. So wie Robert Brodnjak mit den Regenwürmern und Mikroorganismen (und nicht bloß mit diesen) kooperiert, wirkt Peter Hagel mit den Pferden (und nicht nur mit diesen) zusammen. Nur wenn das Zusammenwirken gelingt, kommt produktive Arbeit zustande. Deren Resultat bemisst sich nicht zuerst am materiellen oder monetären Ertrag, an der Vergegenständlichung im bearbeiteten Stoff, sondern zuerst und zuletzt am Wohlergehen der Beteiligten. Wenn Peter Hagel sagt, das Wohl der Pferde habe bei ihrer vom Menschen gelenkten Tätigkeit »oberste Priorität«, dann meint dies etwas völlig anderes als das ›Tierwohl‹ in der aktuellen Agrarpolitik. Es benennt die nicht bloß deklarierte, sondern im Zusammenwirken tätige Anerkennung des Eigenwillens und der weit reichenden Selbstbestimmung der Tiere. Dass Hagels Pferde auf ruhige Kommandos hin gehorchen, beruht wiederum auf ›Vereinbarungen‹, die etwa Ruhe, Rücksicht, Ermunterung, Bestätigung enthalten und in die lange, gemeinsame Erfahrungen eingegangen sind.[324] Dass der Bauer Ziel und Nutzen der gemeinsamen Tätigkeit bestimmt, nimmt wiederum die vorab einbezogenen Vereinbarungen in sich auf. Selten einmal verweigern sich die Pferde, der Bauer erkennt es lange, bevor es zu Tätlichkeiten kommt. Dass dieser Kooperation weit mehr zugrunde liegt als die Verrechnung von erbrachter Leistung gegen Futter und Fürsorge, ist unmittelbar zu erfahren, schon wenn man dem Gespann von ferne zusieht.[325]

Nichts daran muss idealisiert oder romantisiert werden. Auch das Zusammenwirken mit den Pferden kann Knochenarbeit sein, und es gab und gibt skandalöse Schinderei der Tiere, ob beim Reiten oder anderer Inanspruchnahme. Und dass die bäuerliche Kooperation mit den tierischen Partnern nach unseren gültigen gesellschaftlichen Regeln den Mann nicht zu ernähren vermag, könnte Anlass zu Bitterkeit sein. So viel ich zu erkennen vermag, gibt es nicht die Spur von Bitterkeit bei Peter Hagel. Wahrscheinlich weniger, weil er erfolgreich ist, sondern eher, weil die Pferde es ihm schon austreiben würden.

# VI. Naturallianz und Sozietät

## Wie können wir uns einer Naturallianz annähern?

Wie an früheren Stellen dieses Essays erörtert, bleibt die Intentionalität, die im Begriff der Mitwirkung, der Kooperation, der Beteiligung, also der Allianz impliziert ist, problematisch. Denn wir können das Konzept nur erwägen nach Maßgabe unserer menschlichen Vermögen. Die aber – darunter etwas, das wir ›Wollen‹ oder gar ›Planen‹ nennen – dürfen wir, noch einmal sei es betont, nicht umstandslos definitorisch auf nicht-menschliche Lebewesen oder womöglich auf abiotische Materie, Prozesse, Energieflüsse übertragen.[326] Deshalb haftet, wie Bloch von anderen Argumentationen her bereits betonte, dem Begriff des Natursubjekts unausweichlich etwas Hypothetisches an: Wir können uns an sehr vielen wissenschaftlichen Erkenntnissen und alltäglichen Erfahrungen klar machen, dass überall in uns, mit uns, um uns Naturallianzen geschehen, und die gut beschreibbaren – wie etwa das Atmen der Landtiere oder die Bestäubung von Blüten durch Insekten – bilden nur den kleinsten Teil der faktisch geschehenden. Aber selbst wo Tiere beteiligt sind, lässt sich nicht ohne weiteres von einem Natursubjekt sprechen. Die Denkfigur erscheint notwendig, weil sie auf eine entscheidende Konstellation im Naturverhältnis hinweist. Gleichzeitig benennt sie etwas, das – derzeit – eben nur in der Denkfigur gefasst werden kann, dessen Evidenz also die eines Interpretaments unseres Verhältnisses zur Mitwelt ist. Ihre Angemessenheit und Stichhaltigkeit lässt sich etwa an kulturgeschichtlichen und ethnologischen Befunden oder aber an lebensweltlichen Erfahrungen nicht beweisen, aber als Herausforderung für das Denken wie für die Lebenspraxis veranschaulichen.

Der Begriff der Naturallianz zielt eigentlich auf ein Grundprinzip des Geschehens auf dem Planeten Erde, aber die Herausforderung für Denken, Wollen und Handeln, die damit verbunden ist, richtet sich insbesondere auf uns Menschen – wobei sofort einzuwerfen ist: in unvergleichlichem Ausmaß, und in scharfem Kontrast zu vielen indigenen Ethnien, an die Mitglieder der sogenannten hochentwickelten Gesellschaften.

Noch einmal, an bereits Ausgeführtes anknüpfend: Begriff und gedankliches Konzept der Naturallianz enthalten eine doppelte Herausforderung. Zum einen: Wie können wir Vertreter einer abendländisch-neuzeitlichen, wissenschaftlich und technologisch extrem aufgerüsteten und inzwischen global dominanten Kultur eine elementare Bestimmung des Naturverhältnisses, die in der Menschheitsgeschichte augenscheinlich immer wieder und auf die verschiedenste Weise als eine Art Kooperation, Allianz, als ein unauflöslicher Wechselbezug menschlicher und nichtmenschlicher Beteiligter vorgestellt worden ist, in zeitgemäße Denkfiguren unserer Lebenswelt übersetzen? Die andere: Sind wir in der Lage, die strikte Negation dieser elementaren Bestimmung des Naturverhältnisses – jene Negation, die in unseren modernen Gesellschaften den Naturbezug bestimmt –, da wir doch die Wirkmächtigkeit des Negierten aufs Dramatischste erfahren, aufzubrechen und unser Denken und Handeln ins Konstruktive zu wenden?

Val Plumwood hat geschildert, wie es einer Nahtod-Erfahrung bedurfte, um ihre »Ungläubigkeit« hinsichtlich ihrer eigenen Position in der natürlichen Welt auf eine schockierende Weise zu entkräften und eine demütige, aber in sehr konkretem Sinn realistische Einsicht zu eröffnen. Es wäre fürchterlich, wenn wir als gesellschaftliche Kollektive gewissermaßen historische Nahtod-Erfahrungen bräuchten, um endlich zu akzeptieren, dass wir – als menschliche Naturwesen, die sich zugleich als ihrer selbst bewusste Subjekte verstehen – immer schon in einem Allianzverhältnis mit dem Anderen leben, das wir als ›Natur‹ betrachten.

Und um endlich dieser unaufhebbaren Tatsache entsprechend unser Wollen und Tun auszurichten.

Ein Allianzdenken muss, damit wir nicht auf ungewollte, von uns mit in Gang gesetzte Katastrophen zusteuern, ein Herrschaftsdenken ablösen, das wir in den westlichen Kulturen seit Jahrtausenden und in den letzten Jahrhunderten immer universeller, unerbittlicher und raffinierter in Taten umsetzen. Wir in den hoch technisierten und global wirtschaftenden Ländern nehmen eine Souveränität, eine Verfügungsmacht im Naturbezug ganz selbstverständlich in Anspruch, die auch dazu ermächtigt – um beim Beispiel des ›Beutemachens‹ zu bleiben –, Tiere als ›fleischliche Sachen‹ anzusehen und zu behandeln, womit sie sehr rasch in den Status der Ware versetzt werden. Das erlaubt dann eine fabrikmäßige, heute bereits weit automatisierte Haltung und ein massenhaftes, industrialisiertes Töten. Die schon lange anhaltende, kontroverse Debatte über die Rechte der Tiere[327] hat daran kaum etwas ändern können, und die diffuse politische Norm des ›Tierwohls‹ bewirkt nicht viel mehr als einige unwesentliche Verschönerungen des industrialisierten Umgangs mit den Tieren. Und was, im Zuge substanzieller Befassung, ›artgerechte Tierhaltung‹ heißen kann, ist noch längst nicht ausgemacht.[328] Der allerletzte, schäbige Rest von Naturallianz in einer solchen Vernutzung von Lebewesen, die mit Sicherung der Nahrungsgrundlagen nur noch propagandistisch etwas zu tun hat, besteht in der Optimierung der Haltungsbedingungen. Wenn man dabei auf die Eigenart und die Bedürfnisse der Tiere Rücksicht nimmt, dann zum Zweck einer besseren, letztlich: einer sich besser rechnenden Verwertung der tierischen Ressourcen. Nach dieser Logik wird das ›Tierwohl‹ gesteigert, wenn sich die Kuh auf dem Spaltenboden auch mal den Rücken von der rotierenden Plastikbürste schubbern lassen darf – eine Kuh, die zumeist nie in ihrem kurzen Leben einen grünenden Grashalm gesehen oder gar gefressen und die nie einen freien Himmel über sich gehabt hat.

## Auf den Schluss zu: Aufmerksamkeit, Beobachtung, Erfahrung

Das Konzept einer notwendigen Naturallianz, mit der sich die menschliche Existenz in der Gesamtheit des Natürlichen zu bewähren hat, enthält, wie gesagt, auf beiden Seiten der Wechselbeziehung auch die Überwältigung, den Gewaltakt, ohne den es Lebensvollzug auf der Erde nicht gibt. Aber in einer gelingenden Naturallianz bleibt dieser Extremfall der Vereinseitigung streng eingehegt. Denn Grundlage der Allianz ist eine eben wechselseitige Anerkennung des Wollens, eines treibenden Agens und der gleichermaßen wechselseitigen Abhängigkeit. Diese Abhängigkeit, die uns buchstäblich jeder Atemzug beweist und die noch das reale Fundament unseres Bewusstseins bildet, in einem Herrschaftsgebaren zu negieren, schafft zwangsläufig den Rückschlag in selbst mitbewirkte Gefährdungen der natürlichen Lebensbedingungen. Ihre Naturverfallenheit, deren positiver Gehalt weiter oben begründet wurde, können die Menschen, trotz aller Fähigkeiten, das naturgegeben bloß Zuhandene zu transformieren und artifizielle Umwelten zu gestalten, nicht aufheben. Mit vereinseitigter, erzwungener, brachial gehandhabter Naturallianz bereiten sie, meistens ohne es zu wollen und zu verstehen, die schreckensvolle Erfahrung solcher Naturverfallenheit selbst zu. Im scheinbar unentrinnbaren Geflecht der inzwischen weltumspannenden Negationen einer dennoch gültigen Allianz mit den Naturprozessen und ihrem Agens wird ein Umdenken und Umsteuern immer schwieriger. Aber wir haben, bei Strafe tatsächlich letaler Gefährdungen, keine Wahl – Naturallianz, als Basis im Lebensvollzug überhaupt, behält eine unerbittliche, praktisch werdende Gültigkeit, noch in den Katastrophen. Schon gar nicht erlöst uns eine hybride Verschmelzung von schließlich selbststeuernder Technik mit dem Körperlich-Naturhaften oder auch ein ebenso hybrider Eingriff mittels Bio-Engineering ins Innere der natürlichen Prozesse.

Dagegen heißt Naturallianz anzunehmen und tätig anzustreben nicht bloß, dem Wahn abzusagen, dass wir ›die Natur‹ beherrschen und nach Gutdünken manipulieren könnten. Vielmehr ist äußerste Aufmerksamkeit verlangt, um den Eigensinn und die Eigentätigkeit in einer Naturerscheinung oder einem Naturvorgang aufzuspüren. Solch ein gerichtetes Agens in den natürlichen Beteiligten an der Allianz lässt sich nicht messen oder extrahieren oder ausfällen, nicht deskriptiv ein für alle Mal festhalten oder abbilden. Nicht das arrangierte Experiment, das eine vorgeblich objektive, vom erkundenden Subjekt unabhängige Gesetzmäßigkeit oder Zustandsbestimmung ergeben soll, gibt das Modell solcher Erkenntnisgewinnung ab. Der objektivistischen und reduktionistischen Erkenntnis aus dem klassischen Experiment steht die Aufmerksamkeit *in der Beziehung zu etwas* gegenüber, wohl zu unterscheiden von der neurophysiologisch und kognitionspsychologisch untersuchten Aufmerksamkeit als Mobilisierung von Bewusstseinskapazitäten zur Verarbeitung der verschiedenartigsten Reize. In der rationalistischen Verengung wird Aufmerksamkeit vorschnell bestimmt als die Fähigkeit, sich Reizen oder bestimmten wahrgenommenen Phänomenen oder gedanklichen Aufgaben zuzuwenden und sie aus der Menge anderer Wahrnehmungen oder Gedanken gleichsam auszuschneiden, um die damit gegebenen Anforderungen an das bewusste Verarbeiten zu bewältigen.[329] Ausgeblendet wird dabei, dass Aufmerksamkeit zunächst einmal eine elementare Verbindung zu etwas Anmutendem oder Zugemutetem herstellt, die Sinne in der Hinwendung zu etwas Wahrgenommenem aktiviert, wie im Extremfall aus dem Schrecken über einen Knall, ein plötzliches starkes Licht, einen besonderen Ton, eine heftige Berührung. Aufmerksamkeit ortet und sucht Verbindung herzustellen, Verbindung zur Ursache einer Wahrnehmung, zur Quelle eines besonders intensiven Eindrucks, einer empfundenen Zuwendung. Im übertragenen Sinn gilt das auch für eine rein gedankliche Aufmerksamkeit – Ansatzpunkt ist die mentale Ortung einer argumentativen Figur, eines passenden Worts, einer Fügung im Satz, eines inneren Bildes. Immer geht es um eine im Grunde sinnliche Beziehung zu dem mit Aufmerksamkeit Bedachten. Nicht das Bewusstmachen, das mentale Bewältigen einer Anforderung im Sinn einer bloß kognitiven Leistung ist das eigentliche Ziel von Aufmerksamkeit, sondern das Finden eines den zugemuteten Eindruck klärenden, die sinnliche Anmutung erschließenden, die gedankliche Bewegung entspannenden Bezugs zu dem, was Aufmerksamkeit erzeugt. Denn Aufmerksamkeit beruht zunächst einmal auf etwas Zugemutetem, etwas die Sinne Beanspruchendem. Erst daraufhin erfolgt – keineswegs immer – die auch gedankliche Hinwendung und Fokussierung. Aufmerksamkeit nimmt deswegen verschiedene Modi an, je nach Art und Qualität des Bezugs zum Wahrgenommenen: von der fokussierenden Konzentration auf eine Gedankenführung, einen Begriff, einen gehörten oder gelesenen Text bis zur Spannung der geöffneten Sinne bei einer noch nicht identifizierten Wahrnehmung; von dem affektiven Sich-Versenken in eine bestimmte Musik bis zum scharfen Beobachten der Bewegung einer bedrohlichen Person; vom Auslesen einer Spur im Gelände bis zum Abschmecken von charakteristischen Nuancen eines Weinbuketts. »Wie schon das Antworten, so kommt auch das spezielle Aufmerken immer schon zu spät.«[330] Aufmerksamkeit beruht auf einer Aktivität aller Sinne, auch solcher, deren Eindrücke nicht bewusst verarbeitet werden. Man spricht dann leichthin vom ›Spüren‹ – fraglos gibt es eine Aufmerksamkeit in der sinnlichen Wahrnehmung jenseits des mit dem Bewusstsein Registrierten und Entschlüsselten. Solches Spüren – das Wort ist nicht zuletzt durch die Mode von Aufmerksamkeitstraining völlig verhunzt – führt, wenn überhaupt, erst sekundär, in einem zweiten Schritt des Wahrnehmens und Aufnehmens, zur bewussten und gelenkten Verarbeitung des sinnlich Eröffneten. Mit Gefühligkeit oder bloßer Stimmung hat das wenig zu tun. Eher ist an die phänomenologisch erörterte ›Öffnung der Sinne‹ zu denken[331], die Aufmerksamkeit eben an eine bestimmte Teilhabe am Wahrgenommenen bindet, keineswegs ausschließlich auf bewusstes Wahrnehmen hin. Und Aufmerksamkeit sucht an bereits eingelagerte Erfahrung anzuschließen, wiederum nicht nur im gedanklich-bewussten Bereich der Verarbeitung von Eindrücken und Anforderungen. Deswegen ist auch Naturallianz ohne akkumulierte, in hohem Maß leibhaftige Erfahrung nicht zu denken. Diese Akkumulation primärer und auch sekundärer Erfahrung[332] erfolgt nicht nur im Lauf eines individuellen Lebens, als Grundlage nicht bloß der alltäglichen Erkenntnis- und Handlungsmöglichkeit. Erfahrungsbildung ist elementar ein ständig erneuertes und auch immer wieder umgebildetes Ergebnis von Sozialisation, ist Kulturprodukt, aufgebaut in der Abfolge der Generationen. Deshalb spricht Alexander Kluge, in Analogie zum Prozess der materiellen Produktion, von der »toten Arbeit« in uns, auf der unsere »lebendige Arbeit« aufbaut und mit der sie hantiert, noch in unserem Gefühlsleben.[333]

Diese Überlegungen zur Aufmerksamkeit, ohne die ein Eigenwillen, ein Agens in den Naturphänomenen nicht vermutet und erschlossen werden kann, mindern nicht die Bedeutung, die einem systematischen, andauernden Beobachten für das Aufspüren von gerichtetem Vermögen, von einem Eigensinn in den Naturerscheinungen zukommt. Solches Beobachten kann in das Feld des Experiments führen, also des arrangierenden Umgangs mit Naturentitäten. Es bleibt aber ein Unterschied zum klassischen Experiment der modernen Naturwissenschaften: Dessen Grundprinzip der strikten Isolation des Untersuchten von – dem Ideal nach – allen Faktoren, die das untersuchte Objekt mit der Gesamtheit des komplexen Naturgefüges verbinden, also die Herstellung einer künstlichen Reduktion auf eine einzige kausale Verbindung, eine einzige Zustandsbestimmung, ein einziges Prozesselement, wird gerade nicht angesteuert. Vielmehr sucht ein solches Arrangieren, dessen Auswirkung sich die aufmerksame Beobachtung widmet, gerade den Eigenwillen des Ergriffenen zu stärken.[334]

Eines der einfachsten Beispiele dafür gibt die ursprüngliche Züchtung von Nutzpflanzen ab: Sie nimmt ihren Ausgang in der Beobachtung von Variationen, die eine Pflanze oder ein kleines Ensemble von Pflanzen im Raum ihres natürlichen Vorkommens erzeugt. Dem menschlichen Bestreben günstige Varianten werden herausgegriffen und in einem ›naturnahen‹ Arrangement, zum Beispiel auf einem eigens angelegten Feld, isoliert. Diese Abfolge von genauer Beobachtung, Auswahl und isolierender Vermehrung wiederholt sich viele Male, bis eine angestrebte Übereinstimmung von menschlichen Absichten und erkannten Naturpotenzialen erreicht ist. Aber ein kluges Beobachten dieser durchaus labilen Übereinstimmung – es entsteht eben nicht eine völlig homogene und stabile Population von züchterisch betreuten Pflanzen – führt zu der früher selbstverständlichen, heute erst wieder mühsam einzuholenden Einsicht, dass ein Variationsreichtum auch im selektierten, stabilisierten Bestand der herangezüchteten Nutzpflanzen offenbar deren Widerstandsfähigkeit und dauerhafte Ergiebigkeit stärkt. Das heißt: Der natürliche Variationsreichtum gehört augenscheinlich zum ›Agens‹, zur treibenden Kraft der Pflanzen. Ihn beim menschlichen Umgang mit Pflanzen nicht einfach zu unterdrücken, wie es die moderne Züchtung, vor allem die gentechnisch manipulierte Produktion von Einheitssorten betreibt, könnte als ein Moment von Naturallianz, von weitsichtiger Kooperation menschlichen Willens mit den Naturpotenzialen verstanden werden. Es kommt bei dem Beispiel hinzu, dass diese Kooperation über die herausgegriffene, züchterisch verwandelte Pflanzenart hinausreicht: Beim umsichtigen Anbau solch einer Pflanzensorte werden die begleitenden Pflanzen, mit denen die Art im natürlichen Vorkommen zusammenwirkt, eben gerade nicht einfach beseitigt, wie es zum Prinzip agrarindustrieller Monokulturen gehört. Das Beobachten richtet sich auch auf den Zusammenhang von Pflanzengesellschaften, in denen es regelrechte wechselseitige Begünstigungen durch die Wechselwirkungen zwischen verschiedenen Pflanzenarten und anderen Lebewesen (Pilzen, Mikroorganismen, Insekten usw.) gibt. Ich selbst habe mich ein wenig mit den erstaunlichen, in unserem Verstande positiven Wechselwirkungen zwischen Brennnesseln und Kräutern, Obstbäumen und anderen Nutzpflanzen beschäftigt. Naturwissenschaftlich sind sie keineswegs völlig durchschaut.[335]

Das Beispiel verdeutlicht: Naturallianz will nicht auf monokausale Verbindungen zwischen und in den Naturwesen hinaus. Keine Pflanze, kein Tier, ja kein Mikroorganismus wird von einem einzigen Agens getrieben – so wie wir Menschen auch von einer Fülle verschiedener, manchmal widerstrebender Antriebe befeuert und geleitet werden. Die Aufmerksamkeit, von der eben die Rede war, kommt deshalb beim Beobachten eines Naturphänomens nie an ein Ende, nicht bloß, weil der Bezug zu den Phänomenen sich situativ ändert – was das naturwissenschaftliche Experiment auszuschließen sucht. Vielmehr kann sich der Eigenwille in Naturerscheinungen zum Beispiel aufgrund wechselnder sogenannter Umweltbedingungen unterschiedlich ausrichten. Gerade menschengemachte Umgebungen stellen ein grundsätzlich labiles Ensemble solcher Bedingungen dar, weil sie in ihrem nicht mehr natürlichen Gesamtgefüge durch Arbeit ständig austariert werden müssen.[336] Die aufmerksame Beobachtung hört also nie auf, angestrebte Naturallianz ist kein optimaler Zustand, der sich ohne weiteres verstetigen ließe.

Das heißt: Naturallianz im menschlichen Wahrnehmen und Handeln entsteht und bewährt sich allemal tentativ, in einer situativ und historisch immer neuen Aufmerksamkeit, die sich im besten Fall zu bewährter Erfahrung akkumuliert. Nicht nur die Individuen müssen sie erlernen – ähnlich wie Indigene in einem längeren Prozess lernen, Spuren zu lesen. Sondern die kooperative, akkumulierte Aufmerksamkeit, aus der sich auch die gesellschaftlich vermittelte Erfahrung bildet, muss sich immer wieder erneuern, auch um Korrekturen vorzunehmen. Der Rekurs auf feststehende, abstrakt formulierte ›Naturgesetze‹ ergibt eben keine tragfähigen Naturallianzen, weil die lebendige Vermittlung in die hochkomplexen, konkreten Zusammenhänge des Naturgeschehens fehlt.

Aufmerksamkeit, als unerlässliche Voraussetzung, wo Naturallianz angestrebt wird, hat also allemal ein Ziel: Einsichten und Erfahrungen zu erschließen, die eben eine wirkliche, gelingende, möglichst haltbare Vermittlung von menschlichem Wollen und natürlichen Strebungen eröffnen können. Der Potentialis in dieser Formulierung bleibt entscheidend.

## Ausblick: Naturallianz und soziale Kooperation

Für Ernst Bloch waren Naturallianz, die gelingende, tätige Vermittlung von menschlichem Wollen und natürlichem Agens, und soziale Kooperation, die Emanzipation der gesellschaftlichen Subjekte zur nicht mehr entfremdeten Arbeit an der Beheimatung auf der Erde, ineinander verschränkt. Nur indem »*das Herstellende auch in der Natur* verspürt, aufgespürt, begriffen wird«[337], kann die soziale Utopie einer zu ihrer Humanität befreiten Gesellschaft angezielt werden.

> Natur ist kein Vorbei, *sondern der noch gar nicht geräumte Bauplatz, das noch gar nicht adäquat vorhandene Bauzeug für das noch gar nicht adäquat vorhandene menschliche Haus*. Die Fähigkeit des problemhaften Natursubjekts, dieses Haus mitzubilden, ist eben das objektiv-utopische Korrelat der human-utopischen Phantasie, als einer konkreten. Darum ist es sicher, daß das menschliche Haus nicht nur in der Geschichte steht und auf dem Grund der menschlichen Tätigkeit, es steht vor allem auch auf dem *Grund eines vermittelten Natursubjekts und auf dem Bauplatz der Natur*.[338]

Die Naturallianz aber ist, über Blochs Engführung auf ein vor allem technisch zu Bewerkstelligendes hinaus, als die grundlegende Produktivität überhaupt zu begreifen, die den Menschen auch als Naturwesen am Leben erhält und die ihn zu sich selbst als ›Teil der Natur‹ wie zu dem anderen, das er nicht ist, in Beziehung setzt. Selbstbezug und Weltbezug gründen beide in Naturallianz. Daran ändert auch ein vermeintlich naturenthobener Selbst- und Weltbezug in einer technisch transformierten Wahrnehmung, Kommunikation und sogar Reproduktion nichts, wenn eine menschengemachte Intelligenz ›jenseits der Natur‹ und ein technischer Zuschnitt der Menschenerzeugung jede Beschränkung und jede Rücksicht auf das bloß Natürliche abgelegt zu haben meinen – nahezu die gesamte Debatte über die sogenannte Künstliche Intelligenz ist für die damit gegebenen Fragen völlig blind. Dass die Algorithmen jenseits ihrer Verselbständigung gegenüber dem menschlich Bewirkten auch in den negierten, unbeabsichtigten, mitproduzierten Effekten als *Naturgeschehnisse* auf uns zukommen könnten, erscheint *per definitionem* ausgeschlossen.[339]

Noch wird Naturallianz, sofern sie überhaupt in unseren entwickelten Gesellschaften als ein hoffnungsvoll Produktives gesehen wird, als Potenzial für einen weiteren, vermeintlich klügeren Zugriff des Ausbeutens und Überlistens ausgenutzt, mit smarter Technik, die der Natur ihre verborgensten, erstaunlichsten Erfindungen abschaut und entreißt zur Verwertung im Gesamtgeschehen der erweiterten Naturbeherrschung. Solange die absolut bestimmende Form und Organisation der menschlichen Tätigkeit darauf abzielt, alles und jedes der erforschten und erschlossenen Naturpotenziale in Waren und letztlich ökonomische Machtmittel zu verwandeln, sogar noch die Ausbildung des Verstandes, die Modellierung des Körpers und die Perfektionierung der Nachkommen – die Zurichtung der belebten ›Umwelt‹ ohnehin –, solange wird die Negation der eigentlichen Naturallianz andauern.

Dass diese Negation aber als eine mögliche destruktive Form von Naturallianz in Gestalt der menschlich mitbewirkten, ungewollten und unbeherrschbaren Naturprozesse und Naturerscheinungen auf uns wieder zukommt, erfahren wir seit einigen Jahrzehnten in einer lokal und global nicht mehr zu leugnenden, bedrohlichen Weise. Immer noch weigern wir uns in unserem Alltagsdenken und Alltagshandeln, diese uns existenziell gefährdenden Naturbegebenheiten als Erscheinungsformen jenes Allianzgeschehens zu verstehen, das wir der Natur abgenötigt haben. Die Fremdheit dessen, was da als ›Naturgewalt‹ und ›Naturentzug‹ auf uns zukommt, ist die unbeabsichtigte, aber mit aller Macht betriebene Entfremdung des Natürlichen wie unseres Selbst. Denn Naturallianz findet sowohl in uns statt, noch in unserem Selbstbewusstsein, wie im Gesamtzusammenhang des Natürlichen, zu dem wir gehören.

Begriff und damit auch Praxis der Naturallianz bleiben, als eine Herausforderung an alle menschliche Tätigkeit, ein notwendig Anzustrebendes, also ein *menschliches und damit soziales Projekt*. Der im Sinne der geltenden Rationalität hypothetische Charakter bedeutet nicht, dass auf eine halbmythische Schöpferinstanz oder »einen pantheistischen Vitzliputzli«[340] in der Naturproduktivität zurückgegriffen würde. Das »Herstellende« und Treibende in der Natur bleibt, obwohl es in Blochs Sinn als das materiell Immanente erfahren und in Anspruch genommen wird, ungegenständlich und nur tentativ zu erschließen, nicht nach Maßgabe der sogenannten exakten Wissenschaften objektivierbar. Gleichwohl lässt es sich nicht als bloßes mentales Konstrukt einer reinen Vorstellung des menschlichen Bewusstseins zuschlagen. Indem das Konzept der Naturallianz den Leib als Grund aller Erfahrung anerkennt, erschließt es nicht nur das Naturhafte noch in unserem Bewusstsein und unserer Selbstvergewisserung, sondern auch das objektiv Andere in unserer Erfahrung. Das weiter oben besprochene, extreme Ereignis, in dem ein menschliches Subjekt zum nur noch fleischlichen Wesen als Beute eines Tieres wird, erhellt im gewaltsamen Akt die Realität der – vereinseitigten – Allianz. Es ist und bleibt ein Skandalon für unser Selbstverständnis und ist nur wenig überspitzt formuliert, wenn man konstatiert, dass mit dem individuellen Ende leiblichen Lebens, somit des Denkens, die Naturallianz keineswegs aufhört.

In den westlichen Gesellschaften herrschen die destruktiven Formen der Naturallianz vor. Sie ins Konstruktive zu wenden, in eine reale Vermittlung von Menschensubjekt und hypothetischem Natursubjekt, verlangt eine substanzielle Umorientierung in Politik, Wirtschaft, Wissenschaft und Alltagspraxis – eine titanische Aufgabe. In diesem Essay wurden einige wenige Beispiele für eine noch eng begrenzte, aber inspirierende Allianzpraxis gestreift. Es ließen sich viele weitere solcher Musterfälle beibringen. Noch haben sie nicht eine Wirkung in weiter ausgreifende, verbindende Impulse und Entwicklungen entfalten können. Wie viel Zeit uns noch bleibt, bevor wir womöglich als gesellschaftliche Kollektive jene Nahtod-Erfahrungen machen müssen, von denen bereits die Rede war, weiß niemand zu sagen.

Aber ein Beispiel sei noch berührt, das ein Umdenken auch dort anzeigt, wo gerade die Rücksicht auf und der Schutz von eigenwilliger und selbsttätiger Natur zum Programm geworden ist. Der amtliche und der ehrenamtliche Naturschutz gründen sich auf das Prinzip, die menschliche Einwirkung auf Naturensembles einzuschränken oder ganz zu untersagen, um wenigstens Reste ›intakter‹ Naturkomplexe zu erhalten – letztlich mit dem Ziel, die unmittelbare Begegnung mit ursprünglicher Natur noch zu ermöglichen, weil sie für die ›seelische Gesundheit‹ der Menschen unabdingbar sei.[341] Den immanenten Widerspruch, der aus diesen Zielsetzungen entsteht, kann man nicht nur am Schicksal der berühmten US-amerikanischen Nationalparks ablesen, die unterm Besucheransturm zu kollabieren drohen. Der Widerspruch gehört, wiederum beispielhaft, bereits zum Gründungskonzept der Nationalparks: Die indigenen Völker, die in den Arealen zum Teil Jahrtausende lang eine Allianz mit dem Naturgegebenen gelebt hatten, wurden – angeblich zum Schutz der Natur – aus ihr vertrieben.[342] Und nicht nur bei sogenannten Renaturierungsmaßnahmen muss im Rahmen von Naturschutzprojekten immer wieder regulierend eingegriffen werden – prinzipiell gegen den erklärten Optimalzustand »Natur Natur sein lassen«.

Die Dilemmata des etablierten Naturschutzes entstehen aus dem grundlegenden Verständnis des Schutzes der ›wertvollen‹

Natur: Konzeptioneller Ausgangspunkt ist immer eine Natur ohne Menschen, weil die zerstörerischen Auswirkungen des zivilisatorischen Fortschritts nur durch prohibitive Maßnahmen zu mildern oder zu verhindern seien, also durch Auflagen oder Verbote. Betrachtet man Naturschutzstrategien und -maßnahmen aus der analytischen Distanz, so erweisen sie sich immer, auch bei strikt gesperrten Arealen, als ein gesellschaftliches Handeln an und mit der Natur – nur mit schützenden, bewahrenden Imperativen statt mit denen instrumenteller Aneignung und Vernutzung.

Es liegen also zwei gegensätzliche Modellierungen von Naturallianz vor: eine übermächtige, einzudämmende – die einer tendenziell gewaltförmigen, negativen Allianz – und eine gesellschaftlich schwache, nur ideell legitimierte – die einer schützenden, positiven Allianz. Beide beruhen auf der Verbindung von menschlichem Wollen und Tun mit den natürlichen Wirkkräften und Dynamiken. Auch die Naturschutzaktivitäten überlassen nicht einfach die Natur ›sich selbst‹, auch das Einhegen von geschützten Gebieten, die aktive Nachhilfe für bestimmte gewünschte Entwicklungen, die Wiederherstellung naturnaher Ensembles sind menschlich gewollte und geplante Kooperationen mit dem immanenten Agens in Naturerscheinungen.

Der offizielle Naturschutz würde viele seiner Dilemmata zumindest entschärfen, wenn er sich zu den Prinzipien einer näher zu erläuternden und im Einzelfall abzuwägenden Naturallianz bekennen könnte. Die Entgegensetzung zur destruktiven Allianz der vorherrschenden Wirtschaftspraktiken würde eher schärfer hervortreten. Vor allem aber könnten sich die Bemühungen, die heute mit dem problematischen Imperativ des Prohibitiven belastet sind, endlich als aktive, konstruktive menschliche Kooperation mit den Naturpotenzialen beweisen. Dann würden auch die symptomatischen, aus einer falschen Konzeption des Naturverhältnisses entsprungenen Missgriffe unterbleiben, die uralte, angepasste Kooperationen von Indigenen als Störfaktoren in Naturschutzarealen behandeln.

So sehr eine hegende und schützende Ausgliederung bestimmter Areale aus der immer weiter um sich greifenden Vernutzung von Habitaten und Landschaften derzeit politisch unmittelbar erforderlich sein mag, so sehr könnte eine konzeptionelle Umorientierung in dem, was mit dem historisch und auch interkulturell problematischen Konzept des klassischen Naturschutzes definiert ist, eine gewissermaßen befreiende und im genauen Sinn produktive Bestimmung eröffnen. Denn in jeder Form von Naturschutzpraxis kooperieren die Menschen mit den Naturpotenzialen, auch wenn sie menschliche Einflüsse aus eingegrenzten Gebieten strikt fernhalten wollen. Deshalb zielt in Wahrheit auch der Naturschutz – mit unterschiedlichen konzeptionellen und praktischen Ansätzen – auf Naturallianz, auf ein Zusammenwirken von Menschen mit eigen-artigen, möglichst selbstbestimmten Naturformationen. Von einem programmatisch neuen, vom Begriff der Naturallianz ausgehenden Konzept her könnte der Naturschutz auch endlich die unselige konfrontative Stellung zum nutzenorientierten Handeln der Menschen an und mit Natur überwinden. Denn das ist ja die alles entscheidende Aufgabe: auch das notwendig instrumentelle Umgehen mit dem Naturgegebenen zu einer produktiven, *allen* – auch den nicht-menschlichen – Beteiligten förderlichen, also zukunftsfähigen Allianz umzugestalten. Auf eine solche Umgestaltung hinzuarbeiten, ist die recht verstandene, konstruktive Bestimmung der Anstrengungen, die heute mit dem Begriff des Naturschutzes verbunden sind. In der Praxis geht es ja längst mit vielen Projekten und Maßnahmen auf ein Allianzdenken zu. Diese Tendenz auch konzeptionell aufs Panier zu schreiben, könnte den Naturschutz aus seiner historisch und auch politisch bzw. öffentlich problematischen Rolle herausführen.

Der respektvolle, anerkennende, schonende Umgang mit dem Naturgegebenen müsste dann nicht mehr als eine gesellschaftlich absolut notwendige Bestimmung menschlichen Handelns, eine eingegrenzte, durch Verbote gekennzeichnete Sonderzone des praktizierten Naturverhältnisses sein, an der das Schild ›Naturschutz‹ prangt. Schon jetzt an der konzeptionellen Umorientierung zu arbeiten, könnte auch das Dilemma des klassischen Naturschutzes entschärfen, das wohl niemand genauer erkannt und gespürt hat als Horst Stern. Sein letzter großer Essay über einen Gang in das Naturschutzgebiet an der Unteren Oder – zugleich eine Rückkehr in die Gefilde der Kindheit – führte ihn, angesichts der gesellschaftlichen Ohnmacht einer Sorge um die belebte Umwelt, zur unausweichlichen Frage nach dem Sinn seines Jahrzehnte langen Einsatzes für den Naturschutz: »War alles umsonst? Ein Leben vertan im Streiten für das Lebensrecht auch subhumaner Geschöpflichkeit?«[343] Er sieht mit nüchterner Schärfe das Recht von Bauern und Fischern, auch in schützenswerte Naturensembles zu ihrem Lebensunterhalt einzugreifen – »Nicht vor einem Ausbeuter der Natur wäre ich um Worte verlegen, wohl aber vor einem Menschen, der mich fragte, wozu es, an der Oder und überhaupt, gut sein solle, die noch bewirtschafteten, dem Auge freundlichen grünen Polder zu Gelb und Braun verwildern zu lassen, wie auf der polnischen Seite, wo der Krieg die Flutwehre zerstörte [...].«[344] Er sieht sich vor die Herausforderung gestellt, den Ausspruch des Kirchenvaters Tertullian »Credo quia absurdum, ich glaube, weil es absurd ist«, im Gedanken an den Naturschutz aufzugreifen: Er besage nichts anderes, als dass mit Hinsicht auf die Evolution, »den neuen Schöpfergott, [...] das Widersprüchliche in ihr kein Grund sein kann, den Glauben an die Notwendigkeit des Schutzes ihrer Voraussetzung, eine ungestörte Natur, aufzugeben.«[345]

Das derzeit noch utopische Projekt Naturallianz böte eine Perspektive, die scheinbare Widersprüchlichkeit zwischen einer schützenden, respektvollen und einer instrumentellen, auch menschliches Leben erhaltenden Beziehung zum Natürlichen aufzuheben. Ein Allianzdenken macht beileibe nicht alle Konflikte zwischen den menschlichen und den nicht-menschlichen Beteiligten an der Kooperation, an der Vermittlung zwischen unterschiedlichen Willensrichtungen verschwinden. Die unter Umständen gegenläufigen Strebungen können, wie bereits eingehend erörtert, bis zum Tod bringenden Akt der Lebenserhaltung führen, auf *jeder* Seite der Agierenden. Naturallianz bedeutet nicht die pure, sozusagen mildtätige Versöhnung, sie enthält Eigensinn auch als Potenzial zur Gegensätzlichkeit. Aber sie bedeutet für die menschlichen Allianzpartner – und wir Menschen haben uns über *unsere* Beteiligung an der Kooperation zu verständigen –, dass es kein uneingeschränktes Primat der Gattung *Homo sapiens* gibt, alle anderen Beteiligten rücksichtslos zu instrumentalisieren, zu vernutzen, zu überwältigen und umzubringen.[346] Wie gesagt: Das für uns vorläufig hypothetische Natursubjekt in den Allianzen, die lebensnotwendig sind, zu übergehen, zu überrumpeln, zu knechten und bis zur Vernichtung zu negieren, schlägt in Gestalt des unberücksichtigten, unerwarteten Agens auf uns zurück. Es schlägt zurück im Versagen von beanspruchten Kräften und Prozessen, in der Befeuerung ungewollter Selbsttätigkeit, in der katastrophischen Ballung von ›Naturgewalten‹, in deren Dynamik unsere Beteiligung am Geschehen uns fremd geworden ist.

Naturallianz ist eine *menschliche* Denkfigur und eine ergriffene wie begriffene, anzustrebende und zu erprobende *menschliche* Praxis, die unaufhebbar das objektiv Getrennte in sich und für sich zu vermitteln sucht, in der unaufhebbaren Kooperation der Menschen, die sich als Subjekt und ineins als Teil der Natur wahrnehmen, mit den strebenden und agierenden Anderen, die uns in dem begegnen, was wir ›Natur‹ nennen. Wie nicht-menschliche Agenten diese Kooperation verstehen, können wir nicht in Kategorien unseres Denkens und Sprechens wissen. Wir können mit intensiver Aufmerksamkeit und angesammelter Erfahrung Willensrichtungen, Kraftentfaltungen, Zuwendungen wahrnehmen und mit den unseren abstimmen, auch über rationale Berechnung, über jede ›List der Vernunft‹ hinaus. Aber Naturallianz bleibt, beinahe in jedem Moment, ein Bemühen, ein immer neues Abgleichen, sie beruht auf der Bereitschaft, aufmerksam zu sein, das Andere zu respektieren, sich selbst immer wieder zu korrigieren. Und sie gründet in einer Art von Wissen, das nicht im objektiv Bewiesenen aufgeht. Dass ich – im genauen Wortsinn – gut daran täte, mit den zahllosen Bakterien in meinem Gedärm zu ›kooperieren‹, will sagen: sie zu achten, ihre Aktivitäten zu fördern und nicht zu beeinträchtigen, ihre Signale zu berücksichtigen, diese Allianz mit den eigenwilligen Lebewesen in mir kann ich aus physiologischer Einsicht und medizinischer Klugheit für wahr halten. Erfahren werde ich sie auf andere Weise, in meiner ›Befindlichkeit‹. Wir haben in unseren westlichen Gesellschaften weitgehend verlernt, auf die Regungen und Strebungen in der natürlichen Mitwelt zu achten – in unsrem Leib und jenseits von dessen Grenzen. Derzeit sind wir dabei, solche Aufmerksamkeit ganz den Apparaten, mit denen wir uns verschalten, zu übertragen. Wir übersehen dabei, dass wir damit die nicht mit programmierte Aufmerksamkeit, die unserer Sinne – die wir zum allergrößten Teil gar nicht bemerken –, faktisch negieren. Das aber wird uns, weil die Sinnestätigkeit zur Basis von Leben erhaltender Naturallianz gehört, in Gestalt negierter Naturregungen und Naturkräfte, in uns und außer uns, bedrohlich begegnen.

Allianzdenken allein bringt nicht die Rettung aus der »Krise der menschlichen Natur«.[347] Es ist, indem es verdrängte Traditionen und entmachtete Praktiken beerbt, eine Bestrebung, die auf Verbindung zu nicht-menschlichen Wirkkräften, von denen wir abhängig sind, hinwill. Und selbstverständlich misslingt die angestrebte Naturallianz auch immer wieder, das menschliche Wollen und das aufgeforderte Naturpotenzial geraten in Spannung, driften auseinander bis zur Gegenläufigkeit der Willensrichtungen, die in Inanspruchnahme von kooperierenden natürlichen Kräften und Bewegungen erweist sich als Illusion – Unglück, Schadensfall, Katastrophe. Aber Naturallianz sucht die Kooperation der Agierenden nicht zu erzwingen – anders formuliert: Allianzdenken verfährt grundsätzlich tentativ und bezieht Rückkoppelungen aus der Fortentwicklung von Allianzen ein. Das heißt auch: Naturallianzen werden nicht in Gänze am Reißbrett entworfen, sondern entstehen schrittweise, mit immer neuen Rückversicherungen. Sie erfordern deswegen seitens der Menschen andere Planungen, als sie weithin in hoch entwickelter Technik und Naturnutzung etabliert sind. Solche avancierten Planungen werden heute oft Risikobewertungen oder Technikfolgenabschätzungen unterworfen. Das sind meistens rechnerische Abwägungen zu möglichen negativen Auswirkungen von technischen Projekten. An der Atomenergienutzung oder an der Gentechnologie lässt sich leicht zeigen, dass solche abstrakten Abschätzungen zumeist von vornherein vor der Gewalt der destruktiven Naturallianzen in der vorherrschenden Technik versagen: Folgen solcher Projekte mit tiefen Eingriffen in die Naturpotenziale müssten für Jahrtausende oder gar Jahrmillionen hochgerechnet werden und erreichen so enorme Dimensionen – man denke nur an die unfreiwillige, nicht mehr einzufangende Verbreitung und Auskreuzung von gentechnisch manipulierten Pflanzen, die zumindest bei Raps und bei Mais schon eingetreten ist –, dass jede augenblickliche Kalkulation von bedenklichen Auswirkungen hilflos wirkt.

Blochs Skizzierung einer ›Allianztechnik‹ ist, trotz allem scharfen Widerspruch gegen eine ›blinde‹, dem Überwältigungsimperativ gehorchende Technologie, dem überkommenen Fortschrittsgedanken darin noch zu sehr verhaftet. Sie erklärt ›große Technik‹, deren Auswirkungen sich nicht mehr mit menschlicher Erfahrung vermitteln lassen, dennoch für ›allianzfähig‹. Das zeigt sich etwa in der aus dem heutigen Blick geradezu naiv-optimistischen Feier einer friedlichen Nutzung der Atomenergie, wo »in der blauen Atmosphäre des Friedens, aus Wüste Fruchtland, aus Eis Frühling« würde.[348] Und seine Vision einer »nicht-euklidischen Technik«, die in der »Zerstrahlungstechnik« eine *»heilsame Antizipation aus dem Bild einer nicht mehr verapparatlichten Gesellschaft«* aufrufe[349], wirkt heute beinahe wie ein bizarrer Vorlauf zur neueren Euphorie einer mit der digitalen Technik zum Humanum befreiten Gesellschaft.

Aber in einem Springpunkt seiner Utopie ist Bloch zu beerben: beim Zusammengehen von Naturallianz und gesellschaftlicher Allianz. In *Prinzip Hoffnung* geht dem großen Teil ›Wille und Natur, die technischen Utopien‹ mit dem langen Kapitel ›Nicht-euklidische Gegenwart und Zukunft, technisches Anschlussproblem‹, dem Teil also, in dem das Konzept der Naturallianz entfaltet wird, eine breite Revue der sozialen und religiösen Utopien seit der Antike voraus. Bloch durchleuchtet diese utopischen Entwürfe auf dasjenige Zukunftspotenzial hin, das über alle Zeitbedingtheit des Denkens und Entwerfens hinausweist. Die Triebkraft einer Sehnsucht nach und einem Willen zu einer Vergesellschaftung, die dem verwirklichten Humanum des Zusammenlebens Raum schafft, führt aber zwangsläufig zu Fragen nach dem Naturverhältnis. Denn Beheimatung der notwendig sozial organisierten Menschen, als Ziel der von ihnen mitgestalteten Geschichte, lässt sich nur in Abstimmung, in Kooperation mit dem erreichen, was zusammen mit uns Menschen da ist. Es gibt keine nachhaltig gelingende gesellschaftliche Formation ›gegen die Natur‹ oder ›ohne die Natur‹, allen noch so hochgestochenen technomorphen Fantasien und allen theoretischen Proklamationen zum Trotz. Will sagen: Die Naturbasis sowohl des menschlichen Daseins wie der Beschaffenheit und Funktionalität des gesellschaftlich Hergestellten ist unaufhebbar. Das würde auch für eine Aussiedelung auf den Mars gelten[350] oder für eine Verschaltung isoliert am Leben erhaltener Gehirne mit den intelligenten Maschinen.

Das heißt: Soll eine gesellschaftliche Allianz – die Kooperation der zu ihrer Menschlichkeit befreiten Mitglieder sozialer Gemeinschaften – gelingen, ist dies nicht ohne Naturallianz zu machen. Denn, wie weiter oben erörtert, muss nicht nur die menschliche Subjektivität, einschließlich dem Wollen und Planen, als verwoben mit dem Naturhaften in den Menschen begriffen werden, sondern auch das menschliche Handeln als verwoben mit Subjekthaftigkeit, mit Agens und Strebung im Naturgegebenen.

Allianzdenken veranschlagt vergleichsweise kleine zeitliche, räumliche und systemische Dimensionen, in denen Folgewirkungen der erprobten Naturallianzen tatsächlich erfahren werden können. Zu riskante und misslingende Allianzen müssten etwa im Zeitraum von ein bis zwei Generationen rückholbar sein. Mit dem exemplarischen Hinweis ist eine weit reichende, grundlegende Charakteristik von Naturallianzen angezeigt: Sie berücksichtigen, dass die Möglichkeiten konkreter Erfahrung – Basis jeder Beurteilung der Kooperation von menschlichem Subjekt und hypothetischem Natursubjekt – prinzipiell begrenzt sind. Und die Allianzen müssen diesen Erfahrungsmöglichkeiten angepasst sein. Daraus ergibt sich eine fundamental veränderte Perspektive auch auf Technik: Nicht die Machbarkeit – die nach gängigem Verständnis bis ins Unendliche ausgeweitet werden kann – ist das Telos technischen Vermögens, sondern die Vermittlung zu den Möglichkeiten konkreter Erfahrung. Das bedeutet ja nichts anderes, als dass die *Zuträglichkeit* des technisch Machbaren – über die in der gesellschaftlichen Verständigung zu befinden ist, so schwierig das sein mag – Kriterium für das Machen wird, das allemal auf angestrebten Naturallianzen beruht. Wenn über konkret in Erfahrung gegründete Zuträglichkeit des Gewollten aufgrund von dessen Reichweite nicht in überschaubaren Zeiträumen entschieden werden kann, müsste das Projekt abgebrochen werden. Eine solche Rückbindung von Technik, überhaupt von Ausgestaltung der Naturallianzen auf konkrete, nicht substituierte Erfahrung ist derzeit unvorstellbar – das aktuelle Handeln der politisch und wirtschaftlich, aber auch der wissenschaftlich Verantwortlichen bezeugt es immer neu.[351] Das hängt auch damit zusammen, dass die heute durchgesetzte und forcierte Ökonomie, Technik, Kommunikation leiblich-sinnlich noch gebundene Erfahrung radikal entwertet und verdrängt. Dadurch entstehen Sucht und Überreizung, weil die synthetischen Erfahrungen nie an die lebenswichtigen Bezirke konkreter Erfahrung heranreichen. Vereinsamte Jugendliche, die hunderte von ›Freunden‹ in den sogenannten sozialen Medien haben, können so aus abgrundtiefer Vermissung und Frustration von ›stillen kids‹ zu Attentätern werden.

Auch Allianzdenken muss erlernt werden – aus konkreter Erfahrung.[352] Die elementaren Erfahrungen werden früh verankert, inkorporiert. Wird die Negation von Naturallianz frühzeitig antrainiert, ist dem Verlangen nach technikgestützter Kompensation schwer entgegenzuwirken. Die Verantwortung, die alle Propagandisten schon kindlicher Schulung an virtueller Kommunikation und Realitätsverarbeitung auf sich laden, lässt sich kaum mehr ermessen.

Dennoch steht Naturallianz für eine doppelte Hoffnung: Zum einen ist es die Hoffnung auf die Wiedergewinnung der Erfahrung, dass solche Allianz, als Grundfigur auch für die menschliche Existenz, schon jetzt alles Tätigsein und Tätigwerden durchwirkt, noch durch die schärfste Negation hindurch. Zum anderen verbindet sich Naturallianz der konkreten Utopie, dass die produktive, real vermittelte Allianz als Ermöglichung eines zwar nicht konfliktlosen, sorgenfreien, aber eines für *alle* Beteiligten zuträglichen Daseins in ihren zahllosen Ausgestaltungen[353] zum verbindenden, also zum humanen und damit zum sozialen Projekt wird.

## Nachschrift

›Projekt‹ – ein eingebürgertes Wort mit lateinischer Herkunft: *projectum*, Partizip Perfekt von *pro(j)icere*, ›vor die Füße werfen, hinwerfen‹, also: ›das Vorausgeworfene‹

Die Botenläufer – *Chaski* – in den mittel- und südamerikanischen Reichen vor deren Zerstörung durch die Spanier beförderten Nachrichten auch über mehrere tausend Kilometer. Einzelne Läufer liefen jeweils eine Strecke von bis zu 50 Kilometern und übergaben an festen Stationen die *quipus*, Bündel von Schnüren mit einer komplizierten, bis heute nicht entzifferten Knotenschrift, an den nächsten Läufer. Eine Nachricht von der Inkahauptstadt Cuzco nach Quito (rund 2800 Kilometer) konnte so in weniger als einer Woche überbracht werden. Die Läufer kauten auf der Strecke Coca-Blätter. Manche sollen einen Ball vor sich hergetrieben haben.

Noch heute gib es in einem abgelegenen Tal des nordöstlichen Mexico eine abgedrängte, entrechtete und großenteils verarmte indianische Ethnie, die Tarahumara, deren Angehörige mühelos bis zu 300 Kilometer, ohne Unterbrechung, durch bergiges Gelände laufen können. Sie sind den besten weißen Ultra-Marathonläufern überlegen, ihr Laufstil und ihre Laufsandalen sind für manche westliche Extremläufer zum Vorbild geworden.[354] Dass ihr Laufvermögen ursprünglich erworben wurde, um Beutetiere zu Tode zu hetzen, ist wahrscheinlich, das entspräche der Praxis etwa bei den Buschleuten in der Kalahari.

Die Tarahumara üben auch ein Spiel aus, bei dem Gruppen von Läufern eine leichte Holzkugel vor sich her treiben. Es kommt nicht darauf an, welche der Läufergruppen gewinnt – als erste ein Ziel erreicht –, vielmehr ist die Freude am Laufen auf den oft sehr langen Strecken das Wesentliche.

## Anmerkungen

1 Süddeutsche Zeitung, 26./27.9.2020, S. 53.

2 Die für den Begriff maßgebliche Publikation: Jean-Martin Fortier: The Market Gardener. A Successful Groswer's Handbook für Small-Scale Organic Farming. Gabriola Island BC/Kanada 2014.

3 Zu dem ›Pakt mit den Regenwürmern‹ jetzt im Zusammenhang der Wechselbeziehung von menschlichen und nicht-menschlichen Lebewesen Baptiste Morizot in seinem bedeutsamen Buch *Philosophie der Wildnis oder Die Kunst, vom Weg abzukommen* (Ditzingen 2020), S. 129 ff. Inzwischen gibt es ein neues, ›populäres‹ Sachbuch zu den Eigenschaften und dem Wirken der Regenwürmer: Sally Coulthard: Das Buch des Regenwurms. Eine Entdeckungsreise durch unsere Erde. Hamburg 2022. Coulthard knüpft ausdrücklich an Charles Darwins berühmte Studien zu den Regenwürmern an (Ch. D.: Die Bildung der Ackererde durch die Thätigkeit der Würmer. Stuttgart 1882; Orig. The Formation of Vegetable Mould through the Action of Worms. London 1881).

4 Vgl. Bruno Glaser/William I. Woods: Amazonian dark earths – explorations in space and time. Berlin 2004; Johannes Lehmann/Jürgen Kern/Bruno Glaser/William I. Woods (Hg.): Amazonian dark earths – origin, properties, management. Dordrecht 2003; Ute Scheub/Haiko Pieplow/Hans-Peter Schmidt: Terra Preta. Die schwarze Revolution aus dem Regenwald. München 2013.

5 Dazu ausführlich, mit vielen Beispielen und Berichten, Robin Wall Kimmerer, Biologin und Angehörige der *First Nation* der Potawatomi, in ihrem Buch *Geflochtenes Süßgras. Die Weisheit der Pflanzen* (Berlin 2021).

6 Johann Wolfgang v. Goethe: Faust. Der Tragödie erster Teil, Vers 573. In: ders.: Werke Bd. 3. Hamburg 1949, S. 26.

7 Vgl. etwa Dietmar Näser: Regenerative Landwirtschaft. Stuttgart 2020; Ina Limmer/Ingrid Hemmer/Martin Trappe/Steven Mainka/

Hubert Weiger (Hg.): Zukunftsfähige Landwirtschaft. München 2019; Jens Brehl: Für unsere Zukunft. Wie Bio-Pioniere die Welt verändern. München 2020.

8 Baptiste Morizot (wie Anm. 3) erörtert mit großer Eindrücklichkeit die ›Rückgewinnung‹ elementarer Sinneserfahrung als Grundlage eines ›konvivialen‹ Verhältnisses zu den Lebewesen am Beispiel der auch evolutionsgeschichtlich basalen Einübung ins Spurenlesen, bis hin zur Entwicklung der mentalen Fähigkeiten der Imagination, der ›Präsenz des Unsichtbaren‹ und der Achtung der ›Intentionalität der Anderen‹. Sein großartiges Buch legt freilich ein übergroßes Gewicht auf die Jagd (vor allem die uralte Technik der Hetzjagd) als evolutionäre Triebkraft der Menschwerdung der Hominiden und vernachlässigt sowohl die ebenso bedeutsame Praxis des Sammelns und der Vorratshaltung sowie die Werkzeugentwicklung. Nur aus den historischen Wandlungen dieser Dreiheit in Bezug auf das Verhältnis zur Mitwelt (nicht bloß den Tieren) ist das Problem des Anschlusses an die sinnliche Erfahrung als Basis des Miteinanders mit den belebten und unbelebten ›Agenten‹ der Mitwelt angemessen darzustellen. Bei Morizot kommt die ›Einseitigkeit‹ in der freilich außerordentlichen Intensität zum Tragen, mit der das Sehen (im Lesen von Spuren) zum primären Vermögen wird.

9 Ernst Bloch: Das Prinzip Hoffnung. Frankfurt/M. 1973, S. 776 ff.

10 Horst Stern: Auch 1985 noch ein Veilchen. In: Ulli Pfau (Hg.): Das Horst Stern Lesebuch. München 1992, S. 166–122, hier S. 122.

11 Von den schier zahllosen Büchern zur Hominiden-Entwicklung sei hier nur ein ziemlich neuer Überblick genannt, der die allmähliche ›Monopolstellung‹ von *Homo sapiens* im Zusammenhang der von den Menschen bewirkten Veränderungen der Mitwelt erörtert. Matthias Glaubrecht: Das Ende der Evolution. Der Mensch und die Vernichtung der Arten. München 2019, S. 100 ff.

12 Vgl. Hartmut Böhme: Aussichten einer ästhetischen Theorie der Natur. In: Gerhard Horst Haberl u. a. (Hg.): Entdecken – Verdecken. Eine Nomadologie der Neunziger. Graz 1991, S. 15–34, hier S. 16 u. ö.

13 Mit dem Begriff der ›Technikblindheit‹ beziehe ich mich auf Günther Anders' Theorem der ›Apokalypseblindheit‹, das er mit Blick auf den möglichen Einsatz von Atomwaffen entwickelte (Günther Anders: Die Antiquiertheit des Menschen. Bd. 1: Über die Seele im Zeitalter der zweiten industriellen Revolution. München 1992, S. 233 ff.). Technikblindheit meint nicht nur, wie Anders es formulierte, die kollektive ›Unfähigkeit, eine angemessene Angst zu empfinden‹ ange-

sichts der bereits in Gang gesetzten technischen Entwicklungen (vgl. S. 266 f.). Das Fehlen einer ›angemessenen Angst‹ (gesellschaftlich *›freedom to fear‹* im Gegensatz zu politisch versprochener *›freedem from fear‹*) sieht Anders als einen ideologischen »Defekt«, der in der gesamtgesellschaftlichen Entwicklung mit produziert wird. Der Begriff der Technikblindheit zielt aber eher auf die grundlegende Ausblendung des Gesamtzusammenhangs der Naturprozesse, in die alle menschlichen Hervorbringungen eingebunden sind. Angst entsteht angesichts des unbegriffenen ›Erscheinens‹ dieses Zusammenhangs. Die Situation hat sich heute gegenüber den fünfziger Jahren, als Anders an seinen Schriften arbeitete, verändert. Es gibt eine weit verbreitete ›Sorge‹ im Hinblick auf technische Entwicklungen, etwa die Gentechnologie, die Reproduktionsmedizin, die KI, den Pestizideinsatz und vieles mehr. Übliche Technikfolgenabschätzung fängt solche Sorge nicht auf. Entscheidend ist aber, dass bisher kein technologisch möglicher ›Fortschritt‹ mit einem gesellschaftlichen Bann belegt wurde, selbst bei höchst riskanten Potenzialen. Auch etwa Forschungen und Planungen zum gentechnischen Design von Menschen und überhaupt zum Bio-Engineering wie zum großskaligen Geo-Engineering werden trotz allen Bedenken weiter vorangetrieben. Diese Negation der ›Sorge‹ lässt sich mit Anders' Konzept der Apokalypseblindheit vergleichen.

14 In der ›Philosophie der Technik‹ gibt es immer wieder Versuche, die landläufige Entgegensetzung von ›Technik‹ und ›Natur‹ aufzuheben. Einer der jüngsten ist Birgit Reckis Essay *Natur und Technik. Eine Komplikation* (Berlin 2021). Den ›Dualismus von Natur und Kultur‹ in Hinsicht auf das wesentliche Kulturelement Technik sucht die Autorin zu überwinden, indem sie erstens erklärt, dass die ›kulturelle Potenz des Menschen‹ in der Trias von Wissenschaft, Kunst und Technik jene Produktivität der *natura naturans* aufnimmt und entwickelt, »als die sie gleichermaßen um uns her wie in uns und aus uns heraus wirkt.« Und zweitens gelte, dass Natur (mit der Trias des eigenständig Vorhandenen als »raumzeitliche Umgebung«, als das materielle Reservoir und als das produktive Prinzip) den Möglichkeiten des Technischen immer schon zugrunde liegt (S. 72 f.). Der Begriff der Technik bleibt dabei ebenso abstrakt wie der Begriff der Natur, bar jeder Auseinandersetzung mit der kulturellen Relativität der Begrifflichkeit wie mit der historischen Dimension des begrifflich Erfassten. Dieses philosophische ›Spiel mit den Kategorien‹, das sozusagen eine begriffliche Eingemeindung des Technischen in die Entfaltung des

Naturgegebenen vornimmt, wird nirgends der Nagelprobe einer Konkretion ausgesetzt, indem zum Beispiel die willentliche oder unwillentliche Entfaltung des Destruktiven, des die natürlichen Potenziale Deformierenden und Zerstörenden, also einer faktischen ›Technik als Bedrohung der zuhandenen Natur‹ (und sei es durch die ›Entfesselung‹ von Potenzialen im komplexen Naturzusammenhang) erörtert würde. Die Frage der Möglichkeit einer menschlichen Negation – sei es auch als ›naturtheoretischer Irrtum‹ –, also der Aufkündigung einer umfassenden Einbettung in die immer und überall tätige Natur kommt nirgends auf. Die kultur- und ideengeschichtliche Relativität solcher späteuropäischen, abstrakten philosophischen ›Naturalisierung‹ des Technischen liegt jenseits des Horizonts solcher Entwürfe.

15 Dazu vgl. Bericht des Weltbiodiversitätsrates (IPBES) an die Bundesregierung vom 19.10.2020: https://www.de-ipbes.de/de/IPBES-Workshop-Bericht-zu-Biodiversitat-und-Pandemien-2075.html; s. auch https://www.de-ipbes.de/de/Online-Dossier-zum-Zusammen hang-zwischen-Biodiversitatsverlust-und-Epidemien-2004.html – zuletzt abgerufen am 16.12.2020. Vgl.auch https://www.riffreporter.de/naturschutz-biodiversitaet-trinkwasser/gefahr-neuer-pandemie-durch-naturzerstoerung-ipbes-schulze/ (zuletzt abgerufen am 19.07.2023).

16 Bloch, Prinzip Hoffnung (wie Anm. 9), S. 808 ff.

17 Die seit einiger Zeit intensivierten Untersuchungen und Erörterungen der Hirn- und Kognitionsforschung zu Bewusstsein und Subjektivität liefern immer mehr Indizien dafür, dass die klassische Vorstellung von einem allein im Gehirn erzeugten Bewusstsein und einer ›rein mentalen‹ Subjektivität nicht zu halten ist. Inzwischen beschäftigen sich Neurologen, Kognitionsforscher, Physiologen [generisches Maskulinum] mit den ›autonomen‹, d. h. nicht auf der Ebene des reflexiven Bewusstseins wahrgenommenen Verarbeitung von Sinneseindrücken und Austauschprozessen und sprechen davon, dass mit diesen neuronalen Vorgängen Formen von ›selbsttätigem Bewusstsein‹ in den verschiedensten Bereichen der körperlichen Organisation anerkannt werden müssen. Immer mehr erscheint der gesamte Körper als ein hoch differenziertes Netzwerk von Bewusstseins- und Subjektivitätserzeugung, wobei nur der kleinste Teil davon in den Bereich der reflexiven (und versprachlichten) Selbstwahrnehmung gelangt. Die Grenze zwischen autonomen und reflexiv manifesten Bewusstseinsformen ist dabei völlig durchlässig. Vgl. die Zusammenfassung bei Christian Wolf: Embodiment-These – Nur eine Kopfgeburt? In:

Spektrum kompakt – Rätsel Bewusstsein. Heidelberg 2019, S. 53–60; Jörg Fingerhut/Rebekka Hufendiek/Markus Wild (Hg.): Philosophie der Verkörperung. Grundlagentexte zu einer aktuellen Debatte. Frankfurt/M. 2013. Eingehend Thomas Fuchs: Das Gehirn – ein Beziehungsorgan. Stuttgart 2021; ders.: Verteidigung des Menschen. Frankfurt/M. 2020. Eine subjektphilosophische Erörterung von Formen und Manifestationen des Bewusstseins – unter Einbeziehung von Forschungsbeiträgen aus Psychologie, Kognitions- und Kommunikationswissenschaft, Sozialforschung, Sprachwissenschaften u. a. m. – bei Philipp Hübl: Der Untergrund des Denkens. Eine Philosophie des Unbewussten. Reinbek b. Hamburg 2017.

18 Max Horkheimer/Theodor W. Adorno: Dialektik der Aufklärung [1944]. Frankfurt/M. 1976.

19 Ebd., S. 3.

20 Ebd.

21 Ebd., S. 2,

22 Ebd.

23 Ebd., S. 39.

24 Hartmut Böhme/Peter Matussek/Lothar Müller: Orientierung Kulturwissenschaft. Hamburg 2000, S. 168.

25 Andreas Weber: ›Hat die Natur immer recht‹? Ja – Lehrerin der Freiheit. In: Philosophie Magazin Nr. 01, Dez. 2011/Jan. 2012, S. 34.

26 Hartmut Böhme: Aussichten der Natur. Berlin 2017, S. 43.

27 Immanuel Kant: Kritik der Urteilskraft, § 23. Die ausführliche Bestimmung der »Zweckmäßigkeit« in den Naturerscheinungen in den §§ 63 bis 67 (vgl. auch §§ 72 bis 77).

28 Ebd., § 63. Die Erörterung des Erhabenen in §§ 23 bis 29. Zur sensualistischen Erhabenheitsästhetik bei Edmund Burke vgl. Ludwig Fischer: ›Natur – das Seiende jenseits von Arbeit‹. Reflexionen über eine neuzeitliche Grenzziehung. In: ders. (Hg.): Projektionsfläche Natur. Zum Zusammenhang von Naturbildern und gesellschaftlichen Verhältnissen. Hamburg 2004, S. 223–260. Zur Erhabenheitsästhetik seit dem 18. Jahrhundert vgl. Christian Begemann: Furcht und Angst im Prozeß der Aufklärung. Zu Literatur und Bewußtseinsgeschichte des 18. Jahrhunderts. Frankfurt/M. 1987; María Isabel Peña Aguado: Ästhetik des Erhabenen. Burke, Kant, Adorno, Lyotard. Wien 1994; Christine Pries: Das Erhabene. Zwischen Grenzerfahrung und Größenwahn. Weinheim 1989; Martin Seel: Kants Ethik der ästhetischen Natur. In: Rüdiger Bubner u. a. (Hg.): Die Trennung von Natur und Geist. München 1990, S. 181–208; Carsten Zelle: ›Angenehmes

Grauen‹. Literaturhistorische Beiträge zur Ästhetik des Schrecklichen im 18. Jahrhundert. Hamburg 1987.

29 Zur Naturphilosophie Schellings u. a. Hans Feger: Schellings Naturphilosophie. In: ders.: Poetische Vernunft, Stuttgart 2007, S. 279–292; Hermann Krings: Natur als Subjekt. Ein Grundzug der spekulativen Physik Schellings. In: Reinhard Heckmann/Hermann Krings u. a. (Hg.): Natur und Subjektivität. Zur Auseinandersetzung mit der Naturphilosophie des jungen Schelling. Referate, Voten und Protokolle der II. Internationalen Schelling-Tagung Zürich 1983. Stuttgart/Bad Cannstatt 1985, S. 111–128. Dazu Hans Jörg Sandkühler: Natur und geschichtlicher Prozeß. Von Schellings Philosophie der Natur und der Zweiten Natur zur Wissenschaft der Geschichte. In: ders. (Hg.): Natur und geschichtlicher Prozeß. Studien zur Naturphilosophie F. W. J. Schellings. Frankfurt/Main 1989, S. 13–83; Werner Hartkopf: Denken und Naturentwicklung. Zur Aktualität der Philosophie des jungen Schelling. In: Sandkühler, Natur und geschichtlicher Prozeß, S. 83–127; Wolfgang Förster: Schelling als Theoretiker der Dialektik der Natur. In: Sandkühler, Natur und geschichtlicher Prozeß, S. 175–201.

30 Friedrich Wilhelm Joseph Schelling: Zur Geschichte der neueren Philosophie. Leipzig 1966, S. 118.

31 Ebd., S. 121 f.

32 Ebd., S. 125.

33 Ebd., S. 125 ff.

34 Vgl. etwa Günter Herburger: Lauf und Wahn. Darmstadt 1988; ders.: Traum und Bahn. München 1994.

35 Karen Gloy: Das Verständnis der Natur. II. Die Geschichte des ganzheitlichen Denkens. München 1996, S. 88 ff.; von einem biologischen und kognitionswissenschaftlichen Ansatz aus Humberto Maturana/Francisco Varela: Der Baum der Erkenntnis. Die biologischen Wurzeln menschlichen Erkennens. München 1987.

36 Gloy, Verständnis II, S. 81 ff.

37 Karen Gloy: Das Verständnis der Natur. I. Die Geschichte des wissenschaftlichen Denkens. München 1995, S. 161.

38 Vgl. dazu Wolf Singer (Hg.): Gehirn und Bewusstsein. Heidelberg 1994; Gerhard Roth: Das Gehirn und seine Wirklichkeit. Kognitive Neurobiologie und ihre philosophischen Konsequenzen. Frankfurt/M. 1994; Reinhard Werth: Die Natur des Bewusstseins – Wie Wahrnehmung und der freie Wille im Gehirn entstehen. München 2010. S. oben Anm. 17.

39 Zu den systemtheoretischen Ansätzen von Organismen als ›selbststeuernden‹ Systemen vgl. Humberto Maturana/Francisco Varela: Autopoiesis and Cognition: The Realization of the Living. Dordrecht/Boston/London 1980.

40 Die Problematik eines psychoanalytisch gefassten ›Lebenstriebs‹ ist damit nicht berührt.

41 Zum Ansatz vgl. Francisco Varela/Humberto Maturana/Ricardo Uribe: Autopoiesis: The organization of living systems, its characterization and a model. In: Biosystems 5/1974, S. 187–196. Zur Problematik des klassischen Gleichgewichtskonzepts s. Thomas Potthast: Die wahre Natur ist Veränderung. Zur Ikonoklastik des ökologischen Gleichgewichts. In: Fischer, Projektionsfläche (wie Anm. 28), S. 193–222.

42 Der Entwurf der Gaia-Hypothese bei James Lovelock: Das Gaia-Prinzip: Die Biographie unseres Planeten. Zürich/München 1991; ders.: Gaia – Die Erde ist ein Lebewesen. Bern/München/Wien 1992; Lynn Margulis: Die andere Evolution. Heidelberg 1999.

43 Dass eine Debatte über ein solches Agens – das womöglich auch in abiotischen Erscheinungen und Prozessen wirksam wäre – inzwischen in Gang gekommen ist, liegt nicht zuletzt an dem Buch von Jane Bennett *Lebhafte Materie. Eine politische Ökologie der Dinge* (Berlin 2020; Orig.: Vibrant Matter. Durham NC 2010).

44 Die fachwissenschaftlich oder im populären Sachbuch präsentierte Forschung lässt sich kaum noch überblicken. Es sei hier nur auf einige neuere, gut zugängliche Titel verwiesen: Jonathan Balcombe: Was Fische wissen. Wie sie lieben, spielen, planen: unsere Verwandten unter Wasser. Hamburg 2018; Peter Godfrey-Smith: Metazoa. Animal Minds and die Birth of Conciousness. London 2020; Ludwig Huber: Das rationale Tier. Eine kognitionsbiologische Spurensuche. Frankfurt/M. 2021; Sy Montgomery: Rendevouz mit einem Oktopus. Hamburg 2017; Jennifer Ackerman: Die Genies der Lüfte. Die erstaunlichen Talente der Vögel. Hamburg 2017; Frans de Waal: Mamas letzte Umarmung. Die Emotionen der Tiere und was sie über uns aussagen. Stuttgart 2020.

45 Dominik Perler/Markus Wild: Der Geist der Tiere – eine Einführung. In: dies. (Hg.): Der Geist der Tiere. Philosophische Texte zu einer aktuellen Diskussion, Frankfurt/M. 2005, S. 10–74, hier S. 40 ff. Auf der Seite der philosophischen Anthropologie wird bis heute ein charakteristischer Zirkelschluss wiederholt, der aus der Sprachfähigkeit die absolute ›Sonderstellung‹ von Homo sapiens in der Evo-

lutionsgeschichte begründet: Der zweifellos enorm differenzierten Befähigung der Menschen zu Sprache (und sprachgebundenem Denken) wird ein ›unvergleichlicher‹ Status zugeschrieben, weil kein vergleichbares Potenzial im Tierreich erkennbar sei. Diese Behauptung ist aber nur dann unmittelbar evident, wenn die Suche nach einem dem menschlichen *vergleichbaren* kommunikativen Vermögen zum einen übersieht, dass die impliziten Kriterien für Vergleichbares das ›Einzigartige‹ bereits setzen, und wenn man zweitens davon absieht, dass wir viele hochkomplexe lautliche Verständigungen bei Tieren (etwa Cetaceen, vor allem bei Definen) schlicht nicht verstehen *können*, trotz aller technologischen Entschlüsselungsversuche. Inzwischen weiß man, dass es bei vielen Tierarten ›Dialekte‹ der lautlichen Kommunikation gibt, dass selbst ›sprachferne‹ Lautfolgen wie Vogelgesang unerhört differenzierte Mitteilungen enthalten und dass wir von komplizierten, individuell und kollektiv als eine Art von ›Kulturgut‹ praktizierten ›Gesängen‹ (etwa bei Buckelwalen) ausgehen müssen. Zum Vogelgesang etwa Tobias Roth, Philipp Sprau, Rouven Schmidt, Marc Naguib, Valentin Amrhein: Sex-specific timing of mate searching and territory prospecting in the nightingale: nocturnal life of females. Proceedings oft he Royal Society. Biological Sciences. (published 4 March 2009). DOI:10.1098/ rspb.2008.1726; Conny Bartsch, Ronja Wenchel, Annmarie Kaiser, Silke Kipper: Singing onstage: female and male common nightingales eavesdrop on song type matching. Behavioral Ecology and Sociobiology July 2014, Volume 68, Issue 7, pp 1163–1171. DOI: 10.1007/s00265-014-1727-6; Michael Weiss, Henrike Hultsch, Iris Adam, Constance Scharff, Silke Kipper: The use of network analysis to study complex animal communication systems: a study on nightingale song. Proceedings of the Royal Society Biological Sciences. 20140460; DOI:10.1098/rspb.2014.0460 (published 7 May 2014); Matthias Glaubrecht: Zur geographischen Variabilität des Gesangs der Goldammer *Emberiza citrinella* im norddeutschen Dialekt-Grenzgebiet. In: Journal für Ornithologie 130/3 1989, S. 277–292.

46 Aus der inzwischen beinahe inflationären Literatur Daniel Chamovitz: Was Pflanzen wissen. München 2017; Stefano Mancuso/Alessandra Viola: Die Intelligenz der Pflanzen. München 2015; Joseph Scheppach: Das geheime Bewusstsein der Pflanzen. München 2014.

47 Birgit Schneider: Neue Formen der Klimakrisenwahrnehmung? Sprechende Bäume im Netz der dritten Natur. In: Dritte Natur. Technik – Kapital – Umwelt. 1/2018, S. 39–53.

48 Vgl. den – pauschal unsinnigen – Vorwurf Wolfgang Riedels im Hinblick auf Texte aus der Tradition des Nature Writing (W. R.: Unort der Sehnsucht. Berlin 2018, S. 40 ff.). Riedel bricht alle (inzwischen auch naturwissenschaftlich angefachten) Diskussionen etwa über die evolutionsgeschichtliche ›Stufung‹ eines fundamental erweiterten Konzepts von *mind* (eben nicht ›Geist‹) oder über nicht-reflexive Formen von Bewusstsein auf ›Modelle‹ der klassischen (neuzeitlich-abendländischen) Erkenntnistheorie und Subjektphilosophie herunter, wodurch sie bemitleidenswert defizitär oder als neuer Wein in alten Schläuchen erscheinen.

49 Eine knappe, sehr überzeugende Darstellung der Entwürfe von Bergson und Driesch gibt Jane Bennett in ihrem Buch *Lebhafte Materie* (S. 114 ff. – vgl. Anm. 43). Ich beziehe mich im Folgenden vielfach auf ihre Ausführungen.

50 Dazu konzis, auch mit dem Hinweis auf das Konzept des Bildungstriebs bei Johann Friedrich Blumenbach, das Kant aufgreift: Bennett, Materie (wie Anm. 43), S. 120 ff.

51 Bennett, Materie (wie Anm. 43), S. 119.

52 Ebd., S. 123.

53 Ebd., S. 120.

54 Zum Begriff des Milieus, auch zur biologischen Konzeption, vgl. Christina Wessely/Florian Huber (Hg.): Milieu. Umgebungen des Lebendigen in der Moderne. München 2019; Christina Wessely: Wässrige Milieus. Ökologische Perspektiven in Meeresbiologie und Aquarienkunde um 1900. In: Berichte zur Wissenschaftsgeschichte 36/2013, S. 128–147.

55 Dazu eingehend Bennett, Materie (wie Anm. 43), S. 126 ff.

56 Hans Driesch: Philosophie des Organischen. Bd. 1, Leipzig 1909, S. 49, zitiert nach Bennett, Materie (wie Anm. 43), S. 127.

57 Eine alternative etymologische Ableitung führt den Begriff auf das Adjektiv *enteles* = vollständig und das Verb *echein* = haben, besitzen zurück: *entelecheia* = das Prinzip der (innewohnenden) Vollständigkeit; vgl. https://de.wiktionary.org/wiki/Entelechie (zuletzt abgerufen am 19.07.2023).

58 Dazu ausführlich Bennett, Materie (wie Anm. 43), S. 127 ff. Driesch versuchte, in seinem Entelechie-Konzept einen physikalisch-chemischen Determinismus in der Entwicklung von Zelle und Organismus mit der vitalistischen Hypothese zu verbinden: Das Wirken der Entelechie vollziehe sich in der gestaltenden Lenkung der angelegten Potenziale, also in der je spezifischen ›Ausgestaltung‹ der materiell

vorhandenen Möglichkeiten (ebd., S. 128 f.). Die ›Kraft‹ der Entelechie selbst könne aber nicht aus der bloßen Materie entstehen.

59 Ebd., S. 134 f. mit der angegebenen Literatur.

60 James Lovelock: Novozän. Das kommende Zeitalter der Hyperintelligenz. München 2020. Vgl. dazu meine kritische Besprechung in CulturMag: http://culturmag.de/highlights/ludwig-fischer-phi lippika-gegen-die-maschinen-als-rettung/139097 (zuletzt abgerufen am 19.07.2023).

61 Man denke nur an Jürgen Habermas' *Theorie des kommunikativen Handelns* (J. H.: Theorie des kommunikativen Handelns. 2 Bde. Frankfurt/M. 1981).

62 An dieser Stelle sei noch einmal auf Robin Wall Kimmerers Buch ›Geflochtenes Süßgras‹ (wie Anm. 5) verwiesen. Kimmerer, in den klassischen Naturwissenschaften ausgebildete Botanikerin, versucht, ihre den Regeln der ›anerkannten‹ Wissenschaften folgenden Forschungen etwa zu Moosen sozusagen an die indigene Weltsicht ›anzuschließen‹, indem sie von sich (und ihren Studierenden) als Forschenden *erzählt* – weil das indigene Verstehen von Naturerscheinungen und -prozessen in *Erzählungen* und (auch erzählbaren) *Riten* gefasst ist und weitergegeben wird. Ein entscheidender Punkt ist dabei, dass der *Leib als Erfahrungsorgan* als entscheidendes Medium von ›Wissen‹ erkannt und anerkannt wird, genau gegenläufig zur abendländisch-neuzeitlichen Figuration von (exakter) Wissenschaft. Auch ›Wissen‹ wird dabei als ein Moment des *Wechselverhältnisses* verstanden, in dem sich ganz grundsätzlich menschliche und nicht-menschliche ›Akteure‹ befinden. Aus der Basistatsache des Wechselverhältnisses ergibt sich, das Wissen selbst gewissermaßen ein wechselseitiges ist, nicht ohne ein ›Wissen des/der Anderen‹ gedacht werden kann. »Ich träume von einer Welt, deren Sichtweise sich von Geschichten herleitet, die in den Offenbarungen der Wissenschaft wurzeln und in ein indigenes Weltbild eingebettet sind – Geschichten, in denen sowohl die Materie als auch der Geist zu Wort kommen.« (S. 402)

63 Ein Beispiel in einer Form, die den westlichen Erzählweisen bereits angepasst ist. Bei den indianischen Ethnien der Nordwestküste Amerikas gilt der Schwertwal oder Orca als eines der mächtigsten Naturwesen. Er kann und darf nicht gejagt werden. »Er kann jede gewünschte Gestalt annehmen, und viele Legenden ranken sich um ihn. Eine, die ich hörte, handelt von Indianern, die vor vielen Lebensaltern hinausfuhren, um Robben zu jagen. Das Wetter war ruhig und die See glatt. Einer dieser Mörderwale oder Schwarzfische, eine Del-

phinart, hielt sich neben dem Kanu, und die jungen Männer machten sich einen Spaß daraus, mit Steinen aus dem Ballast des Kanus nach dem Mörder zu werfen, wobei sie ihn an der Rückenfinne trafen. Nach einigen schweren Treffern schwamm das Tier der Küste zu, ließ sich an den Strand treiben. Bald war Rauch zu sehen, und ihre Neugier veranlaßte die Männer, nach der Ursache zu forschen, aber als sie das Ufer erreichten, entdeckten sie zu ihrer Überraschung, daß am Strand ein Kanu und nicht der Skana lag und daß sich dort ein Mann etwas zu essen machte. Er fragte sie, warum sie mit Steinen nach seinem Knau geworfen hätten. ›Ihr habt es beschädigt‹, sagte er, ›und jetzt geht in die Wälder, holt Zedernzweige und macht es wieder ganz.‹ Sie taten dies, und als sie fertig waren, sagte der Mann: ›Dreht euch mit dem Rücken zum Wasser und bedeckt die Köpfe mit euren Felldecken und schaut nicht, bis ich euch rufe.‹ Sie taten es und hörten, wie das Kanu auf dem Strand knirschte, als es in die Brandung gezogen wurde. Da sagte der Mann: ›Jetzt schaut!‹ Sie sahen sich um und erblickten das Kanu, das mit dem Mann im Heck gerade durch den ersten Brecher glitt; als es sich aber dem zweiten Brecher näherte, ging das Knau unter, und hinter der Brandung kam ein Mörderwal und nicht das Kanu zum Vorschein, und der Mann oder Dämon war in seinem Bauch.« (Report of the Nation Museum, 1888. In: Joan McIntyre (Hg.): Der Geist in den Wassern. Frankfurt/M. 1982, S. 172)

64 Ein illustratives Beispiel aus den nordwestamerikanischen indigenen Kulturen habe ich in Überlegungen zu den mentalen ›Bildern‹ in Renaturierungskonzepten angeführt: Ludwig Fischer: ›Der Natur zurück geben‹ – Kulturwissenschaftliche Anmerkungen zu einer Denkfigur. (Das pdf des Vortrags ist leider auf der Website der INA Vilm nicht mehr abrufbar.)

65 Vgl. dazu insbesondere die Debatte über die Bücher des französischen Ethnologen Philippe Descola (Jenseits von Natur und Kultur. Berlin 2011; Die Ökologie der Anderen. Die Anthropologie und die Frage der Natur. Berlin 2014), dem die Propagierung eines ›Neo-Animismus‹ vorgeworfen wird, etwa von Wolfgang Riedel, Unort (wie Anm. 48). S. 38 ff.

66 Nastassja Martin: An das Wilde glauben. Berlin 2021, S. 65.

67 Ebd., S. 19; 70; 75 ff; 83; 97 ff. u. ö.

68 Vgl. Christoph Binswanger (Geld und Magie. Deutung und Kritik der modernen Wirtschaft anhand von Goethes Faust. Stuttgart 1985 u. Hamburg 2005) oder Jochen Hörisch (Gott, Geld, Medien. Frankfurt/M. 2004).

69 Dazu jetzt die polemische Schrift von Marie-Luise Wolff: Die Anbetung. Über eine Superideologie namens Digitalisierung. Berlin 2020. S. auch Yvonne Hofstetter: Die Ideologie der Digitalisierung ist der Informationskapitalismus (https://www.telekom.com/de/konzern/digitale-verantwortung/details/die-ideologie-der-digitalisierung-ist-der-informationskapitalismus-435356, zuletzt abgerufen am 19.07.2023); Manuel Bremer: Digitalisierung als Ideologie. Ms. 2021 (https://mbph.de/PhInformatik/DigitalisierungIdeologie.pdf – zuletzt abgerufen am 19.07.2023).

70 Die Frage, ob mit den Erkenntnissen der neueren Neuro- und Kognitionswissenschaften zu ›Bewusstsein‹ und Subjektivität (s. o. Anm. 17) auch das Verständnis von Intentionalität und ›Willen‹ neu gefasst werden muss (eben nicht in Fortführung der Freudschen Unterscheidung von Bewusstem und Unbewusstem), ist damit aufgeworfen. Bloch konnte eine solche Öffnung des Begriffs der Willensbildung noch nicht in Erwägung ziehen.

71 Hans-Joachim Glock: Intentionalität. In: Arriana Ferrari/Klaus Petrus (Hg.): Lexikon der Mensch-Tier-Beziehungen. Bielefeld 2015, S. 170–173; Joelle Proust: Das intentionale Tier. In: Perler/Wild, Geist (wie Anm. 45), S. 223–243. Vgl. auch Andreas Kemmerling: Zur sog. Naturalisierung von Intentionalität. https://www.uni-heidelberg.de/md/philsem/personal/v_55_naturalisierungvonintentionalitaet.pdf, zuletzt abgerufen am 19.07.2023.

72 Zur Debatte um die Modifikation des klassischen Evolutionstheorie Darwins vgl. Axel Lange: Evolutionstheorie im Wandel – Ist Darwin überholt? Berlin 2020; Richard Dawkins: Gipfel des Unwahrscheinlichen – Wunder der Evolution. Reinbek b. Hamburg 1999; Stephen Jay Gould: Illusion Fortschritt. Die vielfältigen Wege der Evolution. Frankfurt/M. 1999; Ulrich Kutschera: Evolutionsbiologie. Stuttgart 2015; umstritten Rupert Sheldrake: Das Gedächtnis der Natur. Das Geheimnis der Entstehung der Formen in der Natur. Bern/München/Wien 1988.

73 Vor allem: Bruno Latour: Die Hoffnung der Pandora. Frankfurt/M. 2002; ders.: Wir sind nie modern gewesen. Versuch einer symmetrischen Anthropologie. Berlin 1995.

74 Das Original: Bruno Latour: Nous n'avons jamais été modernes. Essai d'anthropologie symétrique. Paris 1991; s. auch ders.: Eine neue Soziologie für eine neue Gesellschaft: Einführung in die Akteur-Netzwerk-Theorie. Frankfurt/M. 2012.

75 Latour, Hoffnung (wie Anm. 73), S. 213 ff.

76 Ebd., S. 218.

77 Ebd., S. 215.

78 Bruno Latour: The Pasteurization of France. Cambridge MA. 1988. Dazu eingehend und überzeugend Hajo Greif: Wer spricht im Parlament der Dinge? Über die Idee einer nicht-menschlichen Handlungsfähigkeit. Paderborn 2005, S. 33 ff.

79 Greif, Wer spricht (wie vorst. Anm.), S. 53. Zitat im Zitat: Bruno Latour: Das Parlament der Dinge. Für eine politische Ökologie. Frankfurt/M. 2001, S. 108 (kursiv im Orig.).

80 Latour, Parlament (wie vorst. Anm.), S. 115.

81 Vgl. etwa Greif, Wer spricht (wie Anm. 78), S. 56 ff. u. ö.

82 Ebd., S. 31

83 Ebd., S. 54. Greif zitiert Latours Bemerkung »I start with the assumption that everything is involved in a relation of forces but I have no idea at all of precisely what a force is.« Latour, Pasteurization (wie Anm. 78), S. 7. Er rechtfertigt diese ›Unvoreingenommenheit‹ mit der Ansicht, dass die ›Kräfte‹ die verschiedensten Formen und Stärken annehmen können – sogar ›Schwäche‹ lässt sich für ihn als eine Erscheinungsform von ›Kraft‹ verstehen. Die Unbestimmtheit des Begriffs soll ihn von allen herkömmlichen Definitionen (physikalischen, physiologischen, psychologischen, spirituellen usw.) freimachen.

84 Ebd., S. 54. Zitat im Zitat: Latour, Pasteurization (wie Anm. 78), S. 158.

85 Greif, Wer spricht (wie Anm. 78), S. 55.

86 Die Frage der Rechtsfähigkeit nicht-menschlicher Naturwesen war schon in den siebziger und achtziger Jahren kontrovers erörtert worden, intensiviert durch Peter Singers *Great Ape Projekt* und seine Forderungen nach Anerkennung von Grundrechten für Menschenaffen (Peter Singer: Animal Liberation: A New Ethics for our Treatment of Animals. New York 1975; ders./Tom Reagan (eds.): Animal Rights and Human Obligations: An Anthology. New Jersey 1976; ders./Paola Cavalieri (eds.): The Great Ape Project: Equality Beyond Humanity. London 1993). Die grundsätzliche Problematik einer Rechtsfähigkeit für Naturwesen auch über die Tiere hinaus wurde bereits damals behandelt: Klaus Bosselmann: Im Namen der Natur. Der Weg zum ökologischen Rechtsstaat. München 1992; Julian Nida-Rümelin/Dietmar v. d. Pforten (Hg.): Ökologische Ethik und Rechtstheorie. Baden-Baden 1995; Christopher D. Stone: Should Trees Have Standing? San Francisco 1974. Zur aktuellen Debatte: Jens Kersten: Das ökologische

Grundgesetz. München 2022; ders.: Natur als Rechtssubjekt. Für eine ökologische Revolution des Rechts. In: Aus Politik und Zeitgeschichte. 6.3.2020. https://www.bpb.de/shop/zeitschriften/apuz/305893/natur-als-rechtssubjekt; Niklas Wester: Natur als Rechtssubjekt. Die Atrato-Entscheidung des Corte Constitucional in Kolumbien. München 2022; Peggy Fiebig: Klimaschutz per Gericht. Natur als Rechtssubjekt. Deutschlandfunk 12.11.2021 (https://www.deutschlandfunk.de/klimaschutz-per-gericht-natur-als-rechtssubjekt-100.html). Alle Internet-Beiträge zuletzt abgerufen am 19.07.2023.

87 Latour, Parlament (wie Anm. 79), S. 108.

88 Ebd., S. 113.

89 Dazu Greif, Wer spricht (wie Anm. 78), S. 72 ff.

90 Latour, Parlament (wie Anm. 79), S. 116.

91 Dazu Greif, Wer spricht (wie Anm. 78), S. 129 f.

92 Vgl. Bennett, Materie (wie Anm. 43), S. 9 f.

93 Greif, Wer spricht (wie Anm. 78), S. 57.

94 Jane Bennetts Distanzierung von der Tradition der klassischen Politischen Ökologie und der Kritischen Theorie richtet sich gegen eine ideologiekritische »Entmystifizierung« von ›Ereignissen und Prozessen‹, in denen ein allemal menschliches Handlungsvermögen gesucht werde. Diese »Hermeneutik des Verdachts« verlange, »wachsam Ausschau zu halten nach den Anzeichen einer geheimen Wahrheit (eines menschlichen Willens zur Macht) unterhalb des falschen Scheins nichtmenschlicher Handlungsmacht.« (Bennett, Materie, wie Anm. 43, S. 17) So berechtigt Einwände gegen traditionelle Ideologiekritik sein mögen, eine solche Unterstellung grenzt schon ans Parodistische: Als ginge es bei methodisch verantwortlicher, analytisch genauer Kritik der Politischen Ökonomie einer weiterentwickelten historisch-materialistischen Provenienz um die Decouvrierung »nichtmenschlicher Handlungsmacht«. Wenn man nicht mehr davon sprechen kann (soll), dass gerade in dem modernen, digital intensivierten Kapitalismus mit höchster Raffinesse der »Schein« einer nicht mehr von den handelnden Menschen zu verantwortenden Gegebenheit in der ›gesellschaftlichen Anwesenheit der Dinge‹ (Sachzwänge, Kulturerzeugnisse, Umweltelemente usw.) erzeugt wird, so dass man nur noch ihren performativen Einfluss auf das Geschehen zu beachten hat, dann allerdings hätte die Beschäftigung mit den Phänomenen ihre affirmative Wendung vollzogen. Es ist geradezu absurd zu insinuieren, ein Denken im Sinne der gemeinten ›kritischen‹ Tradition würde beispielsweise die Handlungsmacht

von Tieren ›entmystifizieren‹ wollen, wenn etwa danach gefragt wird, wie eine tierliche ›Beteiligung‹ an Ereignissen und Prozessen unter Umständen von menschlichen Akteuren mit geformt wird (Züchtung, Haltung, Indienstnahme, Zurschaustellung, Schutzmaßnahmen, symbolische ›Verwertung‹ usw. usw.).

95 Insofern ließe sich durchaus darüber diskutieren, ob und wie Latours Theorie ein Reflex wie ein Instrument bei der Proklamation vor allem der digitalen Technik zu einem Reich der intelligenten und selbsttätigen Maschinen ist. Dass Latour sein Buch *Die Hoffnung der Pandora* unter anderem Donna Haraway und den Cyborgs gewidmet hat, spricht sehr dafür.
Zur Verquickung von ›toter und lebendiger Arbeit‹ nicht nur in der Industrie, sondern im gesellschaftlichen Leben vgl. Alexander Kluge/Oskar Negt: Geschichte und Eigensinn. Frankfurt/M. 1981, S. 937 ff. Sie findet sich z. B. auch in der ›Beziehungsarbeit‹.

96 Vgl. etwa Bruno Latour: Kampf um Gaia. Acht Vorträge über das neue Klimaregime. Berlin 2017; ders.: Das terrestrische Manifest. Berlin 2018.

97 Siehe auch die Besprechung von *Kampf um Gaia* von Markus Holzinger: Neues über die ›Dinge‹? Zum gegenwärtigen Stand der Latourwissenschaften. In: Soziopolis. 21. 9. 2017 (https://www. soziopolis.de/neues-ueber-die-dinge.html, zuletzt abgerufen am 19.07.2023).

98 Einen Überblick über die theoretischen Ansätze bieten Markus Kurth/Katharina Dornenzweig/Sven Wirth: Handeln nichtmenschliche Tiere? In: dies. u. a. (Hg.): Das Handeln der Tiere. Tierliche Agency im Fokus der Human-Animal-Studies. Bielefeld 2016, S. 7–42.

99 Vgl. z. B. Uwe Schimank: Die unmögliche Trennung von Natur und Gesellschaft – Bruno Latours Diagnose der Selbsttäuschung der Moderne. In: ders./Ute Volkmann (Hg.) Soziologische Gegenwartsdiagnosen. Wiesbaden 2008, S. 157–169.

100 Glock, Intentionalität (wie Anm. 71), S, 170 ff.

101 Dazu vgl. Colin Allen/Eric Saidel: Die Evolution der Referenz. In: Perler/Wild (wie Anm. 45), S. 295–322; Reinhard Spannring u. a. (Hg.): Tiere – Texte – Transformationen. Kritische Perspektiven der Human-Animal-Studies. Bielefeld 2015; Jessica Ullrich/Alexandra Böhm (Hg.): Tiere erzählen. Berlin 2019 (Tierstudien 15/2019); Jessica Ullrich (Hg.): Animalität und Ästhetik. Berlin 2012 (Tierstudien 01/2012); Eva Meijer: Was Tiere wirklich wollen. Eine Streitschrift über politische Tiere und tierische Politik. München 2019. Ein in den

Printmedien, im Fernsehen, im Internet immer wieder z. T. dramatisiertes Beispiel: Im Atlantik vor der Straße von Gibraltar greifen seit mehreren Jahren Gruppen von Orcas vor allem Segelboote an und beschädigen oft gezielt die Steuerruder, was nicht selten zu Havarien führt. Über die Gründe für dieses Verhalten wird heftig debattiert. Die Erklärungen reichen von einem bloßen Spiel dieser hochintelligenten Meeressäuger mit den Wasserfahrzeugen der Menschen über abgestimmte Angriffe, um die Störenfriede aus den Jagdrevieren zu vertreiben, bis zur kollektiven ›Rache‹ der sozial außerordentlich differenziert organisierten Tiere für die Verletzungen eines weiblichen Schwertwals durch eine Yacht. Die affektiven, mentalen und sozialen Antriebe für dieses Verhalten der Orca-Gruppen entziehen sich einer stichhaltigen, plausibilisierten Interpretation durch menschliche Beobachter. Vgl. https://www.sueddeutsche.de/wissen/orca-schwertwal-segelboot-strasse-von-gibraltar-1.5891810?reduced=true; https://www.merkur.de/leben/tiere/thomas-kaesbohrer-ueber-raetselhafte-orca-angriffe-auf-segelboote-92112007.html; https://www.merkur.de/leben/tiere/thomas-kaesbohrer-ueber-raetselhafte-orca-angriffe-auf-segelboote-92112007.html; https://www.spektrum.de/news/orca-angriffe-wale-die-yachten-rammen/2029864 (alle zuletzt abgerufen am 19.07.2023). Jetzt auch: Thomas Käsbohrer: Das Rätsel der Orcas: Wie Orcas sich das Meer zurückholen. Warum sie Boote angreifen. Iffeldorf 2023.

102 Kurth u. a. (wie Anm. 98), S. 9.

103 Ebd.

104 Jessica Ullrich/Friedrich Weltzin/Heike Fuhlbrügge (Hg.): Ich, das Tier. Tiere als Persönlichkeiten in der Kulturgeschichte. Berlin 2008.

105 Scott Lash: Objekte, die urteilen: Latours Parlament der Dinge. transversal texts 6/1999 blog (https://transversal.at/transversal/0107/lash/de, zuletzt abgerufen am 19.07.2023).

106 Bennett, Materie (wie Anm. 43).

107 Ebd., S. 9.

108 Ebd., S. 15.

109 Ebd., S. 15 f.

110 Ebd., S. 20 f.

111 Ebd., S. 59.

112 Zum Begriff des Vorurteils in der philosophischen Hermeneutik maßgeblich Hans-Georg Gadamer: Wahrheit und Methode. Tübingen 1960.

113 Bennett, Materie (wie Anm. 43), S. 31.

114 Ebd., S. 33; Zitat im Zitat: Maurice Merleau-Ponty: Phänomenelogie der Wahrnehmung. Berlin 1966, S. 233.

115 S. dazu Gernot Böhme: Atmosphäre. Essays zur neuen Ästhetik. Frankfurt/M. 1995, S. 32 ff.

116 Bennett, Materie (wie Anm. 43), S. 33.

117 »Aus Sicht der vitalen Materialistin stellt sich das Stromnetz eher dar als flüchtige Mischung aus Kohle, Schweiß, elektromagnetischen Feldern, Computerprogrammen, Elektronenströmen, Gewinnmotiven, Hitze, Lebensweisen, Kernbrennstoff, Plastik, Herrschaftsfantasien, Reibungselektrizität, Rechtsprechung, Wasser, Wirtschaftslehren, Draht, Holz – um nur einige der beteiligten Aktanten zu nennen.« (Ebd., S. 61). Alle derartigen ›Beteiligten‹ auf dem gleichen analytischen Niveau von ›Aktanten‹ zu behandeln, stellt aber eine so radikale Abstraktion von materiellen, gesellschaftlich-organisatorischen, historischen, ideologischen (und weiteren) Zusammenhängen dar, dass eine konkrete, auch systematisch überzeugende Bestimmung einer ›Beteiligung‹ von einzelnen ›Aktanten‹ geradezu willkürlich und kategorial beliebig erscheinen muss.

118 Ebd., S. 63.

119 Ebd., S. 65.

120 Dass Jane Bennett hier zur Erklärung der Überlastung auf die berüchtigte Interpretation der ›Allmende‹ von Garrett Hardin zurückgreift – die »kostenlose Ware« der installierten Blindleistung werde aus summierter Zweckrationalität der Kunden (spricht: dem ›unkontrollierten Eigennutz‹) so überbeansprucht, dass der Kollaps eintritt –, gehört zu den aufschlussreichen Fehlleistungen in dem Buch. Erstens ist das Aufrechterhalten der Blindleistung keinerlei »kostenlose Ware«, sondern in den Strompreis als Systemkomponente einbezogen. Und zweitens übernimmt der Verweis auf Hardins Theorem von der ›Tragik der Allmende‹ dessen gesellschaftstheoretischen und historischen Unsinn: Weder beruhte die konkrete Allmende auf einer ›freien‹ Nutzung allgemein zugänglicher Ressourcen, noch ging das Ende der Allmenden auf die angebliche, individuelle Übernutzung zurück. Die Abschaffung wurde vielmehr obrigkeitlich verordnet und zum Teil brutal durchgesetzt. Dazu z. B. Elinor Ostrom: Die Verfassung der Allmende. Tübingen 1999; Michael Heller: Die Tragik der Anti-Allmende. In: Silke Helfrich und Heinrich-Böll-Stiftung (Hg.): Commons. Für eine Politik jenseits von Markt und Staat. München 2004, S. 92–98; Bernd Marquardt: Gemeineigentum und Einhegungen. Zur Geschichte der Allmende in Mitteleuropa. In: Allmende – in alle

Hände? Eigentumsformen für eine nachhaltige Entwicklung. Laufen 2002 (Berichte der ANL Nr. 26), S. 14–23.
Hardins Aufsatz (G. H.: The Tragedy of the Commons. In: Science. Vol 162, Issue 3859, 1968. S. 1243–1248) ist ein Musterbeispiel dafür, wie eine substanziell und argumentativ völlig unhaltbare These deswegen eine unglaubliche Karriere bis heute machte, weil sie einem breit internalisierten, neoliberalen Denkmodell aufsitzt.

121 Bennett, Materie (wie Anm. 43), S. 65.

122 Hinsichtlich des Überraschungseffekts schließt Bennett ausdrücklich an Bruno Latour an, der die Analyse auf ›das Ereignis‹ zentriert, nicht auf die Differenzierung etwa im Ermitteln von handelnden Subjekten und deklarierten Objekten. Das Überraschende erscheint dann generell als Moment menschlichen (und nicht-menschlichen) Handelns. Dass eine Ursachenanalyse auf die Spur einer gesellschaftlichen erzeugten ›Irrationalität‹ führen könnte, die nicht zuletzt auf die Summierung notwendig begrenzter Rationalitäten zurückgeht und damit die ›Überraschung‹ als das unwissentlich, aber willentlich Bewirkte erweist, liegt solcher Fokussierung auf das Ereignis fern. Vgl. dazu das wegweisende Diktum Alexander Kluges, dass die Realität insofern »eine geschichtliche Fiktion« sei, als sie zwar den Einzelnen »real, als Schicksal« trifft, aber in Wahrheit »durch die Arbeit von Generationen [gemacht wird], die eigentlich die ganze Zeit über etwas ganz anderes wollten und wollen.« (A. K.: Die schärfste Ideologie: daß die Realität sich auf ihren realistischen Charakter beruft. In: ders.: Gelegenheitsarbeit einer Sklavin. Frankfurt/M. 1975, S. 215–222, hier S. 215.)

123 Bennett führt eine lange Reihe von Ahnen des philosophischen Materialismus sehr verschiedener Konzepte an, vermeidet aber eine Auseinandersetzung mit dem nachhegelianischen ›historischen Materialismus‹, der etwa mit der Philosophie Ernst Blochs oder auch mit der neuen Politischen Ökonomie u. a. bei Fredric Jameson oder Paul Mason meilenweit von der reduktionistischen ›Dialektik‹ in sog. linken politischen Programmen entfernt ist.

124 Bennetts Buch enthält gegen Ende hin ein ausführliches Kapitel ›Politische Ökologie‹, in dem sie das ›ökologische System‹ und das ›politische System‹ analog setzt und zu erläutert versucht, wie zum Beispiel Würmer nicht nur ›Aktanten‹ im Rahmen des natürlichen Geschehens, sondern ›Akteure‹ im politischen Raum werden können. (Bennett, Materie (wie Anm. 43), S. 160 ff.) Es ist sehr aufschlussreich, dass Bennett gar nicht von ›lebhafter Materie‹ schreibt, sondern – im

Rückgriff auf Darwins Beobachtungen an Regenwürmern – von einer ›spontanen Intentionalität‹, bei der das Verhalten über bloß reflexhafte Reaktion hinausgeht und so etwas wie ein überlegtes, ›freies‹ Agieren erkennen lässt. Und dass Regenwürmer, indem sie Humus (mit) erzeugen, zu Beteiligten in einem ›Gefüge politischer Akteure‹ würden, ist wieder eine jener anthropozentrischen Übertragungen (oder Vereinnahmungen), die Bennet doch gerade ausschließen wollte.

125 Auf eine sehr unkonventionelle Weise führt das die belgische Philosophin Vinciane Despret in ihrem Buch ›Was würden Tiere sagen, würden wir die richtigen Fragen stellen?‹ (Münster 2019) am Beispiel der Analysen tierischen Verhaltens vor. Dass Bruno Latour das enthusiastische Vorwort geschrieben hat, zeigt an, wie vertrackt die wissenschaftspolitische ›Verortung‹ von methodologischen und theoretischen Entwürfen sein kann.

126 Vgl. Ludwig Fischer: Trank Wasser wie das liebe Vieh. Marginalien zur Sozialgeschichte des Umgangs mit Wasser. In: Hartmut Böhme (Hg.): Kulturgeschichte des Wassers. Frankfurt/M. 1988, S. 314–352.

127 Detailliert: Ludwig Fischer: Das Feste und das Flüssige. Zur Ideologie und Wahrnehmungsgeschichte des Wattenmeers und der Halligen. In: Bernd Busch/Larissa Förster (red.): Wasser. Bonn 2000, S.624–652 (Kunst- und Ausstellungshalle der Bundesrepublik Deutschland. Schriftenreihe Forum Bd.9); ders.: Naturlandschaft – Kulturlandschaft. Zur Macht einer sozialen Konstruktion am Beispiel Nordseeküste. In: Norbert Fischer/Susan Müller-Wusterwitz/Brigitta Schmidt-Lauber (Hg.): Inszenierungen der Küste. Berlin 2007, S. 33–45; ders.: Küste – Von der Realität eines mentalen Konzepts. In: L. F. (Hg., zus. mit Karsten Reise): Küstenmentalität und Klimawandel. Küstenwandel als kulturelle und soziale Herausforderung. München 2011, S. 31–54.

128 Ich übernehme im Folgenden Passagen aus meinem Vortrag ›Naturschutz und Allmende – eine regressive Utopie?‹ bei der Vilmer Sommerakademie zu ›Naturschutz und Demokratie‹, 7. bis 11. Juli 2013.

129 S. Ulf Hahne u. a. (Hg.): Die Halligen Hooge und Gröde. Eine wirtschafts- und sozialgeographische Untersuchung. Flensburg 1990 (Flensburger regionale Studien Bd. 1), S. 32 ff.; Manfred J. Müller u. a. (Hg.): Die Halligen Langeneß, Oland und Nordstrandischmoor. Eine Untersuchung über Lebensbedingungen und Perspektiven ihrer Bewohner. Flensburg 1992 (Flensburger regionale Studien Bd. 6), S. 27 ff; 44 ff.

130 Eugen Träger: Die Halligen der Nordsee. Stuttgart 1892, S. 282 [56].

131 Ebd., S. 283 ff. [57 ff.].

132 Lorenz Lorenzen: Beschreibung der wunderbaren Insel Nordmarsch. Hrsg. von Jens Lorenzen. Hamburg 1982, S. 44 f.

133 Der seinerzeit sehr erfolgreiche ›Binnenethnologe‹ Johann Georg Kohl schrieb 1846: »Die ganze Thätigkeit der Halligenbewohner ist mehr defensiver als offensiver Natur und beschränkt sich darauf, das Ungemach auszuhalten, welches Natur und Wellen ihnen bereiten. Ihre träge und energielose Stimmung ist eine ganz natürliche Folge ihrer Lage. Verstand und Kraft sind ihnen unnütz. Sie haben dem Meere gegenüber nur das Bewußtsein ihrer Ohnmacht. Ergebung ist ihr Loos. Man findet diesen Zug auf allen unbedeichten und dem Meere preisgegebenen Inseln wieder.« (Johann Georg Kohl: Die Marschen und Inseln der Herzogthümer Schleswig und Holstein. Walluf 1973 [Nachdruck der Ausgabe Dresden und Leipzig 1846], S. 333)

134 Dazu Manfred Jakubowski-Tiessen; Vom Umgang mit dem Meer. Sturmfluten und Deichbau als mentale Herausforderung. In: Fischer/Reise, Küstenmentalität (wie Anm. 127), S. 55–64; Fischer, Küste (wie Anm. 127), S. 42 ff; Fischer, Naturlandschaft (wie Anm. 127), S. 35 ff.

135 S. die oben in Anm. 120 erwähnte, unglaublich folgenreiche, aber völlig abwegige und von keinerlei Kenntnis getrübte These Hardins von der ›Tragik der Allmende‹. Eine konzise, außerordentlich wichtige Erörterung von modernen Konzepten der Commons im Hinblick auf den *politischen* Gehalt der Entgegensetzung zur dominanten Eigentums-Ideologie bei Daniel Loick: Der Missbrauch des Eigentums. Berlin 2021, S. 120 ff.

136 Vgl. Rainer Beck: Die Abschaffung der ›Wildnis‹. Landschaftsästhetik, bäuerliche Wirtschaft und Ökologie zu Beginn der Moderne. In: Werner Konold (Hg.): Naturlandschaft – Kulturlandschaft. Die Veränderung der Landschaften nach der Nutzbarmachung durch den Menschen. Landsberg 1996, S. 27–44.

137 Man darf auch die historische Allmende nicht idealisieren, sie war ein fragiles Gebilde – es gab die übernutzten Hudewälder, die zu riskant ausgedehnten Hochalmen, die Auslöschung von Jagdwild-Populationen wie ebenso die internen Streitigkeiten bis hin zu tödlichen Konflikten. Aber sie haben über lange Zeiten vor allem in bäuerlichen Kulturen, unterhalb der Schwelle obrigkeitlicher Regelungen und Auflagen, ein Austarieren von Naturnutzung und zugleich eine Selbstorganisation der sozialen Gemeinschaft ermöglicht.

138 Jürgen Habermas: Wissenschaft und Technik als Ideologie. Frankfurt/M. 1968.

139 Überblick bei Stefan Rahmstorf/Hans Joachim Schellnhuber: Der Klimawandel. München (8. Aufl.) 2018; Krisenszenario bei Hans Joachim Schellnhuber: Selbstverbrennung. Die fatale Dreiecksbeziehung zwischen Klima, Mensch und Kohlenstoff. München 2015; Jonathan Franzen: Wann hören wir auf, uns etwas vorzumachen? Reinbek b. Hamburg 2020.

140 Eine nach wie vor lesenswerte Studie dazu: Peter Weichhart: Werte und die Steuerung von Mensch-Umwelt-Systemen. In: Bernhard Glaeser (Hg.): Humanökologie. Grundlagen präventiver Umweltpolitik. Opladen 1989, S. 76–93.

141 Bartenwale, die mit ihrem langen Barten im Maul Kleinlebewesen aus dem Meerwasser filtern, nehmen mit diesen Kleintieren – deren Nahrungsgrundlage das driftende Plankton ist – unter Umständen Hunderttausende von Mikroplastikteilchen auf – täglich! https://www.spektrum.de/news/wale-pro-happen-zehntausende-plastik teilchen/1954990; Maria Cristina Fossi u. a.: Large filter feeding marine organisms as indicators of microplastic in the pelagic environment: The case studies of the Mediterranean basking shark (Cetorhinus maximus) and fin whale (Balaenoptera physalus). In: Marine Environmental Research 100, 2014, S. 17–24; http://dx.doi.org/10.1016/j.marenvres.2014.02.002; dies. u. a.: Marine litter: One of the major threats for marine mammals. Outcomes from the European Cetacean Society workshop. In: Evironmental Pollution 247, 2019, S. 72–79; DOI 10.1016/j.envpol.2019.01.029.

142 Zu diesen vielfach behandelten Zusammenhängen s. die umfassende, detaillierte Darstellung von Glaubrecht, Das Ende (wie Anm. 11), insbes. S. 424 ff.

143 Eine außerordentlich genaue, profunde und weit ausgreifende Darstellung der erdgeschichtlichen Prozesse, der Regulationen und Dysregulationen, der ›Krisen‹ und Stabilisierungsphasen, bis hin zu den riskanten Konstellationen des Anthropozäns, liefert das bestechende Buch von Marcia Bjornerud: Zeitbewusstheit. Berlin 2020.

144 Eines der bekanntesten Werke der ›Öko-Optimisten‹: Bjørn Lomborg: Apokalypse No! Wie sich die menschlichen Lebensgrundlagen wirklich entwickeln. Lüneburg 2002; s. auch Dieter Zimmerling: Lauter Weltuntergänge. Die Lust an der Endzeitstimmung. München 1999; evolutionstheoretisch ansetzend Franz M. Wuketits: Die Selbstzerstörung der Natur. Evolution und die Abgründe des Lebens. Düsseldorf 1999.

145 Elizabeth Kolbert: Das 6. Sterben. Wie der Mensch Naturgeschichte

schreibt. Berlin 2015. Etwas aktueller und sehr viel weiter in die erdgeschichtlichen und ökologischen Zusammenhänge ausholend Glaubrecht, Das Ende (wie Anm. 11).

146 Christoph Lauterburg: Fünf nach Zwölf. Der globale Crash und die Zukunft des Lebens. Frankfurt/M./New York 1998; zur ›Selbstauslöschung‹ der Menschheit schon Theo Löbsack: Die letzten Jahre der Menschheit. Vom Anfang und Ende des Homo sapiens. Frankfurt/M. 1986; vgl. die Szenarien in Lorenzo Pinna: Fünf Hypothesen zum Untergang der Welt. München 1996; im Hinblick auf den Klimawandel u. a. James Lovelock: Gaias Rache. Warum die Erde sich wehrt. Berlin 2008; David Wallace-Wells: Die unbewohnbare Erde. Leben nach der Erderwärmung. München 2019; Blätter für deutsche und internationale Politik (Hg.): Unsere letzte Chance. Der Reader zur Klimakrise. Berlin 2019.

147 Eines der ersten in einer Reihe schier zahlloser Bücher: Herman Kahn/Anthony J. Wiener: Ihr werdet es erleben. Voraussagen der Wissenschaft bis zum Jahr 2000. Reinbek b. Hamburg 1971.

148 Gregory Fuller: Das Ende. Von der heiteren Hoffnungslosigkeit im Angesicht der ökologischen Katastrophe. Zürich 1995.

149 Der Begriff der Vermittlung in der hier betonten Bedeutung stammt aus der ›linkshegelianischen‹ Philosophie und Gesellschaftstheorie. Er zielt auf die konkrete Hineinnahme eines ›Anderen‹, auch eines scheinbar nur Gegensätzlichen, durch die gesellschaftlichen Subjekte in die menschliche Praxis, sei es einer uneingelösten historischen ›Aufgabe‹ in die im weitesten Sinn politische und soziale Formung, sei es eines Naturgegebenen in das menschliche Dasein (etwa durch Arbeit), sei es eines kulturell Fremden in das eigene Alltagsleben. Die Vermittlung hebt die Spannung, die Differenz nicht auf, macht sie aber produktiv, treibt die Praxis voran (Ernst Blochs Grundannahme der ›offenen‹, zu gestaltenden Geschichte). Im hier erörterten Zusammenhang liegt das Gewicht auf einer lebensweltlichen Vermittlung der ›Naturpotenziale‹ in das gesellschaftliche Handeln, indem das Andere der Natur anerkannt und respektiert, zugleich aber das Produktive in das menschliche Wollen aufgenommen wird. Das geht, so die These, nicht ohne die leiblich-sinnliche Erfahrung des Produktiv-Anderen. In diesem Sinn kann gelingende Vermittlung des Naturgegebenen in die gesellschaftliche Praxis nie abstrakt-besserwisserisch, manipulativ-herrisch oder gewalttätig geschehen.

150 Vgl. etwa Markus Metz/Georg Seeßlen: Schnittstelle Körper. Berlin 2018.

151 Matthias Glaubrecht sieht den ›Pioniergeist‹ und die Risikobereitschaft von *Homo sapiens* als eine genetisch verankerte Anlage der Menschen an. Evidenz wird aus den Entwicklungen seit der Frühgeschichte abgeleitet. (Glaubrecht, Das Ende (wie Anm. 11), S. 154 ff.) Selbst wenn dem so wäre, ist immer noch darüber zu diskutieren, erstens wie diese ›Veranlagung‹ kulturell ausgelebt und institutionalisiert wurde bzw. wird und ob und wie die Menschen mit dieser ›Anlage‹ so umgehen können bzw. müssten, dass keine Desaster für die Art und die Mitwelt entstehen. Insofern wiederholt sich hier die Problemlage, wie sie in den sechziger Jahren bei den heftigen Kontroversen über den menschlichen Aggressionstrieb zu beobachten war. (Vgl. Konrad Lorenz: Das Böse. Wien 1963; Arno Plack: Die Gesellschaft und das Böse. München 1967)

152 Denis Meadows u. a.: Die Grenzen des Wachstums. Bericht des Club of Rome zur Lage der Menschheit. München 1972.

153 Zum Gesamtkomplex der destruktiven Logiken in der vorherrschenden Wissenschaft, der Ökonomie, der Politik, dem Alltagshandeln und zu den notwendigen Gegenentwürfen s. jetzt das informative und anregende Sachbuch von Maja Göpel: Die Welt neu denken. München 2021.

154 Man kann sich solche Prozesse einer kollektiven Verinnerlichung von gesellschaftlich durchgesetzten Imperativen des Fühlens, Denkens, Handeln etwa am Beispiel der historisch jungen Errungenschaft des gesetzlich garantierten Urlaubs (im Sinne ›arbeitsfreier Zeit‹) klarmachen, dessen sozialpolitische Berechtigung außer Frage steht. Rechtlich und organisatorisch definierte Formen solcher Phasen der ›Nicht-Arbeit‹ gibt es erst seit etwas über einhundert Jahren. Inzwischen wird dieses verbriefte Recht in den Industriegesellschaften als eine so elementare, bis in die Tiefe der physischen und psychischen Befindlichkeit eingesenkte Lebensnotwendigkeit empfunden, dass die befristete Aussetzung bestimmter Urlaubspraktiken aufgrund ›höherer Gewalt‹ (z. B. während der Pandemie) als ein Eingriff in die Leben sichernden Grundrechte verstanden bzw. dargestellt wird. Ideologisch geschieht das, im politischen Diskurs, vor allem über eine neoliberale Auslegung der grundrechtlichen ›Freiheiten‹, indem die ›Freiheit‹ der Wahrnehmung eines (organisierten) Urlaubsvergnügens als Verwirklichung eines Menschenrechts, nämlich der marktkonformen ›Freiheit‹ des Konsums – hier der Urlaubsangebote – ausgegeben wird. Wie schnell kollektiv um sich greifende, kulturelle Imperative das Verhalten bis in die affektiv

›selbstverständliche‹ Körperwahrnehmung verändern können, zeigt sich beispielsweise in der erst um 1900 aufkommenden Maxime der Urlaubsbräune. Vgl. Wilhelm Heinrich Pott: Die Bräune der Haut. Ein Ausdruck der Konsumwerbung als Ausdruck gesellschaftlicher Entfremdung. In: Sprache im technischen Zeitalter. Heft 52/1974, S. 334–357.

155 Vgl. dazu Ulrich Beck: Weltrisikogesellschaft, Weltöffentlichkeit und globale Subpolitik. Ökologische Fragen im Bezugsrahmen fabrizierter Unsicherheiten. In: Kölner Zeitschrift für Soziologie und Sozialpsychologie 48/1996 (Sonderheft 36), S. 119–147; Peter Weingart/Anita Engels/Petra Pansegrau: Von der Hypothese zur Katastrophe. Der anthropogene Klimawandel im Diskurs zwischen Wissenschaft, Politik und Massenmedien. Opladen 2007; Harald Heinrichs/Heiko Grunenberg: Klimawandel und Gesellschaft: Perspektive Adaptionskommunikation. Wiesbaden 2009; Irene Neverla/Mike S. Schäfer (Hg): Das Medien-Klima. Fragen und Befunde der kommunikationswissenschaftlichen Klimaforschung. Wiesbaden 2012; Michael Brüggemann u. a.: Hamburger Klimabericht. Wissen über Klima, Klimawandel und Auswirkungen in Hamburg und Norddeutschland. Berlin/Heidelberg 2018; Birgit Schneider: Klimabilder. Eine Genealogie globaler Bildpolitiken von Klima und Klimawandel. Berlin 2018. Über die Möglichkeiten, einen veränderten Diskurs über den Klimawandel zu führen, jetzt eingehend und differenziert dies.: Der Anfang einer neuen Welt. Wie wir uns den Klimawandel erzählen, ohne zu verstummen. Berlin 2023.

156 Zu dieser allenthalben festgestellten und immer wieder erörterten Einsicht vgl. nur Claus Leggewie/Harald Welzer: Das Ende der Welt, wie wir sie kannten. Klima, Zukunft und die Chancen der Demokratie. Frankfurt/M. 2009, insbes. S. 72 ff.; Harald Welzer: Selbst denken. Eine Anleitung zum Widerstand. Frankfurt/M. 2013, u. a. S. 53 ff; 129 ff.

157 Vgl. z. B. https://www.deutschlandfunkkultur.de/sozialpsychologe-gerald-echterhoff-was-das-coronavirus-mit.990.de.html?dram:article_id=472958 ; https://www.zeit.de/wissen/gesundheit/2020-10/psychologie-pandemie-corona-regeln-verstoesse-verhalten-risiko einschaetzung-vernunft (zuletzt abgerufen am 19.07.2023).

158 Konzepte für einen ›schonenden‹, auch sozial und kulturell rücksichtsvollen und angepassten Tourismus gibt es zuhauf, auch kleinskalige Projekte werden allenthalben ausprobiert. Aber der politische Wille – der ohne manche entschiedene Steuerungsmaßnahme in

Wirtschaft, Infrastrukturen, Raumordnung, Baurecht usw., positiv durch Förderungen, negativ durch Verbote, nicht auskommen wird – scheint völlig zu fehlen. Nur ein scheinbar nebensächliches Beispiel: Während der Pandemie erfuhr die Caravaning-Industrie, mit den entsprechenden Dienstleistungen, einen enormen Aufschwung. Er führte dazu, dass überall im Land gerade in ›natürlichen‹, sensiblen, geschützten oder schwer zugänglichen Landschaftsbereichen Wohnmobile auftauchten, gemäß der Maxime, solches wildes Caravaning entspreche den pandemisch so strapazierten ›freiheitlichen Grundrechten‹. Die Werbung heizt gezielt diese Einstellung an, und da es kaum möglich ist, die überall verstreuten Einzelfälle zu erfassen, breitet sich das Verhalten hemmungslos aus. Es ist nur ein zugespitztes Beispiel des weithin üblichen touristischen Konsums und seiner Treiber. Gerade in Zeiten der Pandemie mochte niemand an die dringend notwendigen politischen Konsequenzen aus einer gesellschaftlich vertretbaren Auslegung der grundrechtlichen individuellen Freiheit rühren, die unabdingbar ihre Grenzen an der Beeinträchtigung, Entrechtung, Übervorteilung, Verdrängung der ›anderen‹ findet – und dass zu diesen anderen die nicht-menschlichen Lebewesen und Formationen gehören, ist noch viel schwerer begreiflich zu machen.

159 Bereits 1980 entwarf Robert Jungk Grundsätze eines ›sanften Tourismus‹ (Wieviel Touristen pro Hektar Strand? In: GEO, Heft10/1980, S. 154–156). Das Schlagwort wurde schnell aufgegriffen und bald zu einem Vermarktungsmittel für viele Spielarten des Massentourismus, die mit Jungks Maximen oft so gut wie nichts mehr zu tun haben. Der freizeit-industrielle, auch sozial und kulturell oft zerstörerische Erlebnis- und Ferntourismus entfaltete sich global mit ganzer Wucht erst nach Jungks rasch wohlfeil gemachter ›Alternative‹. Vgl. nur Ueli Mäder: Sanfter Tourismus: Alibi oder Chance? Zürich 1985; Torsten Kirstges: Sanfter Tourismus. Chancen und Probleme der Realisierung eines ökologieorientierten und sozialverträglichen Tourismus durch deutsche Reiseveranstalter. München u. Wien 2003; ders.: Tourismus in der Kritik: Klimaschädlicher Overtourism statt sauberer Industrie? Konstanz 2020; Gabriele Augsbach: Tourismus und Nachhaltigkeit: Die Zukunftsfähigkeit des Tourismus im 21. Jahrhundert. Wiesbaden 2020. S. auch Vilmer Thesen zu Tourismus und Naturschutz. In: Natur und Landschaft 11/2010 (https://www.nul-online.de/Vilmer-Thesen-zu-Tourismus-und-Naturschutz,QUlEPTE4NjIwMDYmTUlEPTExMTE.html, zuletzt abgerufen am 19.07.2023).

160 Z. B. https://de.statista.com/statistik/daten/studie/1105762/umfrage/

umfrage-zur-reduktion-von-flugreisen-aufgrund-des-klimawandels/ (zuletzt abgerufen am 19.07.2023).

161 Zum Gesamtkomplex u. a. Andreas Diekmann/Peter Preisendörfer: Persönliches Umweltverhalten. Diskrepanzen zwischen Anspruch und Wirklichkeit. In: Kölner Zeitschrift für Soziologie und Sozialpsychologie 69/2017, S. 591–617; Udo Kuckartz: Umweltbewusstsein und Umwelthandeln. Heidelberg 1998; https://www.sciencemediacenter.de/alle-angebote/rapid-reaction/details/news/live-umfrage-zum-schutzverhalten-der-bevoelkerung-vor-sars-cov-2/; https://www.psychologie.ch/die-coronakrise-bietet-raum-zur-reflexion (zuletzt abgerufen am 19.07.2023).

162 Dass in der Bundesrepublik gerade in Zeiten der Pandemie die Frage der grundgesetzlich garantierten, individuellen ›Freiheit‹ fast ausschließlich formaljuristisch und nicht in ihrer zivilgesellschaftlichen Fundierung diskutiert wurde und wird, hatte und hat fatale Konsequenzen. Ganz abgesehen davon, dass die in der bürgerlichen Demokratie verbriefte ›Freiheit‹ ein naturrechtlich begründeter Kampfbegriff war (und in vielen Ländern heute noch ist): gegen obrigkeitliche Willkür, angeblich naturgegebenen Sozialstatus, vorgeblich geschlechterspezifische Eigenschaften usw. usw. – die liberalistische und dann neoliberal-ökonomistische Umdeutung des Freiheitsbegriffs hat längst auch das ›Rechtsempfinden‹ erfasst. Dass in der Zivilgesellschaft ›Freiheit‹ a priori ein relationaler Begriff ist, dessen Füllung aus der Verständigung über das (allemal kulturell bestimmte) Lebensnotwendige und das in der Gemeinschaft Mögliche entsteht, nicht aber aus einem vorgeblich naturgegebenen, substanziellen Katalog von (individuellen) Rechten, böte die Chance, über ›Einschränkungen‹ als gemeinschaftliche Entscheidungen über konkrete, immer nur wechselseitig definierbare Lebensmöglichkeiten zu sprechen. Diese entspringen nicht aus individuellen, einklagbaren ›Vorgaben‹, sondern aus den gemeinsam geschaffenen Verhältnissen. S. jetzt auch den klugen, pointierten, allgemeinverständlichen Beitrag von Jean-Pierre Wils: Schale Freiheit. Nachdenken über einen zerfledderten Sachverhalt. (https://www.deutschlandfunk.de/schale-freiheit-100.html?utm_source=pocket-newtab-global-de-DE – zuletzt abgerufen am 19.07.2023)
Dass z. B. in der Pandemie möglichst wenig Tote zu beklagen sein sollen, geht nur formal auf das ›Naturrecht auf Leben‹ zurück. Substanziell beruht die Maxime auf zivilgesellschaftlichen Entscheidungen über die gesamtgesellschaftliche *Produktion von Lebensmöglich-*

*keiten* (deren Ausgestaltung, Verteilung, Sicherung usw.), die ein zentraler sozialer Akt ist. Wenn dies im öffentlichen Diskurs stärker betont würde, könnten u. U. auch Restriktionen, die als ›Verlust persönlicher Freiheiten‹ empfunden werden, eher als solidarischer produktiver Akt wahrgenommen werden.

163 Es gibt kleinmaßstäbliche Gegenbeispiele, etwa: Das kleine Unternehmen arteFakt, das sich als Organisation von »Erzeuger-Verbraucher-Beziehungen« (u. a. unter Ausschalten des Zwischenhandels und mit einer direkten Verbindung der Kundinnen und Kunden zu den Produzenten) im kleinen Sektor der Olivenöl-Erzeugung versteht, erhielt die Zustimmung von vielen tausend Beteiligten, um massive Ernteausfälle bei der Olivenerzeugung infolge von Wetteranomalien mit Hilfe eines »OlioSoli« als Aufschlag auf den Verkaufspreis ein Stück weit zu kompensieren. Die befristete Aktion, die betroffenen Erzeugern ein Fortführen der manufakturellen Produktion ermöglichte, sammelte nicht Spenden ein, sondern definierte eine bescheidene Preiserhöhung ausdrücklich als Akt solidarischen Handelns. (www.artefakt.eu)

164 S. https://feelurban.de/6-kognitive-verzerrungen-die-uns-die-klimakrise-unterschaetzen-lassen/ (zuletzt abgerufen am 19.07.2023); https://www.klimareporter.de/gesellschaft/vier-fallen-fuer-die-klimakommunikation (zuletzt abgerufen am 19.07.2023); dazu auch Schneider, Der Anfang (wie Anm. 155), S. 75 ff.

165 Vgl. https://www.tagesspiegel.de/politik/die-psychologie-des-klimawandels-warum-wir-viel-ueber-die-erderwaermung-wissen-aber-wenig-tun/25473340.html (zuletzt abgerufen am 19.07.2023); s. George Marshall: Don't Even Think About it. Why our Brains Are Wired to Ignore Climate Change. New York 2015; Katharina Beyerl: Der Klimawandel in der psychologischen Forschung. In: Martin Voss (Hg.): Der Klimawandel. Sozialwissenschaftliche Perspektiven. Wiesbaden 2010. S. 247–265. Dazu insgesamt jetzt Schneider, Anfang (wie Anm. 155).

166 https://www.fr.de/panorama/donald-trump-joe-biden-kalifornien-waldbrand-klimawandel-leugnung-diskussion-wahlkampf-sacramento-delaware-90039943.html, zuletzt abgerufen am 19.07.2023.

167 Wie Alexander Kluge schon 1972 betonte, trägt dazu der immer schnellere Takt bei, mit dem die verschiedensten ›Nachrichten‹ (Berichte, Erzählungen, Filmclips usw.) präsentiert werden. Das grundlegende Prinzip der ›Zeitknappheit‹ in der modernen massenmedialen Produktion findet seine Entsprechung in der ›Zeitnot‹ der

Rezipierenden, die keine Möglichkeit mehr erhalten, das Präsentierte in Beziehung zu den eigenen Erfahrungen zu bringen. Oskar Negt / Alexander Kluge: Öffentlichkeit und Erfahrung. Frankfurt/M. 1972, S. 201 ff. Dazu auch Schneider, Der Anfang (wie Anm. 155), S. 42 ff., 57 ff.

168 S. etwa Schneider, Anfang (wie Anm. 155), S. 8 ff. 236 ff.

169 Hier setzt die Stiftung ›Futur Zwei‹ an: Sie bringt seit Jahren regelmäßig Sammelbände mit Berichten von zivilgesellschaftlichen Initiativen zur Veränderung von Alltagsroutinen und wirtschaftlichen Aktivitäten heraus (‹FuturZwei-Almanach‹), es gibt auch eine unregelmäßig erscheinende Zeitschrift. Der Direktor der Stiftung Harald Welzer hat sich in mehreren sehr erfolgreichen Büchern mit den Problemen gesellschaftlichen ›Tranformation‹ befasst (s. o. Anm. 154).

170 Vgl. dazu insgesamt den Schlussteil von Dave Goulsons Buch ›Stumme Erde. Warum wir die Insekten retten müssen‹ (München 2022), »Was können wir tun?« (S. 261 ff.). Der lange Katalog möglicher bzw. zu fordernder Maßnahmen, den Goulson aufmacht, um die bereits vorangetriebenen und die drohenden ökologischen Desaster noch aufzuhalten, ist aller Ehren wert und im Einzelnen auch durchaus praktikabel. Aber das Problem, dass Informationen, bloße Erklärungen und Appelle die Formierung handlungsleitender Affekte und Einstellungen kaum erreichen – von der Wurstigkeit und dem Zynismus kurzsichtiger ›Vorteilsnahme‹ ganz abgesehen –, scheint mit dem Katalog nur umso greller auf. Selbst ›guter Wille‹ richtet in der unübersichtlichen Gemengelage politischer, wirtschaftlicher, sozialer Entscheidungsfindung bekanntlich wenig aus. Vgl. dagegen die differenzierten Erörterungen bei Schneider, Der Anfang (wie Anm. 155), S.147 ff. u. ö.

171 Es kann an dieser Stelle nur kurz darauf hingewiesen werden, dass sich mit der Bedeutung kindlicher und jugendlicher Erfahrungsbildung im historischen Prozess ein fundamentales Problem herausbildet: die zeitbedingte ›Verschiebung‹ des je maßgeblichen Erfahrungshorizonts. Die Problematik, dass der je gegebene, als schlichte ›Tatsache‹ wahrgenommene Referenzrahmen für die Erfahrungsbildung für jede Kohorte Aufwachsender die Qualität des Selbstverständlichen hat, wird inzwischen unter dem Titel ›Shifting-Baseline-Syndrom‹ breit diskutiert. Gerade für die Wahrnehmung ökologisch bedrohlicher Entwicklungen (Klimawandel, Artensterben, Ozeanversauerung, Mikroplastikvermüllung usw.), aber auch für

technologische oder soziale Schübe der Lebensweltveränderungen hat dieses Syndrom enorme Auswirkungen: Extrem wirksame, aber im konkreten Einzelfall kaum wahrnehmbare bzw. unerheblich erscheinende Veränderungen (z. B. das Verschwinden einzelner Arten oder Habitate, die schrittweise gesteigerte Ubiquität der Satellitenortung, die industrielle Formierung nahezu aller Lebensmittel u. dgl.) summieren sich im historischen Prozess für die jeweils folgende Kohorte zur *Baseline* ihrer sich bildenden Erfahrungen. Das macht es so schwierig, die realen Gefährdungen, Verluste, Deformationen, die in den Verschiebungen des Bezugsgrundes womöglich enthalten sind, als solche zu vermitteln. Dazu etwa Goulson, Stumme Erde (wie Anm. 170), S. 84 ff; Glaubrecht, Das Ende (wie Anm. 11), S. 776 ff.

172 So Andreas Weber: Mehr Matsch! Kinder brauchen Natur. München 2012; Richard Louv: Das letzte Kind im Wald. Freiburg i. Brsg. 2013; Ulrich Gebhard: Kind und Natur. Die Bedeutung der Natur für die psychische Entwicklung. Wiesbaden 2013; Andreas Raith/Armin Lude: Starkapital Natur. Wie Naturerfahrung die kindliche Entwicklung fördert. München 2014. Vgl. auch Goulson, Stumme Erde (wie Anm. 170), S. 270 ff.

173 Prononciert Manfred Spitzer: Digitale Demenz. Wie wir uns und unsere Kinder um den Verstand bringen. München 2012. Kritik z. B. von Markus Appel/Constanze Schreiner: Digitale Demenz? Mythen und wissenschaftliche Befundlage zur Auswirkung von Internetnutzung. In: Psychologische Rundschau. Bd. 65 Heft 1. 2014, S. 1–10. Jetzt auch Johann Hari: Stolen Focus. Why You Can't Pay Attention – and How to Think Deeply Again. New York 2022. (vgl. https://www.nzz.ch/feuilleton/aufmerksamkeit-die-moderne-welt-ist-gift-fuers-hirn-was-tun-ld.1666054, zuletzt abgerufen am 19.07.2023).

174 Dazu insgesamt Metz/Seeßlen (wie Anm. 150).

175 Zur sozialwissenschaftlichen Erörterung der ›unbeabsichtigten Folgen‹ menschlichen Handelns die thematischen Beiträge zum 20. Deutschen Soziologentag: Joachim Matthes (Hg.): Lebenswelt und soziale Probleme. Verhandlungen des 20. Deutschen Soziologentages zu Bremen 1980. Frankfurt/M./New York 1981, S. 237–327, u. a. Reinhard Wippler: Erklärung unbeabsichtigter Handlungsfolgen. Ziel oder Meilenstein soziologischer Theoriebildung. S. 246–261.

176 Z. B. Georg Wilhelm Friedrich Hegel: Die Philosophie des Rechts. Vorlesung von 1821/22. Hg. v. Hansgeorg Hoppe. Frankfurt/M. 2005, S. 181 f. Dazu u. a. Walter Jäschke: Die List der Vernunft. In: Hegel-Studien Bd. 43/2008, S. 87–102.

177 Dazu Bloch, Prinzip (wie Anm. 9), S. 782: »Spitze der List also ist hier der ebenso scharfsinnige wie abstrakt-unvollständige Terminus für die technische Beziehung zur Natur, zu dieser Grundlage der menschlichen Tätigkeit.«

178 Kluge: Die schärfste Ideologie (wie Anm. 122), S. 215.

179 Vgl. dazu https://www.pflanzenforschung.de/de/pflanzenwissen/journal/wie-crisprcas-funktioniert-eine-einfache-technologie-ve-10496 und https://www.pflanzenforschung.de/de/pflanzenwissen/journal/gibt-es-neben-chancen-auch-risiken-von-crisprcas9-der-n-10559 (zuletzt abgerufen am 19.07.2023).

180 Illustratives Beispiel: Bei der CRISPR/Cas9-Methode des Genom-Editing entstehen genetische Varianten, die von denen durch natürliche Mutationen entstanden kaum noch oder gar nicht mehr unterscheidbar sind – im Unterschied zur herkömmlichen Gen-Technologie, bei der ›Gen-Kombinationen‹ entstehen, die auf natürlichem Weg nicht zustande kommen können. Deshalb wird gesagt, CRISPR/Cas9 sei keine Gen-Technologie, sondern eine zwar menschengemachte, aber quasi natürliche Genveränderung. Diese Unterscheidung zielt auf die politische Akzeptanz des neuen Verfahrens, erledigt aber das Problem der ›naturgeschichtlichen Dialektik der Aufklärung‹ nicht: Beide Technologien sind hoch riskante anthropogene ›Allianzen‹ mit den natürlichen Potenzen der genetischen Steuerung. Beide können unabsehbar wirkende ›natürliche Folgewirkungen‹ erzeugen, die mit menschlichen Möglichkeiten weder zu steuern noch zu beseitigen sind. S. u. Anm. 349.

181 Hartmut Böhme spricht deshalb von einem Prinzip der ›Metamorphose‹, der Umgestaltung und Verwandlung der naturgegebenen Stoffe und Kräfte, das einen völlig anderen Blick auch auf Technik eröffnet als den des Überlisters und Beherrschers. Böhme, Kulturwissenschaft (wie Anm. 24), S. 129 f. Vgl. auch Bloch, Prinzip (wie Anm. 9), S. 778.

182 Ebd., S. 811.

183 Dass der als ›Produktion‹ bezeichnete Komplex menschlichen Handelns seinerseits zu einem erheblichen Teil aus Konsumption besteht – ›Verbrauch‹ von Rohstoffen, Trägersubstanzen, Energiequanten usw., plus maschinenvermittelter oder direkt eingesetzter menschlicher Arbeitskraft – sei hier nur angemerkt. Bevor etwas in der Sphäre des ›Konsums‹ ankommt, ist eine Fülle von Konsumption in es eingeflossen. Die immer mehr durchtechnisierte Produktion, bis hin zu den Robotern, verlagert dieses Faktum nur in andere Stufen des Pro-

zesses und verschärft es in der Regel, weil der ›Verbrauch‹, der in produzierende Maschinen eingeht, immer weiter wächst. Die Überbeanspruchung von Ressourcen (z. B. Seltene Erden) ist lediglich ein Indikator.

184 Es kommt ja hinzu, dass die immaterielle Produktion (etwa von Dienstleistungen) noch einmal zusätzliche Bestimmungen von ›Kooperation‹ erfordert, die über die Nutzung materieller Komponenten weit hinausgeht. Von ›Verbrauch‹ lässt sich da nur in Analogie sprechen – zum Beispiel die Kategorie der ›Inanspruchnahme‹ wäre hier zu erörtern.

185 Man kann sich das beispielhaft an den Auswirkungen klarmachen, die touristische Nutzungen von Landschaften, Ökosystemen, Habitaten verursachen. Die unterschiedlichen Nutzungen erzeugen fatale Effekte auf die Mitwelt ja nicht nur durch die technisch und organisatorisch-praktisch realisierten Belastungen (Flugreisen bzw. beträchtliche Komponenten des Autoverkehrs; Verbauung attraktiver Areale; Beanspruchung von Vegetation, Böden, Wasser usw.), sondern auch durch die z. T. massiven ›Störungen‹ noch in den entlegensten Winkeln der Erde, sei es in den Lebensverhältnissen der Einheimischen, sei es im Zusammenspiel von Ökosystemen. Der eigentliche Grund für die negativen Auswirkungen des üblichen – selbst des sogenannten ›sanften‹ – Tourismus, liegt in der ›Beziehungslosigkeit‹ der Urlaubsmenschen zu den Gegenden und Lebenswelten, die sie besuchen. Diese Beziehungslosigkeit gehört zu den maßgeblichen Prinzipien der abendländisch-neuzeitlichen Ästhetik, etwa in der Wahrnehmung von Landschaft oder von sozialen Verhältnissen. Theoretisch erscheint sie in der Bedingung von Distanz als Grundlage der ästhetischen (›empfindsamen‹) Einstellung. Dazu Ludwig Fischer: Landschaft – überall und nirgends? Nachdenklichkeiten zu ›alten‹ und ›neuen‹ Vorstellungen von Landschaft. In: Stefanie Krebs/Manfred Seifert (Hg.): Landschaft quer denken. Theorien – Bilder – Narrative. Leipzig 2012, S. 23–36; jetzt ders.: A Farewell to the Concept of Landscape? In: Christophe Girot/Albert Kirchengast (Eds.): Landscape Analogue. Berlin 2022, S. 113–128.

186 Nahezu das gesamte, sehr umfangreiche Buch von Matthias Glaubrecht (Stumme Erde, wie Anm. 11) sucht an einer Vielzahl von Berechnungen, Abschätzungen und Einzelbeispielen einsichtig zu machen, dass wir sowohl von der gegenwärtig noch vorhandenen Artenvielfalt wie von der galoppierenden Vernichtung der Biodiversität nur einen bescheidenen Bruchteil tatsächlich kennen und genauer

angeben können. Unser Nicht-Wissen ist, keineswegs nur in dieser Sache, unendlich viel größer als unser Wissen. Das führt aber in unserer westlichen Kultur keineswegs zu Umsicht und Begrenzung im Planen und Handeln. Insofern könnte man tatsächlich sagen, dass wir mit voller Fahrt des grell beleuchteten und mit einem bescheidenen Radar ausgestatteten Zivilisationsdampfers in stockdunkler Nacht auf die Eisberge zurasen, von deren Vorhandensein wir ausgehen müssen. Vgl. Hans Magnus Enzensbergers virtuos und kokett inszenierte Parabel ›Der Untergang der Titanic. Eine Komödie‹ (Frankfurt/M. 1978).

187 Dieser ›Zwang‹ zum Abdrängen, Negieren, Verschwindenlassen zeigt sich in vielen Bereichen der immateriellen Produktion bei den sogenannten Dienstleistungen überdeutlich: Etwa in der Altenpflege werden, nachdem auch dieser Sektor an die Rationalität der Verwertungsinteressen ausgeliefert worden ist, die schwer oder gar nicht planbaren, kalkulierbaren oder systematisch definierbaren ›Leistungen‹ wie Zuwendung, Geduld, Empfindsamkeit, Empathie, Spontaneität – die doch für die Gepflegten lebenswichtig sind – unerbittlich aus den Zeitplänen und schematisierten Routinen ausgegrenzt. Ein vergleichbarer, viel umfassenderer und für die Zukunft ziemlich entscheidender Prozess des ›Durchrationalisierens‹ läuft seit Jahren mit der ›Modernisierung‹ des Bildungswesens. Die durchgreifende Digitalisierung ist nur ein Moment im Veräußerlichen, Schematisieren, Modularisieren, Quantifizieren, Vertakten und Virtualisieren von ›Bildung‹ – die zwangsläufig grassierende ›Zeitnot‹ in den Bildungseinrichtungen stellt keinen bedauerlichen Nebeneffekt dar, sondern ein notwendiges, integrales Instrument dieser Art von Modernisierung. Bildung wird, auch bei vielen Eltern, schon beispielsweise mit der Einübung des Tablet-Gebrauchs in Kindergärten, begriffen als ›Erzeugung von Humankapital‹. Eine auf die Verwertungslogik reduzierte Rationalität breitet sich in den Vorstellungen von mentaler Entwicklung und psychischer Ertüchtigung pandemisch aus. Als kleine Fallstudie dazu mein essayistischer Text Was ist eine ›germanistische Leistung‹? Polemische Nachdenklichkeiten anläßlich eines Selbstversuchs. In: Wolfgang Wirth/Jörn Wegner (Hg.): Literarische Trans-Rationalität. Festschrift für Gunter Martens. Würzburg 2003, S.43–58; älter und in krass bildungsökonomistischer Terminologie die umfangreiche Analyse: Die Produktion von Kopfarbeitern. Spätkapitalistische Bildungspolitik am Beispiel des schwedischen Hochschulwesens. Berlin 1974.

188 Bisher wird dieses Zusammenwirken im menschlichen Lebensvollzug zumeist unter dem Begriff und dem Konzept von ›Symbiosen‹ anerkannt und diskutiert. Musterbeispiel ist die unerlässliche ›Beteiligung‹ von Bakterien an unserer Verdauung oder auch die Funktion bestimmter Mikroorganismen auf unserer Haut. Die lebenserhaltende Kooperation mit nicht-menschlichen ›Agenten‹ reicht aber weit in die Sphäre des Abiotischen hinein, von Luft und Wasser bis hin zu klimatischen oder mineralischen Formationen oder etwa dem Licht. Für das traditionelle Denken vieler indigener Ethnien ist es völlig selbstverständlich, auch abiotische ›Wesenheiten‹ als am menschlichen Dasein beteiligte Agierende zu verstehen, zumeist mit einer (scheinbar naiven, subrationalen) anthropomorphisierenden Personalisierung. Mit der ›aufgeklärten‹ Erledigung solcher Vorstellungen durch neuzeitliche Rationalität haben wir auch das Bewusstsein von solchen Kooperationen getilgt. Die stoffliche bzw. physiologische ›Rekonstruktion‹ der Zusammenhänge in den modernen Wissenschaften klammert die Frage nach den lebensweltlichen, nicht mechanistischen mentalen Konzepten für derartige ›naturhafte Kooperationen‹ aus. Vgl. dazu auch die Ausführungen in dem klugen und weit ausholenden Buch von Philipp Blom: Die Unterwerfung. Anfang und Ende der menschlichen Herrschaft über die Natur. München 2022, S. 330 ff. Blom gelingt es trotz den großen kultur- und ideengeschichtlichen Bögen, die er von der Neolithischen Revolution bis in die Gegenwart spannt, letztlich doch nicht, die spezifisch abendländische Variante des menschlichen ›Unterwerfungswillens‹ natur- *und* zivilisationsgeschichtlich zu fundieren.

189 Diese Einsicht nicht nur als abstrakte Erkenntnis zu behandeln, sondern sie als Grundlage menschlichen Umgangs mit ›der Natur‹, selbst in der avanciertesten Technik, zu veranschlagen und praktisch anzuerkennen, wirft unvermeidlich die Frage nach den menschlichen Möglichkeiten auf, ein Agens im Wirken der scheinbar ›blinden Gesetzmäßigkeiten‹ folgenden Naturkräfte aufzuspüren. Sobald also die Frage »auftaucht, ob die eminenten Zweckhaftigkeiten der menschlichen Technik einen Anschluß an die physischen Vorgänge haben können oder nicht, in diesem Augenblick tritt das Problem eines mit uns vermittelten Natursubjekts aus der bloß regulativen Hinzufügung zur Mechanik heraus.« (Bloch, Prinzip (wie Anm. 9), S. 785) Wenn in diesem Zusammenhang von einem ›Willen‹ der Naturentitäten gesprochen wird, ist der Begriff energisch abzusetzen von einem Verständnis des ›Willens‹ als einem (zwangsläufigen)

»Willen zur Macht«, wie es seit Nietzsche, u. a. bei Heidegger, vielfach zur Denkfigur geworden ist. Dazu vgl. Loick, Missbrauch (wie Anm. 135), S. 104f.

190 Dazu Wissenschaftlicher Beirat Bodenschutz beim Bundesministerium für Umwelt, Naturschutz und Reaktorsicherheit (Hg.): Ohne Boden – bodenlos. Eine Denkschrift zum Bodenschutz. Berlin 2002; Hans Willi Thönes u. a.: Bodenbewusstsein – Wahrnehmung, Geschichte und Initiativen. In: Günther Bachmann u. a. (Hg.): Handbuch Bodenschutz. 41. Lieferg. VIII/2004; Ute Scheub/Stefan Schwarzer: Die Humusrevolution. München 2017; https://www.weltagrarbericht.de/themen-des-weltagrarberichts/bodenfruchtbarkeit-und-erosion.html (zuletzt abgerufen am 19.07.2023).

191 Vgl. etwa https://studylibde.com/doc/2133147/energiebilanzen-der-landwirtschaft-und-der-ern%C3%A4hrung (zuletzt abgerufen am 19.07.2023); Andrea Höltl: Energieumsatz – ein Maßstab für naturnahe Kulturlandschaft? In: Bundesministerium für Land- und Forstwirtschaft, Umwelt und Wasserwirtschaft (Hg.): Grüne Reihe des Lebensministeriums 11. Wien 1997, S. 122–154. Als pdf: https://www.zobodat.at/pdf/Gruene-Reihe-Lebensministerium_11_0122-0154.pdf (zuletzt abgerufen am 19.07.2023).

192 Vgl. auch die Reflexionen über Erfahrungswissen in der Landwirtschaft bei Ludwig Fischer: ›Erfahrungswissen‹ – vom schwierigen Umgang mit Geschichte im Spannungsfeld von Naturschutz und Landwirtschaft. In: Ludwig Fischer/Ulf Hahne (Hg.): Naturschutz und Landwirtschaft – neue Überlegungen und Konzepte. Eckernförde 2002, S. 194–215. Das gesamte Buch von Robin Wall Kimmerer (Süßgras, wie Anm. 5) ist einer indigenen Tradition von Landnutzung und Alltagspraxis gewidmet, die auf Kooperation, auf wechselseitiger Rücksichtnahme, auf Demut und Dankbarkeit beruht, im betonten Gegensatz zur Logik moderner Ausnutzung und Indienstnahme natürlicher Ressourcen bzw. Potenziale.

193 Dazu der scharfsinnige Aufsatz von Jürgen Hasse: Landschaftsästhetik im Widerstreit – Die Perspektive einer Pragmatisierung in Landwirtschaft und Naturschutz. In: Fischer/Hahn, Naturschutz (wie vorst. Anm.), S. 235–257.

194 Zum ›Negativsaldo‹ konventioneller Landwirtschaft u. a. Susanne Dohrn: Das Ende der Natur. Die Landwirtschaft und das stille Sterben vor der Haustür. Berlin 2017.

195 Dass es kaum umfassende und ›ehrliche‹ Studien zum Energieverbrauch im Zuge der Digitalisierung gibt, wird verschiedent-

lich angemerkt (vgl. etwa https://www.heise.de/hintergrund/Wie-Digitalisierung-das-Klima-belastet-4339249.html oder https://www.swr.de/odysso/oekobilanz-des-internets/-/id=1046894/did=21791748/nid=1046894/1jsu4be/index.html, zuletzt abgerufen am 19.07.2023). Der beträchtliche und weiter steigende Energiebedarf dürfte aber unbestritten sein. Der gigantische Energiehunger der Bitcoin-Spekulationen ist nur ein Extremfall (vgl. https://www.heise.de/newsticker/meldung/Studie-zum-Bitcoin-Energieverbrauch-der-Miner-steigt-auf-immense-Hoehen-4051488.html und https://www.derstandard.de/story/2000090695909/fatale-oekobilanz-von-krypto waehrungen sowie https://www.fr.de/wirtschaft/stromfresser-bitcoin-10997611.html, zuletzt abgerufen am 19.07.2023).

196 Rahmstorf/Schellnhuber, Klimawandel (wie Anm. 139). Zu den sog. Kipppunkten und -faktoren und den Problemen einer Berechenbarkeit s. https://www.pik-potsdam.de/de/produkte/infothek/kipp elemente und https://www.umweltbundesamt.de/sites/default/files/medien/publikation/long/3283.pdf ; vgl. auch die riesige Referenzliste auf https://de.wikipedia.org/wiki/Kippelemente_im_Erdklimasystem (alle zuletzt abgerufen am 19.07.2023).

197 Blochs markante Außenseiterposition auch in der linkshegelianischen Philosophie der Nachkriegszeit, die ihm auch Häme seitens der Vertreter der Kritischen Theorie einbrachte, hat sich bald nach seinem Tod 1977 zu einer weitreichenden Marginalisierung seines Denkens in den tonangebenden philosophischen Diskursen bis heute fortgesetzt. Die Etikettierung als Marxist hat das Ihre dazu getan. Aber auch in den unorthodoxen, neo-marxistischen Ansätzen der Gegenwartsphilosophie spielt Bloch so gut wie keine Rolle. Sein mit einer stupenden Rezeption auch entlegener und diskreditierter kultur- und religionsgeschichtlicher Traditionen aufgeladenes Werk scheint in eine monumentale Singularität entrückt. Dabei hätte – um nur den hier gesuchten Anknüpfungspunkt zu nennen – seine Skizze eines hypothetischen Natursubjekts im Rahmen einer vorläufig utopischen Veränderung des Mensch-Natur-Verhältnisses, umrissen während des Zweiten Weltkriegs im US-amerikanischen Exil, nachdem *Das Prinzip Hoffnung* 1954 in der DDR und 1959 in der Bundesrepublik erschienen war, eine Chance geboten, die Frage nach einem Agens im Natürlichen, schärfer: nach einem ›Natursubjekt‹ als zentrales Theorem eines neu zu fassenden Naturverhältnisses eingehend zu erörtern.

198 Robin Wall Kimmerer erläutert in *Geflochtenes Süßgras*, dass es sogar bei wilden Pflanzen eine Allianz mit den sie nutzenden Men-

schen geben kann: Es ist empirisch nachgewiesen, dass in Nordamerika Schwarz-Eschen besser überleben und gedeihen, wenn eine kluge, auf sehr alten Erfahrungen beruhende Entnahme einzelner Bäume zum Beispiel für die traditionelle Korbflechterei der Potawatomi erfolgt. (Kimmerer, Süßgras (wie Anm. 5), S. 163 ff., insbes. 172 ff.). »Wir stellten die Hypothese auf, dass der ersichtliche Niedergang der Schwarz-Eschen möglicherweise nicht auf eine Übernutzung zurückging, sondern auf eine *Unter*nutzung. [...] Schwarz-Eschen und Korbmacher sind Partner in einer Symbiose zwischen Erntenden und Ernte: Die Esche ist genauso vom Menschen abhängig wie der Mensch von der Esche.« (S. 173 f.)

199 Vgl. Lothar Schäfer: Das Bacon-Projekt. Von der Erkenntnis, Nutzung und Schonung der Natur. Frankfurt/M. 1993, bes. S. 95 ff.

200 Francis Bacon: Novum Organum I, Aphor. 81, zit. in Bloch, Prinzip (wie Anm. 9), S. 766.

201 Bloch, Prinzip (wie Anm. 9), S. 777.

202 Ebd., S. 767.

203 Ebd., S. 778 f. Zur philosophischen Formung von Blochs Naturbegriff mit Rücksicht auf die vielen von ihm aufgenommenen Traditionslinien s. Doris Zeilinger: Natur. In: Beat Dietschy/Doris Zeilinger/Rainer E. Zimmermann (Hg.): Bloch-Wörterbuch. Leitbegriffe der Philosophie Ernst Blochs. Berlin/Boston 2012, S. 324–349.

204 Bloch, Prinzip (wie Anm. 9), S. 777.

205 Ebd., S. 782.

206 Ebd., S. 783.

207 Ebd., S. 784.

208 Vgl. Ruth Groh/Dieter Groh: Natur als Masstab – eine Kopfgeburt. In: dies.: Die Außenwelt der Innenwelt. Zur Kulturgeschichte der Natur 2. Frankfurt/M., S. 85–146.

209 Dazu Fischer, ›Der Natur zurück geben‹ (wie Anm. 64).

210 Bloch, Prinzip (wie Anm. 9), S. 786. Zu Blochs Begriff und Konzept eines Natursubjekts vgl. den differenzierten, verdichteten Abschnitt ›Natursubjekt‹ von Rainer E. Zimmermann in Dietschy/Zeilinger/Zimmermann, Bloch-Wörterbuch (wie Anm. 203), S. 374–402.

211 Bloch, Prinzip (wie Anm. 9), S. 786 f. Auf den ersten Blick steht Jane Bennetts Entwurf eines ›vitalen Materialismus‹ diesen Gedankengängen sehr nahe: Die ›Eigenmacht‹, die Bennett in der Materie selbst erkennt, soll nichts Hinzutretendes sein, sondern vollständig ›immanent‹. Aber Bennett lässt die ›Willensbildung‹, das Gerichtete und spezifisch Eigenwillige dieser immanenten Triebkraft ganz ungeklärt

bzw. nicht expliziert. Dies liegt daran, dass sie es vermeidet, sich mit jeglicher Form von Subjekthaftigkeit (unabhängig von reflexivem Ich-Bewusstsein oder herkömmlich verstandener Intentionalität) zu beschäftigen. Bloch aber beharrt auf der Anerkennung einer anderen als der menschlichen Subjekthaftigkeit.
Zur Genese und Formung von Blochs Konzept der Naturallianz s. Rainer E. Zimmermann: Naturallianz, Allianztechnik. In: Dietschy/Zeilinger/Zimmermann, Bloch-Wörterbuch (wie Anm. 203), S. 349–360.

212 Bloch, Prinzip (wie Anm. 9)., S. 787 – im Orig. kursiv.

213 Ebd.

214 Ebd.

215 Zu der Formel von Karl Marx s. die immer noch lehrreiche Studie von Alfred Schmidt: Der Begriff der Natur in der Lehre von Marx. Frankfurt/M./Köln 1971. Zum Desiderat einer ›Naturgeschichte der Arbeit‹ vgl. Ludwig Fischer: Am Ursprung der Arbeit? Neuerliches Nachdenken über ›Arbeit als Stoffwechsel des Menschen mit der Natur‹. In: Judith Ellenbürger/Hans-Joachim Schott (Hg.): Arbeit und Natur. Reflexionen in Literatur und Medien. Würzburg 2017, S. 127–154. Die große Studie von Gerd Spittler: Anthropologie der Arbeit. Ein ethnographischer Vergleich (Wiesbaden 2015) konnte nicht mehr einbezogen werden.

216 Bloch, Prinzip (wie Anm. 9), S. 807.

217 Matthias Glaubrecht schließt sich einer unter Anthropologinnen, Umwelthistorikern und Evolutionsforschern verbreiteten Auffassung an, dass schon die frühen verstreuten Gruppen von *Homo sapiens* massiv in das Artengefüge der Erde eingriffen, indem sie gezielt Jagd auf die Vertreter der noch vorhandenen Megafauna (Elefanten, Nashörner, Höhlenbären, Riesenfaultiere und viele andere) machten. Nicht nur für Nordamerika wird das Aussterben eines Großteils der Megafauna direkt an die Ausbreitung der frühgeschichtlichen Menschen gekoppelt. (Glaubrecht, Das Ende (wie Anm. 11), S. 179 ff.; 192 ff.; 481 ff.; 514 ff.)

218 Auf die Problematik eines philosophischen Begriffs des ›Willens‹ nach Nietzsches Theorem vom »Willen zur Macht« kann und soll nicht näher eingegangen werden (s. o. Anm. 190). Sobald man zugesteht, dass es zumindest bei Tieren eine der (spezifisch) menschlichen Intentionalität vergleichbare Regung gibt (vgl. die Hinweise in Anm.72) – wie immer diese erfahren, erkannt und bestimmt wird –, muss sich die Debatte von der Fixierung auf eine insbesondere abendländische, wissens-, philosophie- und mentalitätsgeschichtliche Ent-

wicklung lösen. Wieder ist dabei rasch ein Punkt erreicht, an dem die dominanten eurozentrischen Denkmuster versagen. Dass eine ›Übernahme‹ fremdkultureller Begrifflichkeiten und Erklärungen keine griffbereite Alternative bietet, wurde schon mehrfach angemerkt. Und es hilft auch nicht, auf eine Philosophie des ›Als ob‹ auszuweichen – es geht nicht um eine in der Praxis erfolgreiche Deutungs- und Handlungsermächtigung (s. Hans Vaihinger: Die Philosophie des Als Ob. Berlin 1911) mit einer letztlich nicht begründbaren Analogiebildung. Vielmehr besteht die Aufgabe darin zu erörtern, welche Erfahrungs- und Ausdrucksmöglichkeiten auch in westlichen Gesellschaftsformationen bestehen, um gegenüber den menschlichen Vermögen ›andere‹ Erscheinungen von Intentionalität und Bestrebung anzuerkennen und zu berücksichtigen.

219 Ein verbreiteter Deutungstopos ist immer noch die säkularisierte Denkfigur einer ›Strafe‹ für menschliche Verfehlung, nun nicht mehr im religiösen Muster der göttlichen Bestrafung einer Sünde, sondern als scheinbar rationale Herleitung der ›Naturkatastrophe‹ aus der Vermessenheit der Menschen durch Missachtung von Naturgesetzen und Kausalketten, etwa durch die Besiedelung von exponierten Hängen oder gefährdeten Ufern. Hinter der quasi mechanistischen Herleitung schimmert immer noch das Deutungsmuster einer Bestrafung durch. Beispielhaft für die mentalitätsgeschichtliche Linie Manfred Jakubowski-Thiessen: Sturmflut 1717. Die Bewältigung einer Naturkatastrophe in der Frühen Neuzeit. München 1992.

220 Zur Diskussion der *mind-body*-Beziehung, das heißt: zur Verbindung zwischen reflexiven, geistigen, sprachlichen Vermögen und der Leiblichkeit s. den einführenden Sammelband Fingerhut/Hufendiek/Wild, Philosophie (wie Anm. 17). S. auch die Überlegungen bei Ludwig Fischer: Natur im Sinn. Naturwahrnehmung und Literatur. Berlin 2019, S. 81 ff.

221 Vgl. das erklärtermaßen aus den Fachsprachen ›übersetzende‹ Interview mit der Neurologin Melanie Wilke und dem Philosophen Michael Pauen: ›Leib-Seele-Problem: »Wir überschätzen die Rolle des Bewusstseins systematisch«‹: https://www.spektrum.de/news/leib-seele-problem-was-wissen-wir-ueber-das-bewusstsein/1974235?utm_source=pocket-newtab-global-de-DE (zuletzt abgerufen am 19.07.2023).

222 Eine Philosophie, die sich – mehr oder weniger ausdrücklich – in die Traditionslinie eines Verständnisses von Vernunft (Rationalität), Urteilsbildung, Handlungsbegründung als Operationen ›reinen

Denkens‹ stellt, muss selbst tastende und suchende Fragen nach einer Vermittlung dieser Prozesse mit dem ›Naturhaften‹ abwehren. Das ›vernünftige Denken‹ als Signum und bestimmungsgemäße Errungenschaft des sich seiner selbst bewussten Subjekts wird dann konzipiert als eine gedankliche Bewegung, die das geschichtlich geläuterte Konzept einer cartesianischen *res cogitans* aufgreift: Reflexiv durchgearbeitetes Denken erscheint somit buchstäblich ›gereinigt‹ nicht nur von jeder Eintrübung durch das Unbewusste im Sinne Freuds, sondern von jeder Einmischung des ›unkontrolliert Naturhaften‹ des Körpers, ›in dem gedacht wird‹, wie noch viel mehr von der Mitwirkung des Naturhaften außerhalb des Subjekts.

223 Andreas Weber: Lebendigkeit. Eine erotische Ökologie. München 2013.

224 Vertreter der Neuen Phänomenologie gehen davon aus, dass bei jeder Wahrnehmung eine ›Ko-Produktion‹ des Wahrgenommenen mit dem wahrnehmenden Subjekt stattfindet. Diese ›Hinwendung‹ der natürlichen Entitäten zu den empfindenden und wahrnehmenden Menschen wird mit dem problematischen Begriff der ›Ekstasen‹ beschrieben. Vgl. nur Böhme, Aussichten (wie Anm. 12), S. 27 f.; Gernot Böhme: Für eine ökologische Naturästhetik. Frankfurt/M. 1989; ders.: Atmosphäre. Essays zur neuen Ästhetik. Frankfurt/M. 1995. Der konkrete Austausch betrifft aber nicht nur Wahrnehmung und aktive Aneignung sowie die entsprechende ›Rückgabe‹, z. B. durch Nahrungsaufnahme und Ausscheidungen, Atmung, Wärmeabgabe. Hinzuzunehmen ist der gesamte Komplex der großenteils unbewussten leiblich-sinnlichen Regulationen und auch der intrinsischen Kooperation, etwa durch Bakterien. Gary Snyder spricht in diesem Zusammenhang von der ›Wildnis in uns‹. (G. S.: Lektionen der Wildnis. Berlin 2014, S. 23 ff.)

225 Emanuele Coccia hat in seiner »Philosophie der Pflanzen« diesen lebensnotwendigen Stoffaustausch durch Atmung als eine grundlegende Verbindung der Menschen mit der ›Welt‹ ausinterpretiert (E. C.: Die Wurzeln der Welt. Eine Philosophie der Pflanzen. München 2018, S. 75 ff.). Freilich reicht die ›Kooperation‹ beim Atmen über das Zusammenspiel mit den Pflanzen weit hinaus, sie bezieht die Cyanobakterien und vieles anderes ein.

226 Henri Bergson: L'évolution créatrice. Paris 1907 (dt. Schöpferische Evolution. Hamburg 2013).

227 Andreas Weber: Alles fühlt. Mensch, Natur und die Revolution der Lebenswissenschaften. München 2010.

228 Varela/Maturana/Uribe, Autopoesis (wie Anm. 41).

229 Bloch, Prinzip (wie Anm. 9), S. 787.

230 Philipp Thomas: Selbst-Natur-sein. Leibphänomenologie und Naturphilosophie. Berlin 1996, S. 18.

231 Coccia, Wurzeln (wie Anm. 225), S. 78, 89.

232 Daniel Loick behandelt eindrücklich den sozial- und ideengeschichtlichen Zusammenhang vom (anthropologischen und auch juridischen) Postulat der menschheitsgeschichtlich unhintergehbaren Entwicklung des Eigentums-Instituts mit der (schließlich bürgerlichen) Konzeptionierung des Subjekts. (Loick, Missbrauch (wie Anm. 135), S. 45 ff.)

233 Bloch, Prinzip (wie Anm. 9), S. 798.

234 Ebd., S. 799.

235 Ebd., S. 798.

236 Ebd., S. 801.

237 Dazu etwa: Donald Davidson: Rationale Lebewesen. In: Perler/Wirth (wie Anm. 45), S. 117–131; Hans-Johann Glock: Begriffliche Probleme und Probleme des Begrifflichen. Ebd., S. 153–187; Fred Dretske: Minimale Rationalität. Ebd., S. 213–222. Es muss aber betont werden, dass etwa in der Molekularbiologie über Formen scheinbar ›zielgerichteter‹ Prozesse in der zellulären Entwicklung debattiert wird, die aus bestimmten Organisationsprinzipien komplexer Moleküle entstehen. Dazu etwa Uwe G. Maier: Die molekulare Dimension der biologischen Evolution. In: Wolfgang Wieser (Hg.): Die Evolution der Evolutionstheorie. Von Darwin zur DNA. Darmstadt 1994, S. 109–128.

238 S. die oben in Anm. 44 genannten Werke.

239 Bloch, Prinzip (wie Anm. 9), S. 1628.

240 Insofern ist die Debatte darüber, wann das Anthropozän – als eine naturgeschichtliche Epoche, in der die Menschen massiven, erdgeschichtlich nachweisbaren Einfluss auf das Naturgeschehen nehmen – denn nun eigentlich beginnt, einerseits notwendig: Es muss ein Gradmesser für diesen Einfluss angesetzt werden. Andererseits bleibt jede interpretativ ermittelte Zäsur fiktiv, weil der menschliche Einfluss und dessen Größenordnung sich kaum je exakt bestimmen und datieren lassen. Der Streit um die Frage, ob *Homo sapiens* die nordamerikanische – und evtl. auch die europäische – Mega-Fauna ausgerottet hat und was dies für die erdgeschichtliche Entwicklung bedeuten könnte, ist nur ein Beispiel dafür. Vgl. etwa George Monbiot: Verwildert. Berlin 2021, S. 186 ff.

241 Serge Moscovici: Versuch über die menschliche Geschichte der Natur. Frankfurt/M. 1982, S. 98.

242 Ebd., S. 101.

243 Ebd., S. 103.

244 Ebd.

245 Ebd., S. 121.

246 Ebd., S. 503.

247 Ebd.

248 Habermas, Wissenschaft (wie Anm. 138).

249 Es geht also um mehr als eine ›Verbundenheit‹ menschlicher Existenz mit anderen Lebewesen, wenn solche Verbundenheit bedeutet, lebensnotwendige Bezüge vor allem zu Tieren wahrzunehmen, anzuerkennen und lebenspraktisch als Selbstverständlichkeit zu berücksichtigen. Susanne Magdalena Karr sucht in ihrem Buch ›Verbundenheit. Zum wechselseitigen Bezogensein von Menschen und Tieren‹ (Berlin 2015) die naturgegebene Notwendigkeit für die Menschen, »das Leben mit anderen zu teilen« (S. 110), subjekt- und auch leibphilosophisch, verhaltens- und sozialpsychologisch vor allem als Erweiterung der Erfahrungsmöglichkeiten über die traditionellen abendländischen Bewusstseins- und Subjektkonzepte hinaus zu erörtern. So bedeutsam diese ›Verbindungen zu den anderen‹, Grundlagen eines fundamentalen kulturellen Wandels, auch sind – Allianzen im genuinen Sinn gehen darüber hinaus, von den manifesten physiologischen Symbiosen bis zum stofflichen Wechselbezug mit den abiotischen Entitäten, von der lebenserhaltenden Einverleibung bis zur letalen Überwältigung, von der leiblich-sinnlichen Kommunikation bis zur ›Beteiligung des anderen‹ noch am menschlichen Selbst. Die große konzeptionelle und argumentative Schwierigkeit liegt darin, dass wir in den westlichen Kulturen die Vorstellungsräume, Erfahrungsbildungen und Traditionsformen für die mentale Präsenz solcher Allianzbezüge entkräftet, entwertet und ausgegrenzt haben. Die Auffassungen anderer Kulturen können lehrreich für uns sein, wir können sie aber, wie gesagt, nicht einfach in unsere Lebenswelt übernehmen.

250 Es ist hier nicht möglich, genauer auf die Nähe und den Abstand zur Leibphilosophie vor allem in der sog. Neuen Phänomenologie einzugehen (s. nur Gernot Böhme: Leibsein als Aufgabe. Leibphilosophie in pragmatischer Hinsicht. Zug/Schweiz 2003). Und es kann hier auch nur den abbreviatorischen Hinweis darauf geben, dass Ernst Bloch, soweit ich es zu sehen vermag, die Frage nach der Leiblichkeit als perspektivische Linie nicht in seine Philosophie aufgenommen hat.

Nicht ohne Grund kommt das Lemma ›Leib‹ im Bloch-Wörterbuch (s. o. Anm. 203) nicht vor.

251 Weber, Lebendigkeit (wie Anm. 223).

252 Vgl. die Polemik von Riedel, Unort (wie Anm. 48), S. 61 ff.

253 Das Textstück nimmt in Teilen das ›Exerzitium IV‹ aus meinem Band: Natur im Sinn (wie Anm. 220), S. 105–110, auf.

254 Christian Enzensberger, »Die Steine die Gewächse der Leib, eine Geschichte«, in: Akzente 6/2001, S. 559–570, hier S. 560 f. Vgl. Enzensbergers Buch, das als Gespräch mit den Steinen angelegt ist: Ch. E.: Nicht eins und doch. Geschichte der Natur, Berlin 2013. Dazu auch die Beiträge in dem Sammelband Wolfgang Gretscher/Christiane Wyrwa (Hg.), Ins Freie. Ein Erinnerungsbuch, München 2016, insbesondere die Studie von Stefan Ripplinger, »Proletarische Natur«, S. 159–176, und Ulrich Enzensberger, »Über eine haarige Stelle in Nicht eins und Doch«, S. 177–181.

255 Zu den Moosen detailliert Robin Wall Kimmerer: Das Sammeln von Moos. Berlin 2022, S. 29 ff.

256 Vgl. z. B. John Dupré: Darwins Vermächtnis. Frankfurt/M. 2009, S. 113 ff.

257 Eine gut zugängliche, autobiografisch grundierte Darstellung der Forschungen und der wegweisenden Ergebnisse: Lynn Margulis: Der symbiontische Planet oder Wie die Evolution wirklich verlief. Frankfurt/M. 2017 (Orig.: New York 1998). Wenn es aber plausibel ist, dass ein ›Allianzprinzip‹ sehr viel mehr der unendlich verschiedenenartigen natürlichen Kooperationen, weit über die evolutionären Entwicklungen und die Organisationsformen der Lebewesen hinaus, zu erfassen erlaubt, dann allerdings müsste diskutiert werden, was dies auch evolutions- *und* gesellschaftstheoretisch bedeuten könnte. Es wäre ja nicht nur die reduktionistische Formel vom ›Kampf ums Dasein‹ – als dem letztendlichen Treiber des irdischen Lebens – grundsätzlich in Frage gestellt, sondern auch die sozialdarwinistische, ideologische Doktrin von der ›Konkurrenz‹ als Motor von Wohlstand und Fortschritt. Die notwendige Debatte, die unter anderem einem individualistischen Missverständnis von Allianz gälte, erfordert ein eigenes Buch. Vermutlich nicht nur eines.

258 Eine exemplarische, knapp gefasste Darstellung von einer Reihe beispielhafter Symbiosen zwischen Lebewesen der verschiedensten Arten in dem populären Sachbuch von Johann Brandstetter/Josef H. Reichholf: Symbiosen. Das erstaunliche Miteinander in der Natur. Berlin 2017.

259 Es gibt in der biologischen Wissenschaft weitere begriffliche Unterscheidungen von verschiedenen Symbiose-Formen. So wird etwa nach der gegenständlich-räumlichen Beziehung zwischen den Partnern differenziert: Bei der Ektosymbiose liegt die völlige körperliche und räumliche Unabhängigkeit der Beteiligten vor, der symbiontische Bezug findet durch vorübergehende Annäherung statt; die Exosymbiose bezeichnet eine feste lokale, aber nicht organische Verbindung zwischen den Partnern; als Endosymbiose wird die körperliche Aufnahme eines Partners in den anderen definiert; Endocytobiose schließlich ist der Sonderfall der Aufnahme eines Einzellers in die Zellen des Partners. Symbiosen lassen sich auch funktional unterscheiden; Fortpflanzungs-, Stoffwechsel- oder Schutzsymbiosen. Die biologischen Klassifikationen sind im hier erörterten Zusammenhang nicht wesentlich.

260 Ein extremes Beispiel dafür liefert die Juwelwespe (*Ampulex compressa*), deren Fortpflanzung darauf beruht, dass ihre Larve die ungleich größere Amerikanische Großschabe (*Periplaneta americana*) bei lebendigem Leibe von innen her auffrisst. Um dies zu erreichen, muss die Wespe bei einem Angriff die Schabe an einer ganz bestimmten Stelle des Zentralnervensystems stechen, um ihre vorderen Gliedmaßen zu lähmen, so dass sie sich nicht mehr wehren kann. Dann erfolgt ein zweiter Stich direkt in das Gehirn der Schabe. Das injizierte Gift macht die Schabe völlig gefügig, so dass die Wespe sie in eine geeignete Höhle zerren kann. Dort erfolgt ein dritter Stich, der die Schabe veranlasst, ihre Mittelbeine zu strecken. Danach legt die Wespe ein Ei an einer genau definierten Stelle der mittleren Beine. Nur dort kann die geschlüpfte Larve an einer ›Naht‹ des Chitinpanzers der Schabe ins Innere dringen und zu fressen beginnen, sich schließlich verpuppen. »Wenn sie ihr Ziel um den Bruchteil eines Millimeters verfehlt, stirbt sie. In dem Fall erholt sich die so dem Tod entgangene Schabe nach zirka einer Woche.« (https://www.spektrum.de/news/parasiten-zombie-mit-sechs-beinen/1967245, zuletzt abgerufen am 19.07.2023).

261 Man könnte zum Beispiel darüber debattieren, ob die ›Abstimmung‹ verschiedener Moos-Arten auf einer felsigen, steilen Uferwand mit dem ›Verhalten‹ des vorbeirauschenden Flusses als eine Naturallianz zwischen Lebewesen und abiotischer Materie verstanden werden darf. Robin Wall Kimmerer schildert in ihrem Buch ausführlich, wie sie den bänderartig gegliederten Bewuchs der Felswand mit verschiedenen Moosen als Ergebnis einer Wechselbeziehung zwischen den

unterschiedlichen Formen der Gewächse und dem ›Verhalten‹ des Flusses (z. B. bei höheren, mit starken Einwirkungen verbundenen Wasserständen) erkennt (R. W. K., Das Sammeln (wie Anm. 255), S. 89 ff.). Selbstverständlich lässt sich die Ansiedelung bzw. die ›Durchsetzung‹ der verschiedenen Moos-Arten auch mit einer eher mechanistischen Deutung erklären, unter anderem mit der ›Selektion‹ der Arten durch die Krafteinwirkung des Wassers bei unterschiedlichen Pegelständen und Strömungsgeschwindigkeiten auf die unterschiedlichen Wuchsformen und Haftungstechniken der Moose. Dass dem Wasser verschieden manifeste Qualitäten eines ›Agens‹ zugeschrieben würden, auf das sich die spezifischen ›Handlungsmöglichkeiten‹ und Strebungen der Moose abstimmten, kann im Rahmen der abendländisch-neuzeitlichen Rationalität als Ansatz wissenschaftlicher Erkenntnis nicht akzeptiert werden. Wenn man jedoch, wie es inzwischen vereinzelt geschehen ist, einem Fluss den Status einer ›rechtsfähigen Entität‹ zuerkennt, muss man sich eigentlich auch der Frage stellen, wie man damit das ›Agieren‹ des Flusses verstehen will. Vgl. https://www.derstandard.at/story/2000054266825/neuseeland-anerkennt-fluss-zur-juristischen-person-um-ihn-zu-schuetzen; https://www.sueddeutsche.de/politik/umweltschutz-im-namen-des-flusses-1.5283244 ; https://www.fona.de/de/massnahmen/40012.php (alle zuletzt abgerufen am 19.07.2023).

262 Neuere Beobachtungen in der Verhaltensforschung legen nahe, dass man begründet zumindest bei sogenannten höheren Tieren – Walartige, Rabenvögel, Papageien, Primaten, Hunde und andere – sehr wohl von einer der menschlichen vergleichbaren Intentionalität (einem reflektierten, kalkulierten Willen) sprechen kann. Viele populär gehaltene Sachbücher der letzten Jahre heben die Nähe tierlichen Denkens, Fühlens, Wollens, Leidens, ja der Selbstwahrnehmung zu den menschlichen mentalen und affektiven Vermögen heraus (z. B. Carl Safina: Die Intelligenz der Tiere. Wie Tiere fühlen und denken. München 2017; Norbert Sachser: Der Mensch im Tier. Warum Tiere uns im Denken, Fühlen und Verhalten oft so ähnlich sind. Reinbek b. Hamburg 20121; Ludwig Huber: Das rationale Tier. Eine kognitionsbiologische Spurensuche. Frankfurt/M. 2021; Peter Godfrey-Smith: Metazoa. Animal Minds and the Birth of Consciousness. London 2020). Es kann aber nicht darum gehen, dass wir die tierlichen Potenziale an den menschlichen messen, sondern das wir Möglichkeiten entwickeln, auch das Andersartige ›entsprechender‹ Vermögen bei den Tieren wahrzunehmen und zu respektieren. Wenn der Verhal-

tensforscher Karsten Brensing, das Denkvermögen von Menschen und Tieren als biologisch bedingte Fähigkeit betonend, ausruft: »Bitte vermenschlicht die Tiere!« (https://taz.de/Biologe-ueber-denkende-Lebewesen/!5832912/ – zuletzt abgerufen am 19.07.2023), dann verkehrt sich eine nachvollziehbare, gut gemeinte Absicht in ihr Gegenteil: »Die Tiere sind ja wie wir.« Das kann zu einer Vereinnahmung mit fürchterlichen Folgen führen.

263 Vgl. etwa die Darlegung bei Ernst Mayr: Das ist Evolution. München 2003, S. 157 ff. Genaue Darlegung des Theoriegebäudes von Darwin bei Ulrich Kutschera: Tatsache Evolution. Was Darwin nicht wissen konnte. München 2009, S. 74 ff.

264 Inzwischen ist man sich unter Evolutionsbiologen und -theoretikern einig, dass nicht die Genmutationen allein die Weitergabe von veränderten Erbinformationen tragen. In der zellulären Organisation findet offenbar ein Zusammenspiel von vielen weiteren Faktoren mit dem eigentlichen Genmaterial statt. Dazu u. a. Dupré, Vermächtnis (wie Anm. 256), S. 89 ff.

265 Dazu Edward L. Youmans/Grant Allen: Darwin, Spencer and the Doctrine of Evolution. Scotts Valley S. C. 2018.

266 Vgl. etwa den genauen Nachweis der Einlassung von Thomas Henry Huxley: »The unlucky substitution of ›survival of the fittest‹ for ›natural selection‹ had done much harm in consequence of the ambiguity of ›fittest‹ – which many take to mean ›best‹ or ›highest‹ – whereas ›natural selection‹ may work toward degradation [...]« In: Leonhard Huxley (Hrsg.): Life and letters of Thomas Huxley. Band 2, New York 1901, S. 284 (zit. nach https://de.wikipedia.org/wiki/Survival_of_the_Fittest – zuletzt abgerufen am 19.07.2023).

267 S. u. a. Franz Wuketits: Darwin und der Darwinismus. München 2005.

268 Isabella Tree hat in ihrem Buch ›Wildes Land‹, in dem sie das in vielem durchaus regulierte *Rewilding* eines großen englischen Landguts schildert, am Beispiel einer ungesteuerten, großflächigen Überwucherung von altem Ackerland mit Kratzdisteln nacherzählt, wie die ›Allianz‹ der Raupen des Distelfalters mit der Pflanzenart (in diesem Fall nicht eine streng monophage Spezialisierung) die befürchtete dauerhafte Distelsteppe ›rückführte‹: Eine unerwartete Invasion von großen Schwärmen des Falters schränkte die Ausbreitung der Disteln auf ein ›verträgliches‹ Maß ein. (Isabella Tree: Wildes Land. Köln 2021, S. 183 ff.) Distelfalter können beispielsweise den Anbau von Mariendisteln durch nahezu vollständigen Kahlfraß erheblich schädigen.

269 Akazienbäume entwickeln in ihren Blättern vermehrt Tannine, wenn die Antilopen an ihnen fressen. Das Tannin macht die Blätter unverdaulich für die Tiere – Kudus können mit vollem Magen gleichsam an den Blättern verhungern. Weil die Pflanzen eine gewisse Zeit brauchen, um das Tannin zu erzeugen, fressen Kudus in freier Natur nur kurz an einem Baum. Die Pflanzen teilen aber über abgegebene, vom Wind getragene Gase die Bedrohung durch die Fressfeinde benachbarten Artgenossen mit. Darauf wiederum haben sich die Kudus eingestellt: Sie gehen immer gegen den Wind von einem Baum zum anderen. Man sieht, wie sich ›positive und negative‹ Allianzen auch im Fall eines letalen Bezugs verschränken können. Vgl. Volker Arzt: Kluge Pflanzen. Wie sie locken, sich warnen und wehren und Hilfe holen bei Gefahr. München 2009, S. 114 ff.

270 S. etwa Franz M. Wuketits: Darwins Kosmos. Sinnvolles Leben in einer sinnlosen Welt. Aschaffenburg 2009, S. 38 ff.

271 Damit ist ja nicht bestritten, dass es Konkurrenz um Lebensmöglichkeiten (und damit auch um Allianzen) auch bei eukaryotischen Zellen (und dann den aus ihnen zusammengesetzten Lebewesen) gibt. Die Frage ist nur, ob diese Konkurrenz ums Überleben der letztlich entscheidende Treiber für die evolutionäre Entwicklung ist oder ob im ›Allianzprinzip‹ eine ebenso wirksame ›Gegenkraft‹ zu sehen ist.

272 Ulrich Kutschera spricht vom evolutionsgeschichtlichen ›Zufall‹ der Bildung eukaryotischer Zellen, weil die einverleibte Zelle nicht, wie zu erwarten, verdaut worden sei. Dieser Vorgang sei aber erdgeschichtlich einmalig (Kutschera, Tatsache (wie Anm. 263), S. 309 f.). Die Form der Endosymbiose kommt aber in vielen Zusammenhängen vor, etwa bei der Symbiose von bestimmten Bakterien mit Pflanzenwurzeln oder bei Rotalgen als Endosymbionten von Schwämmen (s. Werner Reisser (Hg.): Algae and Symbiosis: Plants, Animals, Fungi, Viruses, Interactions Explored. Bristol 1992).

273 Vgl. Margulis, Planet (wie Anm. 257), S. 55 ff.

274 Dies entspricht dem Blickwechsel, der mit neueren Entwicklungen der Evolutionstheorie vollzogen wird: »Während früher der *Fortschritt* auf den Wegen der Anpassung und Leistungsfähigkeit als das einzig sinnstiftende Prinzip der Evolution angesehen wurde, muß dies nunmehr ersetzt oder zumindest ergänzt werden durch die Vorstellung, daß das Grundprinzip der biologischen Evolution die Eroberung neuer Lebensräume und unbesetzter funktioneller Nischen ist und daß dieses Ziel durch die Zunahme der systemaren *Komplexität* sowie mit den Mitteln einer immer subtileren *Differenzierung* und

*Diversifizierung* von Lebensformen und Lebensprozessen erreicht wird.« Wolfgang Wieser: Vorwort. Die Evolution der Evolutionstheorie. Ein Beitrag zur Kulturgeschichte dieses Jahrhunderts. In: Wieser, Die Evolution (wie Anm. 237), S. 11.

275 Dazu s. die Beiträge in Wieser, Die Evolution (wie Anm. 237), insbesondere Wolfgang Wieser: Gentheorien und Systemtheorien: Wege und Wandlungen der Evolutionstheorie im 20. Jahrhundert (S. 15 –48); Peter Sitte: Die Evolution von Zellen: Innovation durch Symbiogenese (S. 77–108); Uwe G. Maier: Die molekulare Dimension der biologischen Evolution (S. 109–128); Gerd B. Müller: Evolutionäre Entwicklungsbiologie: Grundlagen einer neuen Synthese (S. 155–193); Rupert Riedl/Peter Krall: Die Evolutionstheorie im wissenschaftstheoretischen Wandel (S. 234–266).

276 Das Nutzen und eventuell auch Stiften von neuartigen, komplexen Allianzen in Umgebungen als ein Treiber evolutionärer Prozesse wie als ein Prinzip der lebendigen Vielfalt wird mit der Metapher von ›Nischen‹ verdeutlicht: Artspezifische Allianzen schaffen und erhalten eine je besondere Lebensmöglichkeit in gegebenen bzw. sich verändernden Lebensräumen, vergleichbar einem durch die Allianzen gebildeten spezifischen Raum im größeren Umfeld, eben eine charakteristische Nische in der Fülle der Lebensmöglichkeiten. Dabei wird zwischen einer ›Fundamentalnische‹ – »die möglichen Überlebensbedingungen einer gegebenen Art«, also die allgemeinen Voraussetzungen für die Bildung oder den Bestand einer Art – und den ›Realnischen‹ unterschieden, die ganz konkret durch die Umgebungsfaktoren und die besonderen Allianzen bei bestimmten Arten gebildet werden. Vgl. dazu nur Thomas Halliday: Urwelten. Eine Reise durch die ausgestorbenen Ökosysteme der Erdgeschichte. München 2022, S. 33.

277 Begriff und Konzept von Naturallianz unterscheiden sich von Theoremen wie dem der ›gegenseitigen Hilfe‹ zwischen Lebewesen (Individuen, Populationen, Arten) als evolutionärer Faktor, wie es etwa vom russischen Anarchisten Peter Kropotkin in prononcierter Opposition zur Darwinschen Theorie vom ›Kampf ums Dasein‹ und vor allem auch dessen sozialdarwinistischer Usurpation in ›Mutual Aid: A Factor of Evolution‹ (1902) lanciert wurde (dt. Gegenseitige Hilfe in der Tier- und Menschenwelt. Leipzig 1904). Naturallianz zielt nicht auf irgendeine Form von Altruismus ab oder auf Kooperation und abgestimmte ›Arbeitsteilung‹ im Sozialverhalten von Tieren und dergleichen, vielmehr auf basale Austauschprozesse und Wechselwirkun-

gen in der Vermittlung von Strebungen und immanenten ›Antrieben‹ zwischen den verschiedensten biotischen und abiotischen Beteiligten. Die in der Biologie gebräuchliche Verwendung des Begriffs ›Mutualismus‹ für bestimmte Formen der Symbiose ist hier nicht berührt.

278 Zur Begriffsgeschichte, zur Definition und zu theoretischen Konzepten der Koevolution s. Markus Göker: Was ist Koevolution? https://publikationen.uni-tuebingen.de/xmlui/bitstream/handle/10900/49328/pdf/Koevolution. pdf?sequence=1&isAllowed=y (zuletzt abgerufen am 19.07.2023).

279 Wann genau von einer wechselseitigen Beeinflussung im Prozess der Phylogenese gesprochen werden könne, ist sowohl begrifflich wie analytisch umstritten. Vgl. Göker, Koevolution (s. vorst. Anm.), S. 3 ff.

280 Nach wie vor ist umstritten, wie eng der Bezug z. B. zwischen Ernährungsspezialisten und ›Nahrungslieferanten‹ bestimmt sein soll, um von Koevolution sprechen zu können. Es finden sich auch Stimmen, die mehr als zwei Beteiligte einbeziehen wollen (z. B. mehrere Arten von Nahrungsspezialisten, die auf eine bestimmte Pflanzenart angewiesen sind, oder aber mehrere, auch abiotische ›Aktanten‹, die einen Selektionsdruck auf Koadaptation hin erzeugen). Es wird vorgeschlagen, dabei von ›diffuser Koevolution‹ zu sprechen. Vgl. ebd., S. 4.

281 Es gibt allerdings auch Ansätze in der Debatte über Definitionen von Koevolution, die den Begriff sehr viel weiter fassen, um das »evolutionäre Kontinuum zwischen Antagonismus und Mutualismus« angemessen zu berücksichtigen. Ebd., S. 3.

282 Donna Haraway: Staying with the Trouble. Durham NC 2016 (dt. Unruhig bleiben. Frankfurt/M./New York 2018).

283 Haraway, Unruhig (wie vorsteh. Anm.), S. 190.

284 Ebd., S. 191.

285 Ebd., S. 191.

286 U. a. Donna Haraway: Die Neuerfindung der Natur. Primaten, Cyborgs und Frauen. Frankfurt/M. 1995; dies.: Monströse Versprechen. Die Gender- und Technologie-Essays. Hamburg 1995.

287 Haraway, Unruhig (wie Anm. 282), S. 9.

288 Ebd., S. 85 ff.

289 Ebd., S. 93 ff.

290 Ebd., S. 95.

291 S. etwa https://www.spektrum.de/news/wie-anglerfische-verschmelzen-um-sich-zu-paaren/1755840 (zuletzt abgerufen am 19.07.2023).

292 Haraway, Unruhig (wie Anm. 282), S. 93.

293 Dazu Goulson, Stumme Erde (wie Anm. 170), S. 230 ff.

294 Haraway, Unruhig (wie Anm. 282), S. 194.

295 Ebd., S. 197.

296 Ebd., S. 228 f.

297 Ebd., S. 229.

298 Ebd., S. 206.

299 Etwa https://www.schauspiel-leipzig.de/material/the-shape-of-trouble-to-come/; https://rp-online.de/kultur/kunst/die-amerikanische-denkerin-donna-haraway-inspiriert-kunst-und-theater_aid-65203617 ; https://www.fr.de/rhein-main/main-kinzig-kreis/hanau-ort66348/utopische-klanginstallation-in-hanaus-herrenmuehle-90935493.html (zuletzt abgerufen am 19.07.2023).

300 https://orf.at/stories/3236699/ (zuletzt abgerufen am 19.07.2023).

301 Haraway, Unruhig (wie Anm. 282), S. 96.

302 Z. B. Andrea Rödig: Der Mensch war gestern. https://www.deutschlandfunkkultur.de/donna-haraway-unruhig-bleiben-der-mensch-war-gestern-100.html (zuletzt abgerufen am 19.07.2023); Ulrike Baureithel: Donna Haraway: ›Unruhig bleiben‹ Was den Planeten rettet? Die Entgrenzung der Arten. https://www.tagesspiegel.de/kultur/was-den-planeten-rettet-die-entgrenzung-der-arten-3976216.html (zuletzt abgerufen am 19.07.2023).

303 Haraway, Monströse Versprechen (wie Anm. 286); erweiterte Neuausgabe Hamburg 2017.

304 Haraway, Unruhig (wie Anm. 282), S. 156 f.

305 Klaus-Michael Meyer-Abich (Hg.): Frieden mit der Natur. Freiburg i. Brsg./Basel/Wien 1976.

306 Val Plumwood: Opfer sein. In: Dritte Natur 1/2018, S. 54–67.

307 Ebd., S. 64.

308 Ebd., S. 65 f.

309 Ebd., S. 66.

310 Ebd., S. 65.

311 Ebd.

312 An der Debatte über die Rückkehr der Wölfe nach Deutschland lässt sich erkennen, wie außerordentlich schwierig und komplex eine ›sachgerechte‹ Abwägung zwischen realer Bedrohung, möglicher Duldung und den vielerlei Zuschreibungen – von Phobien und Angstfantasien bis zu Verherrlichungen, von Jagd-Konkurrenz bis zur Idealisierung ökologischer Funktionen – nach wie vor ist. Vgl. nur Eckhard Fuhr: Rückkehr der Wölfe. Wie ein Heimkehrer unser Leben verändert. München 2014; Klaus Hackländer: Der Wolf kehrt zurück. Wolfsrudel in unseren Wäldern. Im Fadenkreuz der Interessen: Zwi-

schen Gefahr für Mensch & Landwirtschaft und Erfolg des Naturschutzes. Fakten, Erfahrungen, Konzepte. Salzburg 2020. Vgl. zur Gesamtproblematik nur den umstrittenen Text von George Monbiot: Feral. Rewilding the Land, Sea and Human Life. London 2013, dt. Verwildert (wie Anm. 240).

313 Überblick: Neil Kent: The Sámi Peoples of the North. A Social and Cultural History. London 2014. Indigene Autoren: Odd Mathis Hætta: Samene. Historie – kultur – samfunn. Oslo 1994; ders.: The Sami – An Arctic Indigenous People. Karasjok 2008; Rolf Kjellström: Samernas liv. Stockholm 2003; Veli-Pekka Lehtola: The Sami People. Traditions in Transitions, Fairbanks 2005.

314 Stefan Jarl: Hotet (Die Bedrohung), Schweden 1987. Zitat nach http://www.gfbv.it/3dossier/eu-min/sami.html zuletzt abgerufen am 19.07.2023. Vgl. auch Erich Renner (Hg).: Das Leben des Rentierlappen Siri Matti – von ihm selbst erzählt. Aufgezeichnet von Ludwig Kohl-Larsen. Frankfurt/New York 1994.

315 Lange Abschnitte des Buchs von Robin Wall Kimmerer widmen sich den Dankbarkeits-Riten der indigenen Ethnien. Dankbarkeitsbezeugungen gelten dabei als *ein* Moment im wechselseitigen Nehmen und Geben, handfeste Praktiken des ›Zurückgebens‹ und ›Beschenkens‹ durch die Menschen kommen hinzu. Vgl. Kimmerer, Süßgras (wie Anm. 5), S. 125 ff., 167 ff., 193 f. u. ö.

316 Dazu Weichhart, (wie Anm. 140), S. 77 f.; zu den religiösen Grundlagen und den rituellen Praktiken s. Philip Drucker: Indians of the Northwest Coast. New York/Toronto/London 1955; Werner Müller: Weltbild und Kult der Kwakiutl-Indianer. Wiesbaden 1955.

317 Robin Wall Kimmerer erläutert in ihrem Buch mehrfach aus *wissenschaftlichen* Einsichten die ökologischen Funktionen scheinbar abstruser, aus mythischen Erzählungen und religiösen Deutungen begründeter Riten. (Kimmerer, Süßgras, (wie Anm. 5), S. 382 ff. u. ö.)

318 Rotenburger Rundschau, 2.11.2020, S. 3.

319 https://www.nebershof.de/ (zuletzt abgerufen am 19.07.2023).

320 https://www.nebershof.de/index.php/landschaftspflege/ (zuletzt abgerufen am 19.07.2023).

321 Die Bücher über eine ›verträgliche‹, eine ökologisch verantwortbare, eine zukunftsfähige Landwirtschaft sind inzwischen Legion. Längst liegen die wissenschaftlichen Erkenntnisse auf dem Tisch, längst gibt es hunderte von Modellprojekten, längst ist erwiesen, dass eine Landwirtschaft, die auf Naturallianzen beruht und deswegen regional

›angepasst‹ ist, die Ernährung sichern kann, die Fruchtbarkeit der Böden erhöht, dem Artensterben abhelfen kann, das ›Bauernsterben‹ aufhält – nur ist die Lobby der konventionellen Bauernverbände und der Agro-Industrie immer noch, trotz aller Alarmmeldungen, zu stark, als dass die ›Agrarwende‹ politisch durchgesetzt werden könnte. Nur wenige Hinweise: Rüdiger Graß/Andreas Bürkert/Michael Wachendorf: Ökologische Landwirtschaft, Stuttgart 2017; Brehl, Zukunft (wie Anm. 7); Ophelia Nick: Neue Bauern braucht das Land. München 2019; Felix zu Löwenstein. Food-Crash. Wir werden uns ökologisch ernähren oder gar nicht mehr. München 2017; Kim Kellermann: Die Zukunft der Landwirtschaft: Konventioneller, gentechnikbasierter und ökologischer Landbau im umfassenden Vergleich. Wiesbaden 2020. Über das Arbeiten mit Pferden vgl. auch den Artikel ›Zurück in die Zukunft‹, in: Süddeutsche Zeitung, 28./29.8.2021, S. 62.

322 Vgl. die fragwürdigen Überlegungen von Klaus Kufeld: Mit der Natur lernen. Der Themensatellit ›Naturallianz‹. In: Francesca Vidal (Hg.): Naturallianz. Von der Physik zur Politik. Mössingen-Thalheim 2004 (Bloch-Jahrbuch 2004), S. 105–115, hier S. 109 f.

323 Hier ist auf die verschiedenen Organisationsformen einer ›anderen‹ Landwirtschaft zu verweisen, wie sie etwa in genossenschaftlicher, vereinsgetragener oder anders partzipativer ›solidarischer Landwirtschaft‹ in vielen kleinen Initiativen erprobt wird. Vgl. etwa Veikko Heintz: Solidarische Landwirtschaft – Betriebsgründung, Rechtsformen und Organisationsstrukturen. Hamm 2018.

324 Das entspricht ziemlich genau denjenigen ›Kooperationen‹, die Robin Wall Kimmerer in konkreten, ausführlichen Erzählungen als absolut zentrales Prinzip im indigenen Umgang mit Pflanzen schildert. (Kimmerer, Süßgras (wie Anm. 5), S. 141 ff., 163 ff., 194 ff. u. ö.)

325 Der Landwirt Johannes Kayßer, der in Nordhessen einen Hof nach Bioland-Regeln zum großen Teil mit zwei Zugpferden bewirtschaftet, besitzt ein drittes Pferd, das er für die Feldarbeit nicht einsetzt: »Der Heinrich ist derzeit zu ungeduldig zum Arbeiten. Ich glaube, er wäre lieber ein Zirkuspferd.« ›Zurück in die Zukunft‹ (wie Anm. 321).

326 Das ganze Buch von Vinciane Despret (s. o. Anm. 125) ist dem Nachdenken darüber gewidmet, wie wir Menschen nicht-menschlichen Lebewesen, mit denen wir ›zu tun haben‹, so viel Raum für ihre ›Mitwirkung‹ an den Geschehnissen, so viel Aufmerksamkeit für ihre Wahrnehmung und ihre Äußerungen geben können, dass tatsächlich ein wechselseitig ›gewolltes‹ Verhältnis in der je eigenen Beteiligung entsteht. Despret beschränkt ihre Erörterungen, die frei von jeder

Romantisierung oder Spiritualisierung der Tiere sind, auf Säugetiere, vor allem Primaten. Das ist zum Teil der Wissenschaftskritik geschuldet, die jeweils den Ansatzpunkt bildet. Die Frage nach unseren Wahrnehmungs- und Verständnismöglichkeiten, die sich für das tierische Agieren und Kommunizieren ›öffnen‹ sollen, radikalisiert sich bei ›einfacheren‹ Tieren, der Wille zur ›Kooperation‹ bleibt aber.

327 S. u. a. James P. Sterba (ed.): Earth Ethics. Environmental Ethics, Animals Rights, and Practical Applications. Englewood Cliffs N. J. 1995; Angelika Krebs (Hg.): Naturethik. Grundtexte der gegenwärtigen tier- und ökoethischen Diskussion. Frankfurt/M. 1997.

328 Beispielsweise gibt es inzwischen in Versuchen, die Jahrhunderte lang praktizierte ›Agroforst-Landwirtschaft‹ wieder zu beleben, radikale Alternativen zur industrialisierten Massentierhaltung – die übrigens auch unter dem ›Bio‹-Label betrieben wird, unter Berücksichtigung der verbands- oder regierungspolitisch definierten ›Standards‹. Zu Initiativen der Agroforst-Landwirtschaft vgl. etwa https://www.spektrum.de/news/agroforst-die-renaissance-der-ackerbaeume/1981693?utm_source=pocket-newtab-global-de-DE (zuletzt abgerufen am 19.07.2023); Ein Forschungsbericht: Tatjana Reeg u. a.: Anbau und Nutzung von Bäumen auf landwirtschaftlichen Flächen. Weinheim 2009.

329 Elizabeth A. Styles: Psychology of Attention. Hover 1997; Ulrich Neisser: Kognitive Psychologie. Stuttgart 1974. Andere Konzeptionierungen von Aufmerksamkeit – mit Ansätzen aus der Kognitionspsychologie, der Verhaltensforschung, der Neurologie – erörtert Philipp Hübl im Kontext von Theorien des Bewusstseins (Hübl, Untergrund (wie Anm. 17), S. 117 ff.

330 Bernhard Waldenfels: Phänomenologie der Aufmerksamkeit. Frankfurt/M. 2004, S. 65 ff.

331 Ebd., S. 186 ff.

332 Zur klassischen Unterscheidung Thomas Leithäuser u. a.: Entwurf zu einer Theorie des Alltagsbewußtseins. Frankfurt/M. 1977; Negt/Kluge, Geschichte (wie Anm. 95).

333 Negt/Kluge, Geschichte (wie Anm. 95), S. 884 ff.

334 Hier sei noch einmal auf das Buch von Vinciane Despret verwiesen (wie Anm. 125), die immer neu erörtert, wie eine Kooperation – hier mit Tieren – im Prozess der Erkenntnis selbst zum Zuge kommen kann.

335 Ludwig Fischer: Brennnesseln. Ein Portrait. Berlin 2017, S. 110 ff. Es sei an dieser Stelle angemerkt, dass ein ›Allianzdenken‹ auch das Verständnis von Lebensräumen, als Räumen der unterschiedlichsten

Kooperationen und Wechselwirkungen, erfasst. Das zeigt sich unter anderem, wenn man die abendländisch-neuzeitliche Vorstellung von Landschaft aus dieser Perspektive betrachtet. Dazu Fischer: A Farewell (wie Anm. 185), S. 113–128.

336 Es ist in naturtheoretischer Hinsicht außerordentlich wichtig zu begreifen, dass ›natürliche Ökosysteme‹, ganz gleich welcher Größenordnung – vom minimalen Biotop bis zum Erdball –, eben nicht auf einem systemischen Gleichgewicht beruhen, auf einem möglichst ›stabilen‹ Optimalzustand im Zusammenspiel aller Faktoren. Nicht nur im großen erdgeschichtlichen Maßstab findet, im nicht genau bestimmten Rahmen der Entwicklungsmöglichkeiten, durchaus systemische Veränderung statt, ob durch das Jahrmilliarden andauernde, allmähliche Abnehmen der Sonnenenergie, durch Auswirkungen des Schwankens der Erdachse oder geophysikalische Kurzzeitereignisse (Vulkanausbrüche, Plattentektonik usw. – dazu instruktiv Bjornerud, Zeitbewusstheit (wie Anm. 143)). Bei näherer Betrachtung verändern sich auch kleinräumliche ökologische Verbünde ständig, weshalb die lange maßgeblichen biologietheoretischen Annahmen von angestrebten, weitgehend stabilen ›optimalen‹ Zuständen im ökologischen Zusammenspiel z. B. von Theorien eines ›Mosaik-Zyklus‹-Prozesses abgelöst worden sind (dazu Potthast, Ikonoklastik (wie Anm. 41)). Die Gleichgewichtshypothese hängt nicht nur entscheidend von den menschlichen *Wahrnehmungsmöglichkeiten* ab, etwa mit Hinsicht auf Lebenszeit und Generationenfolge. Sondern sie ist im Kern eine *Übertragung* des mit der sog. Neolithischen Revolution etablierten Imperativs, die menschlich bewirkten Umformungen ökosystemarer Zusammenhänge, etwa beim Ackerbau, bei der Beweidung, bei der Moorkultivierung usw., durch fortwährende Arbeit und Ressourcensteuerung in einem möglichst stabilen Zustand zu halten. Der naturtheoretische Springpunkt dabei ist aber, dass die zumeist kurzfristige anthropogene Stabilisierung mit der weitgehenden *Ausblendung* der ungewollt damit erzeugten Veränderungsdynamik erkauft ist. Je mehr Eingriffe, gezielt oder unbeabsichtigt, zur ›Stabilisierung‹ vorgenommen werden, desto *instabiler* wird der nähere oder weitere ökologische Zusammenhang. Daher wird es auch sehr problematisch, eine politische Perspektive für das Anthropozän normativ aus der Orientierung an einem ›ökologischen Gleichgewicht‹, im lokalen wie im globalen Maßstab, abzuleiten. Die Frage ist vielmehr, welches Vertrauen auf nicht von den Menschen gesteuerte ökologische Prozesse – die immer mehr oder weniger tief-

greifende Veränderungen bedeuten – wir aufbringen bzw. welche natürliche Veränderungsdynamik wir ertragen können. Auch beim Klimawandel, beim Artensterben, bei der Ozeanversauerung usw. steht daher die – wie auch immer konkret werdende – *Rücknahme* der gewusst oder ungewusst bewirkten menschlichen Eingriffe in die kleineren und größeren ökologischen Wechselbezüge zur Debatte. Zur Frage eines politischen Bezugs auf die Naturbasis gesellschaftlichen Handelns s. das kluge, aber nicht völlig überzeugende Buch von Leander Scholz: Die Regierung der Natur. Ökologie und politische Ordnung. Berlin 2022, insbes. S. 119 ff.

337 Bloch, Prinzip (wie Anm. 9), S. 783.

338 Ebd., S. 807.

339 Deshalb nimmt sich ein evolutionärer Techno-Optimismus wie der James Lovelocks so geradezu naiv und hoffnungslos aus. (Zur Erläuterung s. die o. Anm. 60 angeführte Besprechung)

340 Bloch, Prinzip (wie Anm. 9), S. 783.

341 Stock, Martin u. a.: Ökosystemforschung Wattenmeer. Synthesebericht: Grundlagen für einen Nationalparkplan. Heide 1996, S. 356.

342 Simon Schama: Der Traum von der Wildnis. München 1996, S. 17 f. Gezielte, lokal begrenzte Brandrodungen, etwa bei den nordamerikanischen Indigenen, waren solche ›landschaftsprägenden‹ und ökosystemaren Entwicklungen begünstigende Praktiken. Vgl. auch Kimmerer, Süßgras (wie Anm. 5), S. 281 ff.

343 Horst Stern: Im Strom der Zeit. In: ders.: Das Gewicht einer Feder. Reden Polemiken Filme Essays. Hg. v. Ludwig Fischer. München 1997, S. 274–283, hier S. 276.

344 Ebd., S. 282.

345 Ebd., S. 283.

346 Auf diese zwingende Schlussfolgerung läuft auch Jedediah Purdys Durchgang durch die US-amerikanische Geschichte politischer Konsequenzen aus unterschiedlichen Naturkonzepten hinaus: Jedediah Pury: After Nature. A Politics for the Anthropocene. Cambridge MA 2018, bes. S. 266 ff. An dieser Stelle ist wenigstens anzudeuten, dass Ernst Blochs – in Kontext einer linkshegelianischen Traditionslinie naheliegende – These von der naturgeschichtlichen Suprematie des Menschen in einem ökologisch und evolutionsgeschichtlich durchdachten Konzept von Naturallianz keinen Platz findet. Zum Problem vgl. Zimmermann, Natursubjekt (wie Anm. 203), S. 388 f.

347 Rolf Peter Sieferle: Die Krise der menschlichen Natur. Zur Geschichte eines Konzepts. Frankfurt/M. 1989.

348 Bloch, Prinzip (wie Anm. 9), S. 775.

349 Ebd., S. 777.

350 Deswegen ist es auch völlig irrig, Blochs Theorem von der Naturallianz in der Entwicklung einer ›naturverträglichen‹ Raumfahrttechnik veranschaulichen zu wollen. Vgl. Klaus Kufeld: Mit der Natur lernen. Der Themensatellit ›Naturallianz‹. In: Francesca Vidal (Hg.): Naturallianz. Von der Physik zur Politik. Mössingen-Talheim o. J. (Bloch-Jahrbuch 2004), S. 105–113.

351 Anmerkung aus den Tagen der allerletzten Korrekturen am Manuskript: Die EU-Kommission hat einen Gesetzentwurf erarbeitet und will ihn in den nächsten Wochen (Juli 2023) vorlegen, der mit Neuer Gentechnik (NGT) hergestellte Pflanzen den natürlichen oder klassisch gezüchteten Pflanzen gleichstellt – sofern »nicht mehr als 20 genetische[...] Veränderungen« an ihnen vorgenommen wurden. Die mit Hilfe der sogenannten Mutagenese oder der Cisgenese (z. B. CRISPER-Cas-Verfahren) erzeugen Pflanzen weisen gezielte Gen-Manipulationen auf, z. B. um sie hitzeresistenter oder trockenheitsverträglicher zu machen. Sie können sich auf ›normale Weise‹ vermehren oder mit verwandten Arten kreuzen. Weder ist auch nur über mittelfristige Zeiträume erforscht, wie sich Auskreuzungen auf Bestände von betroffenen Wild- oder Nutzpflanzen oder auch auf Insekten, Bodenlebewesen u. a. auswirken, noch ist genauer ermittelt, welche Wechselwirkungen *innerhalb* des Genoms der veränderten Pflanzen entstehen. Mit anderen Worten: Technisch ist die Manipulation machbar, der angezielte Effekt lässt sich beurteilen, die längerfristigen Folgen für die manipulierten pflanzlichen Lebewesen selbst und für ihre näheren und fernen ökologischen Umgebungen sind so gut wie unbekannt. Die Behauptungen der einschlägigen Forschungseinrichtungen, die mit NGT hergestellten Pflanzen glichen auch hinsichtlich ihrer langfristigen Auswirkungen denen mit natürlichen Mutationen und aus konventionellen Züchtungen, werden offenbar einfach übernommen. So sollen auch Freilandversuche mit den veränderten Pflanzen nicht mehr angemeldet werden müssen, eine Kennzeichnungspflicht für entsprechende, in den Handel gebrachte Produkte soll es nicht geben, lediglich eine Kennzeichnung beim Saatgut.
Die EU-Kommission will mit dem Gesetz ausdrücklich unterbinden, dass die »absichtliche Freisetzung oder das Inverkehrbringen von NGT-Pflanzen des Typs 1 und verwandten Erzeugnissen« von Mitgliedsstaaten durch »spezifische Anforderungen« beschränkt oder gar verboten wird. Das heißt: Sie sollen beliebig und ohne Vorsichts-

oder Schutzmaßnahmen ausgebracht werden können – obwohl man über ihre ›Verträglichkeit‹ für ökosystemare Zusammenhänge nichts Genaues weiß. Langzeitstudien (über eine größere Zahl von Jahren) hat es offenbar bisher nicht gegeben und soll es wohl auch nicht verpflichtend geben.

Eines aber würde das Gesetz mit aller Sicherheit bewirken: das »Ende der ökologischen Landwirtschaft, die sich mit immer mehr Aufwand vor Kontamination schützen müsste« (Karl Bär, MdB der Grünen) – und sie dennoch nicht verhindern kann. (Michael Bauchmüller/Jan Diesteldorf/Josef Keinberger: Achtung, Gen-Pflanzen. In: Süddeutsche Zeitung, 17./18. Juni 2023, S. 27)

Die EU-Kommission stellt zwar in ihrer Ankündigung der Verordnung fest: »Potential negative impacts for organic and GM-free agriculture and their premium retail sector (e. g. due to compliance, certification and segregation costs)« sollten beachtet werden: »[...] concerns exist on potential negative impacts of plants obtained by NGT on the environment and on biodiversity, e. g. due to potential displacement of traditional varieties and loss of agricultural diversity, concerns for increased use of pesticides. These possible impacts will also be assessed. Application of NGTs in the agri-food system must not undermine other aspects of sustainable food production, e. g. as regards organic agriculture, or biodiversity.« (European Commission: Inception Impact Assessment – Legislation for plants produced by certain new genomic techniques. Ref. Ares (2021)5835503 - 24/09/2021). Konkret sieht der Entwurf aber vor, dass etwa im Hinblick auf mögliche Auskreuzungen und deren Folgen keinerlei Einschränkungen und besondere Vorgaben beim Anbau erlassen werden dürfen.

Begründungen für die Notwendigkeit der Verordnung werden – über das Herstellen von ›Rechtssicherheit‹ hinaus – im zitierten Assessment insbesondere aus herkömmlichen politischen und ökonomischen »benefits« beigebracht: Anschluss an die internationale Forschung und die weltweit bereits angelaufene Praxis, d. h. Konkurrenzfähigkeit auf dem internationalen Markt; Erzielen besserer Erträge vor allem unter den Auswirkungen des Klimawandels; Zeitersparnis und womöglich auch geringerer Pestizid-Einsatz beim Anbau, also kostengünstigerer Anbau.

Offensichtlich hat sich – entgegen allen Beteuerungen, die sozialen, ökologischen und rechtlichen Auswirkungen würden streng geprüft bzw. berücksichtigt – eine Einstellung durchgesetzt, die für den ›Kampf gegen den Klimawandel‹ bzw. bei der Anpassung an ihn im

Bereich der Nahrungsmittelproduktion mögliche, weitreichende Folgen für ökologische Zusammenhänge, aber auch für eine schonende, ›naturverträgliche‹ Landwirtschaft zugunsten von noch nicht einmal wirklich erprobten Manipulationen am Erbgut von Pflanzen hintanstellt.
Eine vorläufige Stellungnahme des Bundesumweltministeriums weist dieses Ansinnen zurück (https://www.bmuv.de/meldung/neue-gentechnik-risikopruefung-und-kennzeichnungspflicht-muessen-erhalten-bleiben – zuletzt abgerufen am 18.6.2023). Ob dies wesentlichen Einfluss auf die Haltung der Bundesregierung im EU-Verfahren haben kann und wird, steht dahin.
Dieses politische Vorhaben ist ein Musterbeispiel für ›negative‹ Naturallianz, für das bewusste, mechanistische, riskante und letztlich gewaltförmige Manipulieren von Naturpotenzialen und zugleich von der Negation jeder verantwortlichen gesellschaftlichen Entscheidungsfindung in Richtung auf tragfähige Naturallianzen.

352 Sogenannte Naturvölker, die wir gern als ›nicht entwickelte‹ soziale Gruppierungen sehen, können uns vorführen, wie außerordentlich langwierig und genau die Mitglieder beispielsweise von Jäger- und Sammler-Gruppen in der Fähigkeit geschult wurden und werden, auch nur einige Spuren von Tieren zu ›lesen‹: für die sinnlich inkorporierte Fähigkeit, aus dem Abdruck von Hufen, Pfoten, Krallen im Boden nicht nur die Art der Urheber zu imaginieren, sondern deren Bewegungen, Zustände, Entfernungen, Gewohnheiten, vielleicht sogar deren Aufenthalte und Absichten. Selbst das Beute-Machen erfordert eine konspirative, wenn auch auf Überwältigung hinzielende Allianz, und die Überwältigung ist nicht das ›Prinzip‹ darin, sondern eine streng eingehegte, abzuwägende Möglichkeit in einem grundsätzlich wechselseitigen Allianzverhältnis. Daran ist nichts zu verklären und naturromantisch zu adeln. Zum Spurenlesen s. das außerordentlich erhellende Buch von Baptiste Morizot (wie Anm. 3).

353 Konkrete Erscheinungs- und Organisationsformen von Vergemeinschaftungen, die ›soziale Allianzen‹ begünstigen und befestigen, können hier nicht benannt oder entworfen werden. Sie sind auch auf die in ihnen akkumulierte historische Erfahrung hin zu erörtern. Darüber könnte etwa am Beispiel neu zu konzipierender Genossenschaften oder aber den Möglichkeiten, ›soziale Verwandtschaften‹ als legitime Formen von ›Familie‹ zuzulassen, diskutiert werden. Allianzdenken muss nicht alles neu erfinden, kann aber neues Licht nicht nur auf das Naturverhältnis werfen.

[354] Z. B. https://www.deutschlandfunkkultur.de/die-tarahumara-in-nordmexiko-ein-volk-im-wuergegriff-der.979.de.html?dram:article_id=393459 und https://www.nationalgeographic.de/geschichte-und-kultur/tarahumara-ein-volk-im-abseits – zuletzt abgerufen am 19.07.2023. Zur Tradition des Laufens Christopher McDougall: Born to Run. München 2015.

MSB Matthes & Seitz Berlin Verlagsgesellschaft mbH
Großbeerenstr. 57a | 10965 Berlin
*info@matthes-seitz-berlin.de*

Printed in Germany.

Satz und Gestaltung: psb, Berlin
Druck und Bindung: GGP Media, Pößneck

ISBN 978-3-7518-2026-4
*www.matthes-seitz-berlin.de*